◎湖南绿色发展研究院
◎中南林业科技大学学术著作出版资助（SK2021CZ001）

资助出版

社会治理结构中的企业嵌入研究

Research on Enterprise Embeddedness in Social Governance Structure

○张 坤 著

中国矿业大学出版社
China University of Mining and Technology Press

·徐州·

图书在版编目（CIP）数据

社会治理结构中的企业嵌入研究 / 张坤著．—徐州：中国矿业大学出版社，2022.11

ISBN 978-7-5646-5623-2

Ⅰ.①社… Ⅱ.①张… Ⅲ.①企业责任－社会责任－研究－中国 Ⅳ.① F279.23

中国版本图书馆 CIP 数据核字 (2022) 第 211362 号

书　　名	社会治理结构中的企业嵌入研究
	SHEHUI ZHILI JIEGOU ZHONG DE QIYE QIANRU YANJIU
著　　者	张　坤
责任编辑	张海平　徐　玮
出版发行	中国矿业大学出版社有限责任公司
	（江苏省徐州市解放南路　邮编 221008）
营销热线	（0516）83885370　83884103
出版服务	（0516）83995789　83884920
网　　址	http://www.cumtp.com　E-mail：cumtpvip@cumtp.com
印　　刷	湖南省众鑫印务有限公司
开　　本	710 mm×1000 mm　1/16　印张 15　字数 260 千字
版次印次	2022 年 11 月第 1 版　2022 年 11 月第 1 次印刷
定　　价	98.00 元

（图书出现印装质量问题，本社负责调换）

张　坤　辽宁锦州人,管理学博士,青年特聘教授。主要从事社会问题与企业社会责任问题研究。主持和参与各类科研项目 20 余项,其中主持国家社会科学基金项目 1 项、省部级科研项目 7 项、其他政策咨询类研究项目 3 项,参与国家社会科学基金、国家自然科学基金项目 3 项,省部级项目 4 项,主持和参与省、市、区级区域发展规划研究 10 项。公开发表 SSCI、CSSCI 等论文 20 余篇,出版学术专著 1 部,合著 5 部。

前　言

　　社会治理是现代国家治理体系中的重要组成部分，提升社会治理水平既是全面实现国家治理现代化的内在要求也是基本前提。党的十八大以来，习近平总书记作出了一系列有关社会治理的新论述。中国共产党十八届三中全会提出"创新社会治理"的要求，体现了对当下中国社会领域相关问题的关注和回应。党的十九届四中全会通过的《中共中央关于坚持和完善中国特色社会主义制度、推进国家治理体系和治理能力现代化若干重大问题的决定》将社会治理作为一项制度单独列出，充分肯定了社会治理在我国国家治理整体格局中的重要地位，总结了进入新时代以来我国在社会治理方面所取得的成就并指出未来发展走向：构建社会治理共同体。社会治理共同体的打造即构建多元治理主体协同与合作的治理体系，多元主体协同合作是创新社会治理的切入点。新时期，我国各级政府、市场组织、社会组织等多元主体间多向互动的网络状结构正在形成，社会治理主体呈现多元化状态，整合各方力量协同共治，是不断提升国家治理现代化水平的基础。

　　企业无疑能够成为社会治理的主力。一些国家引入企业参与社会治理的成功案例已经证明了企业在社会治理中的地位和作用。企业是履行社会责任的主体，也是社会建设的"第二部门"，企业履行社会责任是社会治理的重要内容，更是社会治理的重要手段。企业是嵌入在社会结构中的，有责任和义务承担社会治理的职能，现代企业的市场化运行机制嵌入能够激发社会治理的活力。然而，仍有人认为企业与政府和其他非营利社会组织的社会角色完全不同，"企业的职责就是经营""追求利润是企业存在的前提和目标"的思想还根深蒂固，同时，在我国从计划经济向市场经济转变的过程中，企业与社会治理关系演变的历史记忆也使我们对企业参与社会治理持模糊甚至是否定的态度。因此，必须重新认识企业对社会的作用，重塑社会治理主体框架，明确企业在社会治理结构中的角色定位，研究企业嵌入社会治理的运行机制、制度设计和具体实施步骤等问题，这些均对提升我国社会治理现代化水平具有重要的理论和实践意义。

在推动国家治理体系和治理能力现代化的大背景下，本书坚持企业是嵌入社会的理论观点，运用管理学、社会学等多学科交叉的理论分析，研究了中国企业与社会治理的历史联系，企业、政府与社会等多元社会治理主体的共生关系，企业从关系嵌入结构嵌入参与社会治理的演化路径，并提出了社会治理结构中企业社会责任嵌入的机制，以及企业嵌入社会治理的具体路径。研究过程中既涉及了企业的属性和社会发展的趋势等宏大的理论问题，又涉及了多主体协同参与社会治理的理论依据分析，还涉及了企业参与社会治理的过程模型、相关机制构建以及企业参与社会治理的具体实施路径研究等具体问题，内容跨度较大、涉及面较广，具有一定的研究难度。

由于时间和水平的限制，本书肯定有不尽如人意之处，希望读者批评指正！

张 坤

2022年10月10日

目　录

第一章　绪论 … 1
　　第一节　研究背景 … 1
　　第二节　理论基础 … 5
　　第三节　研究思路与方法 … 14
　　第四节　研究内容与结构 … 17

第二章　国内外相关研究现状分析 … 23
　　第一节　研究设计与数据来源 … 23
　　第二节　嵌入性研究综述 … 25
　　第三节　企业社会责任研究综述 … 35
　　第四节　社会治理研究综述 … 44
　　第五节　研究评述与研究价值 … 54

第三章　企业与社会治理的关系研究 … 57
　　第一节　作为社会治理主体的企业 … 57
　　第二节　中国企业与社会治理的历史联系 … 68
　　第三节　企业社会责任与社会治理的关系 … 80

第四章　多主体合作治理的理论分析 … 85
　　第一节　社会治理体系 … 85
　　第二节　社会治理的重构 … 88
　　第三节　多主体合作治理的生成逻辑 … 93
　　第四节　多主体合作治理的运作规则 … 103

第五章 企业、政府与社会共生关系的构建 109
- 第一节 文献回顾 109
- 第二节 研究设计 113
- 第三节 数据收集及分析 130
- 第四节 实证分析与假设检验 131
- 第五节 研究假设检验 152

第六章 企业嵌入社会治理的案例研究 155
- 第一节 企业嵌入社会治理因素机理分析 155
- 第二节 企业嵌入乡村振兴的典型案例研究 170
- 第三节 案例分析与讨论 175
- 第四节 企业嵌入乡村振兴的实践思考 185

第七章 社会治理结构中企业嵌入的机制研究 191
- 第一节 企业嵌入社会治理的十项原则 191
- 第二节 企业嵌入社会治理的五大机制 196

第八章 企业嵌入社会治理行动指南 209
- 第一节 投入 209
- 第二节 协同 211
- 第三节 牵引 214
- 第四节 发展 216
- 第五节 扬弃 217

附录 CSR 行动案例 221
- 行动案例1 用爱牵手你我他：大连宜家家居社区责任之行 221
- 行动案例2 字节跳动扶贫：企业社会责任与共享价值创造 221
- 行动案例3 中国房地产行业绿色供应链行动 222
- 行动案例4 苏宁与真爱梦想的"梦想大篷车—苏宁号" 223
- 行动案例5 伊利"奶牛学校"中的"智能"吸收 224

目 录

行动案例6　中智的"爱心妈咪小屋" ……………………………… 225

行动案例7　宜信的"宜农贷" …………………………………………… 225

行动案例8　丝宝集团：以员工志愿者主导企业慈善行动的公益路径 …… 226

行动案例9　伊利集团的"伊利方舟" …………………………………… 226

行动案例10　阿拉善SEE基金会与蚂蚁金服的"蚂蚁森林" …………… 227

行动案例11　百步亭集团：共创价值如何修炼社区综合服务商 ………… 228

行动案例12　可口可乐与"水资源保护" ………………………………… 229

第一章 绪 论

第一节 研究背景

"治理"一词在我国古代就已经出现,《孔子家语·贤君》有："吾欲使官府治理,为之奈何?"这里的"治理"偏重于管理、统治的意义。而现代社会所讲的"治理"主要引介自西方,源于"governance"。"治理"概念最早起源于希腊语(kybernan)与拉丁语(gubernare),意为领航、掌舵或指导。"治理"一词最早出现在1989年的世界银行报告中,此后,在许多国家的政治领域、社会经济与管理领域开始广泛使用。

对治理的理解较为权威的是全球治理委员会在《我们的全球伙伴关系》研究报告中的定义：治理是各种公共的或私人的个人和机构管理其共同事物的诸多方式的总和。它是使相互冲突的或不同的利益得以调和并且采取联合行动的持续的过程。它既包括有权迫使人们服从的正式制度和规则,也包括各种人们同意或认为符合其利益的非正式的制度安排。治理的主体既可以是公共机构,也可以是私人机构,还可以是公共机构和私人机构的合作。治理是一种上下互动的管理过程,它主要通过合作、协商、伙伴关系、确立认同和共同的目标等方式实施对公共事务的管理。治理的实质在于建立在市场原则、公共利益和认同之上的合作。它所拥有的管理机制主要不依靠政府的权威,而是合作网络的权威。其权力向度是多元的、相互的,而不是单一的和自上而下的。

社会治理是人类社会进入文明时代以来所进行的重大实践活动和反思主题。追本溯源,无论是苏格拉底对"什么是善的生活"的追问,柏拉图对"城邦正义"的讨论,还是亚里士多德关于"理想政体"的划分；无论是孔子的"兴仁政",老子的"法自然",还是荀子的"引法入礼",都试图要寻找一种有关社会治理的制度原则和治理方式、给出一个实现良好社会治理的理想蓝本。"社会治理"一词在西方话语体系中并没有完全对应的概念，正确理解"社会治理"的内涵还要在中国政治话语体系和语境下进行考究。从运行意义上讲，"社会治理"实际是指"治理社会"。本研究认为，社会治理是政府、社会组织、企事业单位、社区以及个人等多种主体通过平等的合作、对话、协商、沟通等方式，依法对社会组织、社会事务和社会生活进行引导和规范，最终实现公共利益最大化的过程。

自党的十八大以来，习近平总书记在深刻把握社会基本矛盾变化的基础上，立足时代特点，坚持人民至上的理念，做出了一系列有关社会治理的新论述。党的十八届三中全会提出了"创新社会治理"的新要求，"治理"和"管理"，一字之差，体现出党和国家对当下中国社会领域相关问题的关注和回应，体现了在社会实践层面和理论格局层面的巨大进步。社会治理是国家治理体系中的重中之重，社会治理水平的提高直接影响国家治理现代化的实现，提高社会治理水平是促进社会稳定和国家发展的内在要求，是推进国家治理体系和治理能力现代化的关键。党的十九届四中全会上，习近平总书记总结了进入新时代以来我国在社会治理方面所取得的成就并指出未来发展方向，提出了"建设社会治理共同体"的概念，并且将社会治理作为我国的一项制度单独列出[①]，充分肯定了社会治理在国家治理格局中的重要地位，体现出党对社会治理的强烈重视，是中国特色社会主义制度的又一次十分重要的完善。社会治理共同体的提出体现了党始终牢记全心全意为人民服务的根本宗旨，是建设和完善社会治理体系的重要一步。

"社会治理共同体"与"人类命运共同体""中华民族共同体"共同彰显了中国之治的丰富内涵[②]。只有筑牢社会治理共同体，才能给予广大人民群众适应"风险社会"的充分信心和强力支持。例如，2020年新冠肺炎疫情是对我国社会治理能力的一次"大考"，医护、社区、政府齐心协力，使我国从疫情较重国家变成世界上最安全国家之一，映射出了我国"集中力量办大事"的制度优势。国家制度优势纵然关键，但是只有企业、社会组织等多元力量汇集才真正打通抗疫的"最后一公

[①] 刘培功. 社会治理共同体何以可能：跨部门协同机制的意义与建构 [J]. 河南社会科学，2020（9）：17-24.

[②] 王丛虎. 三个共同体：党的十九届四中全会彰显共享共治的治理理念 [EB/OL].(2019-11-29)[2022-05-03].https://www.gmw.cn/xueshu/2019-11/29/content_33361582.htm.

里",从容应对疫情肆虐带来的各类危机,这正是社会治理共同体的生动实践。

多元主体协同是推动社会治理共同体建设的关键点。自党的十八大以来,党中央在不同场合多次提出"加快形成党委领导、政府负责、社会协同、公众参与、法治保障的社会治理体制",从某种程度上体现出对多元社会治理体系构建的前瞻性思考。如何促进多元主体在社会治理中各尽所能、大放异彩是实现国家治理体系和治理能力现代化的重中之重。多元主体协同意味着政府、社会的角色发生了重大转变,政府是治理的主体也是治理的对象,社会是治理的对象也是治理的主体,曾经被作为治理对象的企业和社会组织等也要参与到社会治理中来。多主体协同是"治理"的关键之处,以单一主体为主负责供给公共服务的模式都过于碎片化[1],导致在社会治理的治理操作层的碎片化,直接激起了对整个社会层面多主体治理需要。

新时期,社会治理主体的多元化趋势日益明显。以各级政府、市场组织、社会组织等为主体的多元社会治理主体架构正在快速形成。这种多元互动的格局为各治理主体作用发挥提供了巨大的空间,以社会公共服务为着力点,以多元主体"共意"为基础,以协商共治为手段,每个主体均可基于平等的法权选择合作对象,均可在双方自愿的前提下以合作的姿态互惠共生,激发和促进各主体的创造力和积极性,形成共建共治共享的现代化治理格局。在多元共治的格局下,政府务必改变以往社会治理直接参与者状态,通过给予社会组织和企业等主体以平等权利,调动它们的组织能动性。当社会治理的主体变得逐渐多元化时,主体拥有的权利也会进行再分配,使社会结构从集权逐渐走向分权,治理环境从封闭走向开放,社会的活性和市场的创新能力就会不断提升,社会呈现一片欣欣向荣的状态。与此同时,务必建立起完善的约束和激励机制,使社会系统中的资源分配、价值交换、权利与义务等得到法律制度的保障,推动多元主体在促进社会的进步最大化的基础上不断完善和强化自身,实现公共利益最大化。

在过去的三十年中,世界上许多国家均对社会公共服务的提供进行了重大重组。尤其是受到以"新公共管理"(NPM)为标志的思想的启发,许多国家将企业

---

[1] 张贵群.精准服务:公共服务供给侧结构性改革的行动逻辑[J].重庆理工大学学报(社会科学),2017(7):81-86.

引入社会治理领域，这些改革背后的突出目标是使提供社会公共服务更具成本效益，并提高其质量，同时，通过提供不同服务选择保障社会公众的选择权力。将NPM引入社会治理已经引起了有关组织市场参与在这些政策领域中对资源分配的政治控制的保留之间的关系的新问题。正如NPM的支持者所建议的那样，是否有可能借助诸如选择和具有竞争之类的组织特征来使社会治理充满活力，同时保持社会治理的公平和普遍性？一些福利国家已经给出了答案。如瑞典，该国在20世纪80年代以前，社会公共服务完全由公共部门提供（当然现在政府公共部门仍然是社会公共服务的主要提供方）。由于社会公众的社会需求无法得到多样化的满足，20世纪80年代末，瑞典扩大私人提供者在保健和养老服务方面的发展，率先将私有化引入社会服务，而与此同时，改革经过精心设计，社会平均主义和广泛的社会公民权利的价值观并未受到企业参与社会治理等改革措施的破坏。因此，可以说瑞典构成了一个很好的"测试"案例，将福利服务中的选择与社会平等的理想结合起来。

  企业是多元合作治理中的主体之一。企业履行社会责任是社会治理的内容，也是社会治理的重要手段，正如李培林教授所言，企业是社会建设的"第二部门"。企业社会责任的基本功能是社会治理，它涵盖了内部员工与外部社会，能够提升社会福利与公众利益，维护社会秩序和促进社会和谐[1]。企业是嵌入社会结构中的，有责任和义务承担社会治理的职能，现代化的企业的市场化运行机制嵌入能够激发社会治理的活力。企业无疑能够成为社会治理的绝对主力，企业嵌入社会治理的过程是企业深度融入社会治理结构的重要一步。企业可以合理有效地整合资源和满足社会需求，已经成为社会治理共同体的一个主体和重要内容。

  然而，在经济学领域存在着"企业的职责就是经营"（the business of the business）的思想，大部分经济学家认为，企业与政府和其他非营利组织的社会角色是不同的，企业出现之初就是为了获取利润，满足市场需求，因此，对企业参与社会治理持模糊甚至是否定态度。马克斯·韦伯（Max Weber）说："资本主义的社

---

[1] 李文祥.企业社会责任的社会治理功能研究[J].社会科学战线，2015（1）：209-214.

会秩序中,不能利用机会营利的资本主义企业注定要消亡"[①]。马克思主义经济学指出:极端的资本主义会无视商业道德伦理,纯粹为追求商业利润,做出一些不可理喻的事情来,例如过去的帝国主义国家疯狂压榨劳动者的劳动力等各种"越界"行为。新古典经济学及制度经济学指出的"市场经济和私有产权的存在加剧了市场竞争,企业为了生存会不遗余力地激发创造力和竞争力",这无疑是没有问题的。而新保守主义始终认为的"市场是万能的,能够解决社会中出现的一切经济问题",这无疑是要被否定的。高度意识形态化论者认为,"市场不应该存在,非正规经济应该被严格控制或消灭,甚至积极拥抱计划经济或者官僚经济",这种看法无疑也是错误的。那么,在"企业统治世界"的今天,企业在社会中到底应该如何行动?探索企业在社会治理中的角色定位和具体实践不仅对企业发展十分重要,而且对社会其他主体的发展和社会的和谐同样十分重要。因此,针对企业角色定位、运行制度设计、运行机制分析以及具体社会实践等问题开展研究,对于丰富社会发展理论、企业管理理论、社会治理实践和企业生产实践均具有重大理论和实践意义。

第二节 理论基础

一、嵌入性理论

嵌入性理论起源于社会关系影响经济行为的过程中,是一个用来分析经济社会现象的重要理论工具。自波兰尼(Polanyi)首次提出经济嵌入社会中,嵌入性领域的相关研究已有80年的发展历程。波兰尼首先提出了经济行为嵌入社会关系之中的观点。他在《大变革》中区分了市场经济和非市场经济两种情景下经济生活与社会生活的关系,指出在19世纪以前的非市场经济中,以互惠和再分配为主要方式的经济生活与社会关系息息相关,经济行为嵌入社会关系之中;而在19世纪后,市场经济出现,以金钱、利益最大化为目的的经济活动逐渐从社会关系中脱离出来,经济活动独立于社会关系,不再受社会、制度和文化结构的影响,经

[①] 韦伯.新教伦理与资本主义精神[M].彭强,黄晓京,译.西安:陕西师范大学出版社,2002:15.

济逻辑"殖民"社会逻辑,即"社会关系反而要用经济关系来界定"。他认为,以理性算计、自利和效用最大化为原则的经济学从社会关系中脱嵌出来,严重扭曲了经济和市场的本质特征,"脱嵌式"经济是一种特殊状态,是一种乌托邦想象;"嵌入式"经济才是常态,是人类历史的本质和普遍逻辑。

20世纪80年代初,怀特(White)用社会学观点解释市场,提出市场是关系密切的企业通过相互观察彼此行为产生的社会结构,社会网络首先是社会关系,应该站在行为主体(角色)所处的社会关系的视角来分析经济行为。怀特批评性地指出,"经济学只关注到了交换,没有进一步向市场理论发展","市场是从社会网络发展而来的","市场秩序是生产经营者网络内部相互交往产生的暗示、信任和规则的反映"[1]。格兰诺维特(Granovetter)发展了怀特的思想,批判了经济学(斯密、萨缪尔森等)主张行为主体像原子一样完全游离于社会结构之外的"低度社会化"观点,也批判了社会学(罗恩、帕森斯等)主张行为主体像奴隶一样完全依附于社会赋予的角色的"过度社会化"观点,主张两者相互支持与互相融合;认为企业或个人行为主体的经济行动既是自主的,也是嵌入真实的、运作中的社会关系之中的。他认为嵌入性是指行为主体所做的各种经济活动受到基于信任、文化和声誉等因素的持续性社会关系和社会结构的限制,主张经济行为嵌入行为主体的社会关系网络中。格兰诺维特提出了关系嵌入和结构嵌入的分析视角,把波兰尼宏观抽象的社会、经济层面的嵌入性思想微观化、可操作化和普适化,使得嵌入性理论可以方便地应用于对个体行为及组织行为的分析。

伯特(Burt)也对社会关系进行了具体分析,提出了"结构洞"理论,他指出"结构洞"是指在社会网络中,某些个体间的间接关系或关系间断现象,像一整张网上出现的洞穴,而链接这些主体的"中间人"则起到了"梭子补网"的作用,即认为它在关系网络中占据了一个"结构洞",因此,个人或者组织要想获得发展优势就要建立广泛的联系,同时占据更多的"结构洞",掌握更多信息。乌兹(Uzzi)在格兰诺维特和伯特的理论之间架起了"桥梁",他认为组织通过"中间人"的第三方关系传递而与网络中的其他组织建立经济联结,形成双边关系,即基于关系

---

[1] WHITE H C. Where do markets come from?[J].American journal of sociology, 1987, 87(3): 517-547.

·第一章 绪　论·

传递而嵌入的过程，将经济主体的市场行为嵌入一个由市场交易与利益、信任与利他情感的多元关系中，使得进入者能够借助经济活动而形成关系嵌入，并有可能借此存在的企业双边关系发展成为结构嵌入。泽利泽尔（Zelizer）认为关系嵌入包括以理性效率为导向和以情感团结为导向两种，嵌入性理论的研究对理性效率的分析比较充分，对情感团结导向的分析不足。因此，他提出了把文化整合进对经济现象的解释之中的"关联营造"的思想，通俗地讲，即个人或者组织进入到一种关系可以借助"相互联系的生活"（类似于熟人之间的信任）的文化的中介。如今，嵌入性已经成为经济学、社会学、公共管理等人文社会科学领域一个重要的分析工具。

二、社会共生理论

"共生"一词源于生物科学，"共生"最基本的含义是指不同生物之间形成的紧密互利的关系，共生思想提供了分析问题的方法论，它刻画了大环境下的不同生物之间以及生物与大环境之间的关系。共生理论对自然科学领域贡献巨大，在2005年被列为生命界最重大的十项顶级创造之一[1]。不仅如此，共生理论体现了深刻的哲学思想，如今的共生理论意蕴表现为宇宙生命休戚。20世纪中期以来，共生理论的应用领域已经从生物学逐渐走向社会学、管理学等众多领域，成为对社会科学进行思考探索的重要的社会思维方法，贯穿于对个人、群体、组织、国家、社会等各个层次和跨层次的研究中[2]。由具体化到抽象化的发展过程是共生理论本质的进一步升华与凝练。纵观共生理论的历史形态以及在多学科领域的发展和应用，其核心关键词无不包含共存、合作、互利、互补、和谐、共进。

我国学者胡守钧在《社会共生论》一书中提出"社会共生论"的概念，他强调共生对于人类社会的重要性，社会共生普遍存在于人类的生存和发展的过程中，存在于各个细分领域当中，其显现的方式形态万千。"社会共生论"中，社会是一个既庞大又复杂的系统，其内部包含了许多不同层面的共生子系统，不同层面的子系统下同样包含了不同领域的共生子系统。对于每个共生系统来说均包含了三类要素：共生的主体要素、环境资源要素和制度约束要素。对于社会共生系统来

---

[1] 杨玲丽. 共生理论在社会科学领域的应用[J]. 社会科学论坛，2010（16）：149-157.
[2] 黑川纪章. 新共生思想[M]. 覃力，等译. 北京：中国建筑工业出版社，2009：1.

说，共生主体要素是最基本的单元，是作为个体的人组成的组织，根据组织的合法性可以划分合法组织和非法组织，根据组织的政治属性可以分为政治组织和社会组织，等等；在社会共生关系网中，环境资源要素主要起对共生主体的承接作用，它是指在一定的状态条件约束下，生产出满足人的需求的基本要素。根据人的需求可以将环境资源要素划分为物质系列、精神系列、生活系列，等等；制度约束要素的作用是保障社会的相对平衡关系，这主要来源于正式的法律制度的强制和非正式道德的约束，另外，宗教、风俗习惯等文化也属于约束要素。社会共生论秉持卢梭提出的"人人生而平等"的理念，在社会生活中，拥有平等的公民权利是共生的前提。同样，主体本身的差异性，导致其需求不同，在追求主体利益的过程中冲突与竞争难以避免，因此"人生而自由平等，却无往不在枷锁之中"，必须缔结"社会契约"建立一种能保护自由的新社会秩序。事实上，冲突和竞争也并不是绝对化的，不是你死我活的存在，而是为了促进共生的实现。因此，有人评价"社会共生论"是存在的哲学，是社会改造的哲学。

共生关系是社会中与生俱来的。共生关系在社会中孕育、成长和发展，与社会网络具有天然自洽性。相较于共生的源头"生物共生"，发展了的共生关系具有共生泛化的倾向，社会共生指的是社会的每个"细胞"都携带共生"基因"，社会的各要素间是共生共存的关系。共生是社会系统中各要素依托资源、获取资源、使用资源，以自组织发展为主他组织为辅实现共生主体和社会整体发展的关系。不同主体之间存在的矛盾和斗争现象，实际上就是在尝试找寻共生方法，共生状态似乎就是那么一个用来最小化这些矛盾和斗争的"度"，因此共生过程是社会主体间的动态平衡，共生是"润滑剂"，通过提升不同主体间的依赖性和合作意愿，形成社会共生关系网络。共生状态是动态的，它是社会快速发展和进步不可或缺的"生长因子"。因此，用共生理论来指导社会发展，合乎人类共生共在的渴求，"倡导和谐共生就是选择现实生活中最佳的共生关系"，"和谐共生就是社会生活系统中的所有主体在一定条件约束下合理地共享资源"。

三、集体行动理论

集体行动理论是公共选择理论的关键组成部分。在亚当·斯密（Adam Smith）之后的很长一段时间里，社会科学的学科分野日趋明显，大部分西方经济学家对社会、政府和制度的关注度明显下降，他们致力于研究市场和企业，把政府、制度作为经济研究的外生变量。而政府和制度成为公共管理和政治学的研究对象，学科之间生成了一条明显的分界线。然而，很多社会问题本身就是复杂的，随着资本主义经济危机频发，市场失灵现象催生了"政府干预论"，20世纪70年代的经济滞涨，"新自由主义"重新兴起，21世纪初的全球金融危机，又使对新自由主义的反思成为社会思潮，总之，"国家干预主义和自由放任主义的经济理论交替"[①]。为了解决市场失灵问题，布坎南（Buchanan）、奥尔森（Olson）等学者重新把政府和制度纳入经济分析范畴，不仅看到了市场失灵问题，同时也看到政府的失灵问题。他们首次将政府和制度作为内生变量的基础，构建了适合长期经济发展的权利结构和相应的制度。这与凯恩斯主义者有所不同，凯恩斯主义者强调政府在经济发展中所起到的重要作用，主张政府从各个方面对经济和社会进行干涉，而公共选择理论的学者们在认同政府重要作用的同时，提出仅仅依靠政府有其一定的局限性，应该对政府的权利进行一定的限制。

集体行动理论研究的是集体行动的发生、结构和功能。该理论重点关注的内容是集体中的个体如何进行集体选择、提供集体物品。该理论发展至今已经形成了三种经典模型，我们仔细分析可以发现，在集体行动中，每个个体都是理性的个体，每个理性的个体都会不由自主地在自己的生活中努力寻求使个人利益最大化的行为。不同主体的行为目的各异，每个个体的利益最大化行为的发生会直接造成非理性的集体行为，无法达到集体行为的效益最大化。在社会治理进程中，同样存在社会治理参与者为了实现个人利益最大化而无视公共利益，最终导致社会治理混乱的现象。集体行动理论包含三种解释模型：公地悲剧、囚徒困境、集体行动逻辑困境。

（一）公地悲剧

1968年，英国哈丁（Garrett Hardin）教授首先提出"公地悲剧"理论模型。哈丁教授以公共草地情境为例对该理论模型进行了具体的解释。在公共草地的牧羊者都是理性的个体，每个人都希望做出个人利益最大化的选择。每个牧羊者在做出是否增加放羊的数量的决策时，会面临这样一种选择：增加羊的数量会使个

---

① 秋石. 论正确处理政府和市场关系 [J]. 求是，2018（2）：12-15.

人收益增加，同时加剧草地的使用，而草地的承受能力是有限的。每个个体经过理性的思考后，都选择增加羊的数量，以扩大自己的收益。但因为牧羊者这种不顾环境承受力的做法得不到限制，公共草地使用过载，草地的状况每日愈下，最终造成了悲剧的发生。

（二）囚徒困境

囚徒困境是指两个囚徒在相互隔绝，完全不知道对方情况的情境下，如果两个人都不招认罪行，每个人受到的处罚都将是最小的。然而现实并不是如此，因为相互隔离，其中一个囚徒不知道对方会做出何种选择，两个囚徒作为理性的个体追求个人利益最大化，就不会考虑到另外一个囚徒的处境，每一个囚徒都会选择坦白以得到比较轻一点的处罚，但最后的结果是每个人都受到了更重的处罚。在社区治理中亦是如此，每个社区个体都像之前所讨论的"困境中的囚徒"一样，因为信息不对称的存在，每个人所掌握的信息各不相同，每个人都做出个人利益最大化的选择，不顾及别人或者整个社区的利益，例如毫无节制地占用公共资源等，而这些行为对于有效地进行社区治理是极为不利的。

（三）集体行动逻辑困境

集体行动逻辑陷入困境的原因是集团中的个体是理性人，在缺乏承担群体行动成本激励的条件下，理性人很难做出参与集体行动的选择，而且对于规模越大的集团，将集体组织起来的难度越大。在奥尔森看来，如果公共资源已经投入使用，且个人没有被限制使用该公共物品，那么这个人将站在自己视角做出个人利益最大化的选择，使用该公共资源时不会付出自己的努力。在现实生活中，只有两种条件下集体中的个人才会参与集体行动，一是按照个体的理解，参与集体行动所收获的比付出的要多；二是集体中有强制性的规定和制度要求集体中个人的参与。但在普遍的情况下，个人会首先根据自己个人利益做出理性选择，而不关注与集体行动产生的公共利益，这种想法对于社区治理效益最大化是十分不利的。

集体行动理论认为，克服集体行动中的"困境"，就必须采取行动，要么采取选择性激励机制，要么清晰权利边界。就如何进行激励的问题，奥尔森提出通过"制度规则设计"克服集体行动困境；清晰权利边界则要求对集体中的每个成员的权利进行尽可能清晰地划分，明确每个成员享有权利的界线和范围。根据公地悲剧、囚徒困境和集体行动逻辑困境三个模型，一般可以推导出两个结论，即为了克服公地悲剧，要么以"看得见的手"——"利维坦"（Leviathan）（指一种威力无比的海兽，霍布斯以此比喻君主专制政体的国家，后多比喻现代国家和政府）为唯一方案，要么以彻底的"看不见的手"——"私有化"为唯一方案。奥斯特罗姆（Ostrom）在"多中心秩序"的基础上提出了"第三只手"——"多中心"理论。从本质上讲，它是指决策主体和供给主体的多中心，除了政府这个主体外还有别的主体，公司代表、社会组织乃至于社会公众等多主体共同付出，一同承担生产、提供公共产品的责任。通过多主体之间的相互协同配合，提高产出效率，将供应方式多样化。但政府的作用同样不可忽视，政府需要制定政策来保障环境的公正有序，让所有供应商在进行有序的良性竞争的同时得到应有的尊重，真正实现公共物品多中心供应。

四、协同治理理论

"治理危机"第一次出现是1989年世界银行用以描述非洲的具体情形，后在政治研究中逐渐流传开来。罗兹（Rhodes）指出："治理是指一种新的管理过程，或是指对既有规则的变更，又或是指管理社会的新方式。"[①] 治理被应用于各种特定的管理形式以及管理过程之中。治理代表着实践的转变，公司治理、社会治理、全球治理等概念的出现表明治理的概念存在着不同的理解。也有人将"治理"作为对发达工业社会中国家形式和作用转变的简略表达方式，而且这些转变的一个关键方面就是公共部门的改革。

"治理"的概念包含了政府是治理的主体、非政府参与者在治理过程中发挥重要作用的论断。福柯（Foucault）提出现在的社会分析和政治分析仍没有"砍掉国王的头"，仍然习惯于把治理看做是政府的事情，与此同时，非政府主体是治理过程的组成部分已被广泛认可。其实，20世纪70年代末，关于"社团主义"的讨论就强调了政策共同体等问题，也就是说，在"治理"作为一个分析性概念被创造出来之前，政治学者们就已经认识到了治理的主要因素——政府内外的行为体、作用和责任界限的模糊与相互依存。

---

① RHODES R A W. Understanding governance: ten years on[J]. Organization studies, 2007, 28(8): 1243-1264.

实质上，治理的实现依赖于复杂的组织形式。社会实践的众多方面，例如，土地利用、养老等，均能反映出治理是由政府和非政府行为主体之间持续互动的形式来实现，由"集体难题"（collective puzzling）来支持并且由此产生政策问题的。非政府行为主体参与治理本身并不属于新鲜事物，也并不是新生事物，而只是近二十年来才被政府、学术界所重视而已。传统治理模式下，政府是治理的唯一主体，但是如今公共理性的觉醒使得治理成为包括非政府行为体在内的主体间的动态协商过程。

非科层协调模式（例如协商和竞争系统）通常是嵌入科层制结构当中的，政府、市场和公民社会几乎总是在科层制度结构背景下进行协商；这意味着国家会显性或隐性地对私人行为体施加约束性规则和法律，以改变其成本—收益计算方式，使他们的自愿协议更接近公共利益，而非仅仅是自利的。科层阴影为政府和非国家行为体提供了重要的合作激励框架，尽管表现形式不同，科层阴影越强，非国家行为体与之合作提供集体物品的动机就越强。相反，政府与非国家行为体合作的激励结构是曲线式的。一方面，弱政府不大可能与非国家行为体共同治理，因为其担心失去相对于社会的自主权；另一方面，强政府也不大可能与非国家行为体共享治理权威。

治理是一组协调和监督活动，使合作伙伴关系或机制得以存在。多方主体为了解决公共问题，相互之间进行交流、合作与协调，建立友好的合作伙伴关系，共同构建社会治理体系。现代治理主张通过政府、市场、公民社会多主体参与合作，即"协同治理"。艾默生（Emerson）等人将协同治理定义为"从政策的制定到落实、由多个主体协同的全过程"[1]。协同治理的目的是维护公共利益，"协同治理也作为一种行之有效的治理模式进入中国。2019年，中国共产党十九届四中全会在社会治理制度的核心要素中增添了'共治'理念"[2]。协同治理理论和实践表明，通过强有力的参与过程产生的绝对会更公平、更持久、更稳健和更有效。"当协同治理制度启动，协同动力及其三个组成部分就开始运转。第一个成分——有原则的

---

[1] EMERSON, KIRK, NABATCHI, et al. An integrative framework for collaborative governance [J]. Journal of public administration research & theory, 2012(22): 2-3.

[2] 佟德志，林锦涛. 协同治理的研究主题与前沿热点：基于 CSSCI 文献的知识图谱可视化分析 [J]. 社会科学战线，2020（4）：206-214.

接触，包括四个基本过程要素的互动：发现、定义、协商和决定。第二个成分——共同动机，也包括四个要素：信任、相互理解、内部合法性和共同承诺；第三个成分——联合行动能力的产生，包括：程序和制度安排、领导力、知识和资源这四个要素"。"协同动力的组成部分（有原则的接触、共同动机和联合行动能力）持续协同互动，并且推动协同治理制度的协同行动"[1]。在协同过程中，通往协作过程的路径本身也许就是最根本的设计问题，但保障路径实施的制度设计绝对是合作程序合法性的关键，这里的制度设计是指合作的基本协议和基本规则。

治理理论的基本观点包括：治理主体是多元的；强调国家与社会关系的整合；治理是上下互动的过程；治理方式方法多元化。协同治理理论强调：第一，治理主体的多元性和非排他性。按照协同治理理论的观点，为了更好实现公共利益，政府部门不是唯一的主体，而是政府、市场主体、社会组织、群众通过协商民主的方式参与到治理公共事务过程中，各主体间利益都应得到尊重。第二，协同治理的权威来源不是单一的，而是多元的。过去在公共事务治理过程中，治理权威主要来源于政府部门。但是，协同治理理论认为，治理权威不单来自一方，因此应该尊重多元治理主体的利益诉求，运用德治、法治、自治融合的手段来增进公共价值。第三，协同治理的过程是双向互动的，而非单向的。在传统管理框架下，治理的过程更多是自上而下的单向治理过程，主要依靠的是许可、授权、审批等形式。而协同治理强调治理过程的双向互动，要求政府职能部门积极发动市场组织、社会组织和群众多元力量积极参与，共同化解社会治理过程遇到的难题和困境。第四，强调系统治理。在日益复杂多变的社会大背景下，很多社会问题展现出的复杂性、多样性、动态性等特征，要求政府各职能部门之间的协同，也要求政府部门与市场组织、社会组织和群众间形成相互协作关系，运用系统治理来推动社会向良性发展。第五，协同治理追求的是社会的有序性。协同治理能有效避免公共事务管理过程中政府失灵和市场失灵的双重困境，通过多元社会治理主体间的调节与整合，实现社会治理由无序向有序方向发展，确保营造出公平正义、稳定团结、活力与秩序兼得的社会局面。

---

[1] BALOGH S. An integrative framework for collaborative governance[J]. Journal of public administration research & theory, 2012, 22(1): 1.

第三节 研究思路与方法

一、研究对象

本书以企业为研究对象，研究多元主体协同共治背景下企业的嵌入问题。企业是不可或缺的，是经济建设的主体，是物质商品的生产者，是社会需求的满足者，是社会创新的承担者，是时尚文化的引领者，是国家发展的助力者。企业的这些角色和功能发挥都需要一定条件。当条件不具备的时候，如同历史和现实所显现的那样，企业有可能扮演截然相反的角色和承载完全不同的功能。

在全面发展市场经济过程中，中国企业取得了前所未有的成绩，中国城乡企业星罗棋布，形成了多样化的组织结构和多种所有制形式。企业在卸掉了"办社会"的包袱之后，也出现了热衷利益不担责任的问题。企业、政府和社会的关系失衡，功利性追求主导了社会领域，造成了经济逻辑对社会逻辑的"殖民"，企业"唯利是图"，政府为了GDP而对企业的负外部行为"睁一只眼闭一只眼"，社会利益不断受损。因此，要实现"创新社会治理体制、改革社会治理方式"的目标重要工作就是要重构政府、市场和社会的关系，充分发挥企业参与社会协同共治的功能，形成政府、企业和社会协同合作的和谐社会建设局面。本书试图探讨企业参与社会治理的可能性、必要性与实现方法。

二、研究思路

在社会治理转型背景下，以及多元主体参与社会治理格局下，企业作为社会治理主体嵌入社会治理的趋势势不可挡。回溯历史，中国企业与社会治理关系的历史演化过程告诉我们，新时代企业参与社会治理既不能走主流经济学中"社会化不足的弱嵌入"甚至"零嵌入"的老路，也不能走主流社会学中"社会化过度的强嵌入"的极端。在探寻企业适度嵌入社会治理的这一过程中，不能割裂企业责任决策和行为与其所处的具体社会情境的联系，也不能完全忽视鲜活的社会现实以及企业社会责任主体与其利益相关者之间的相互作用。

本书期望运用管理学、政治学和社会学理论，深刻解构社会治理结构中的企业嵌入问题，重构企业与社会的关系，在企业的经济属性与社会属性之间建立新的相互协调、相互平衡的关系架构，促进企业积极地承担其社会责任，在关注社会问题的前提下主动参与到社会治理中来，合理创造与分配财务，以打破企业治理过程中的"一放就乱、一收就死"的恶性循环，"一半海水、一半火焰"的极端倾向和"上有政策、下有对策"的形式化问题，督促企业承担社会责任，成为社会治理多元主体中的一份子，共同打造社会治理共同体，实现企业的发展与自然的协调、与社会的协调、与人的发展的协调，使企业成为社会进步与发展的助推器，达到实现企业目标与社会发展目标协调与平衡。

本书将按照"理论演绎—实证分析—问题解决"的技术路线开展研究工作。本书以社会治理转型为研究背景，将历次社会治理转型与企业社会责任管理变革，置于政府、企业与社会之多维互构关系的场域中加以认知，将社会嵌入理论思想、协同思想、共生思想和治理思想应用于研究的整个过程，分析中国社会治理过程中，社会治理结构中企业的"嵌入—脱嵌—再嵌入"过程及客观原因，研究现阶段社会治理过程中企业以负责人方式嵌入的合理性和可行性，并依据"主体嵌入客体情境"的概念模式，研究社会治理结构中企业社会嵌入的机制，采用个案研究和统计抽样的方式获取资料，实证研究企业、政府与社会共生关系，通过分析企业嵌入社会治理实践，建立企业适度社会嵌入的机制和具体策略。

三、研究方法

（一）历史比较法

当代中国正处于企业社会发展和社会治理转型的新的历史阶段。从历史的角度看，中国企业有着独特的轨迹和发展逻辑。中国在社会治理实践总结出的经验中体现出了国家、社会和市场这三者之间的关系。国家权力、公众权力和市场或资本权力已经成为影响中国社会治理的关键环节，是社会转型成功的重要一环。亦可这样理解，当代中国社会的治理转型本质上受到了强国家逻辑及其领导下的公众逻辑和市场或资本逻辑的影响，它们之间的互动塑造了中国社会治理的基本模式。企业作为社会的一部分，要将其放入国家、市场和社会的复杂关系中，才能全面系统地揭示历史与现实的逻辑及其之间的相互关系，这将提供一个有用的参考帮助企业在如今或者以后履行社会责任和参与社会治理体系构建。

（二）案例研究法

作为一种重要的质性研究方法，案例研究已成为社会学，心理学、经济学、管理学等社会科学研究中的重要工具。与问卷调查、实验研究等其他研究方法相比，案例研究方法使研究者能够以更开放的心态来看待研究中获取的大量资料与数据，以及资料与现有文献之间的矛盾，从而有助于构建新理论；案例研究过程即是测量有关工具和对假说进行反复检验的过程。因此案例研究能够以更容易获取的测量工具和更容易证伪的假说来检验理论；案例结论直接来自于经验证据，是对现实的客观反映，因而研究结论更具有现实有效性[①]。

本书选取企业嵌入乡村振兴的典型案例，通过案例分析回答和解析企业在社会治理实践中如何建立共生关系，结构嵌入是如何形成和演化的，关系传递在关系嵌入结构嵌入中的作用是什么。这些问题的性质与案例研究适合回答的问题属性是相契合的。通过对相关文献的回顾，这些问题是现有理论无法充分阐释的，因此属于探索性问题。这些问题涉及个人、企业、政府、村民自治组织等多个社会治理主体和层次，通过案例归纳出关系嵌入、关系传递再到结构嵌入演化的规律，从而得到启示性结论，丰富嵌入性、共生理论和社会治理等理论，为企业嵌入社会治理的机制建立提供参考，为企业嵌入社会治理提供具体的行动指南。

（三）规范理论研究方法

本书的理论分析主要包括文献研究和逻辑分析两个方面。笔者广泛查阅国内外文献资料，并对其进行学术梳理。通过文献研究和理论演绎提出研究框架和研究假设，并利用数据分析的结论得出本书的主要观点，将逻辑分析贯穿于研究的整个过程。

（四）数理统计分析方法

利用概率抽样和非概率抽样相结合的办法，采用问卷调查法获取与本研究相关的数据材料，利用数理统计软件，对调查数据进行路径分析、验证性因子分析以及普遍意义上的定量分析，检验理论假设。

---

① EISENHARDT K M. Building theories from case study research[J]. Academy of management review, 1989, 14(4): 532-550.

第四节　研究内容与结构

一、研究内容

（1）企业与社会治理的历史联系。企业与社会之间关系的演变历程实质上是围绕着经济形态变迁、制度逻辑变迁、企业社会责任实践变迁以及企业组织形态变迁的动态过程。中国企业社会责任理论与实践贯穿于中国经济社会体制改革之中，本书研究内容涉及对宏观层面中国经济体制发展不同历史阶段，中观层面企业与社会关系的变化以及微观层面企业社会责任管理与实践的划分与系统梳理，提出在社会治理结构演变过程中，企业嵌入经历了"过度嵌入"到"脱嵌"再到"再嵌入"的过程。企业社会责任实践逐步成为企业参与社会治理和创造企业综合价值的重要方式。共建共治共享的发展模式为企业与社会的适度融合提供了契机。

（2）社会治理中企业的能力释放。事物边界是相对的，企业的边界是开放的，社会治理的边界是可渗透的。企业虽然是经济组织，但只是以经济功能为主而已，它在根本上是一种社会组织。企业组织不断随环境的变化进行持续重构，其价值创造的方式也发生了从边界内部寻求价值增值逐步向从企业外部寻求价值增值的转变。面对社会的高度复杂性和高度不确定性所导致的公共、私人以及日常生活领域融合的趋势，企业参与社会治理不仅是社会发展的必然要求，更是企业"无边界"发展的趋势。通过理论分析我们认为，一个更加开放的社会需要更加开放的社会治理，企业参与社会治理为企业和社会提供了无限的发展空间。

（3）社会治理中主体的合作逻辑。当前社会开放性特征决定了一切社会治理的变革与制度安排都应该拥有开放视角，那种通过划定边界而去开展社会治理和实施组织管理的方式正在遭遇挑战。社会治理的目标、治理主体和治理机制三个要素相互联系共同构成了社会治理体系的系统性结构框架。公共物品的物的、制度和文化三重属性决定了社会治理的主体和运行机制安排。社会治理知识体系的建构离不开对集体行动问题的关切，社会治理模式和集体行动之间存在着相互建构的复杂关系，不同的社会发展阶段，存在着多元的社会治理模式，回应社会问题的集体行动模式不同。当今社会，企业、政府和社会多主体合作的要求和趋势愈加明显，合作治理的行动模式成为必然选择。在合作过程中，行动者之间行为上的协调和配合，既对规则也对权力提出了要求。合作治理的有效运作，是政府、社会和公民群体之间取得"共意"前提下才能获得合法性基础的集体行为，其关系建立和维持以信任为基础，在互动和协商过程中，建立相互平衡的激励和约束规则对于多元主体参与社会治理尤为重要。

（4）社会治理中的主体间的共生关系。企业社会责任的本质内容在于通过建立与企业内外部利益相关方的社会联系，基于企业的经济功能承担面向利益相关方的社会性议题，进而承担对多元利益相关方主体的社会责任，最终创造涵盖经济、社会与环境的综合价值，提升社会的整体福利。社会嵌入理论为企业、政府与社会共生关系研究提供了理论支撑。立足于企业具象，通过实证研究发现，企业在网络结构和社会文化的作用下，通过企业、政府与社会的交往行动建立信任，最后实现共生发展。社会治理中的企业、政府与社会共生关系是嵌入社会网络关系中的，是被社会构建的，受制度、文化、网络结构等因素的制约。同时，主体间在沟通、交往中相互影响、相互制约，在交往中随着时间投入更多的精力，彼此间分享共同价值观，逐渐建立起更密切的互动关系，增强信任，促进共生关系的形成。

（5）社会治理结构中的企业社会责任嵌入机理。合作治理是企业社会责任嵌入社会治理的主形式。合作治理要求企业作为社会治理和社会责任主体的权力运行，通过主动合作而不是功利性协作达成公共利益。企业、政府和社会的共生发展决定了企业嵌入社会治理的发生机理。按照企业嵌入乡村社会治理的"动因—过程—效果"的思路进行案例研究发现，企业嵌入乡村社会治理服务的动因包括社会发展需要、政策激励机制和企业社会责任要求三个方面。在企业履行社会责任嵌入乡村振兴过程中，依据基于关系传递实现企业、政府和乡村等治理主体的关系联结，建立多重嵌入关系，实现互惠共生，体现了一种"传递—再传递—关系整合"过程。社会治理中企业社会责任嵌入实现了企业的社会关系边界不断延伸，企业关系网络形态逐渐形成、扩大。企业与村民关系的强弱边界，并以村委和企业家为媒介，促进政府、企业、村民等互惠共生，形成"你中有我，我中有你"的交融共生状态，达到了企业再造、授村以渔、社会和谐，"政企民"共建共享的良好效果。

（6）社会治理结构中的企业社会责任嵌入机制构建。公共事务的繁杂性和不确定性导致社会治理涉及面广,要求中国社会治理模式必须从"总体支配—管控式"向"多元协同—合作式"转变。由于企业与政府、社会等社会治理主体的性质、结构、功能各异,在社会治理过程中易导致利益的碎片化、目标的分散化等问题,因此,要形成有效运作的社会,必须设计并建立行之有效的制度规则来规范和约束企业行为,保障企业更好地履行社会责任、参与社会治理、解决社会问题。社会治理结构中的企业社会责任嵌入需要建立责任分担、科学决策、平等协商、运行保障和监督评估机制。从保障机制的操作性问题和解决社会治理问题两方面来看,构建上述五大机制应当遵循具有可操作性、制度简明性、规则使用适度性、非正式规则效用发挥、规则遵循的社会期望等基本原则。

(7)社会治理结构中的企业社会责任嵌入具体路径。企业是经济和社会属性的统一体,决定了企业成为社会治理多元化主体的可能性。企业提高资源配置效率的优越性决定了它作为社会治理多元化主体的必要性。公共利益是企业社会责任嵌入社会治理的落脚点。公共利益体现了社会治理过程中多元主体间利益与利益分配的共识。企业承担着社会治理与社会建设的重任,谋求公共利益最大化是企业社会责任嵌入的落脚点。从企业履行社会责任嵌入社会治理的操作层面看,投入、协同、牵引、发展和扬弃五个环节为企业提供了行动指南。

二、基本观点

(1)社会关系和社会结构形塑着企业经济行为。企业决策是一种理性选择的结果,企业的组织活动是在不断变化的社会条件下对环境的分化与整合,从而适应环境、趋向组织目标的过程,单纯追求经济利益而忽视社会责任必然无法适应环境要求,这样的企业迟早会失去可持续生存和发展的根基。

(2)企业行为的社会嵌入存在明显的跨层次性。企业处于复杂的社会系统之中,系统诸要素的差异构成了企业行动的层次空间,系统诸要素的相互作用共同决定了社会治理结构中的企业社会责任嵌入方式和嵌入程度。

(3)企业的性质决定了其参与社会治理的历史必然性。经济行为是嵌入在社会关系中的,企业是经济和社会属性的统一体,其属性决定了企业成为多元化社会治理体系中主体之一的可能性,企业在提高资源配置效率的优越性中决定了它作为社会治理多元化主体之一的必要性。

（4）公共利益是企业社会责任嵌入社会治理的落脚点。公共利益体现了社会治理过程中多元主体间利益创造与利益分配的共识。企业承担着社会治理与社会建设的重任，用活企业资源，让企业参与到社会管理和服务领域中去，谋求公共利益最大化是企业嵌入社会治理的落脚点。

（5）合作治理是企业社会责任嵌入社会治理的主形式。在当今"黑天鹅"事件频发的不确定时代，任何一个组织和个人都无法独善其身，合作比竞争更具价值。合作治理要求企业作为社会治理和社会责任主体的权力运行，通过主动合作的方式而不是功利性协作达成公共利益。

三、结构安排

本书的结构安排如下：

第一章绪论，该部分对研究背景进行了介绍，提出了本研究的核心问题，然后，对本项目所运用的嵌入性理论、社会共生理论、集体行动理论和协同治理理论进行了梳理和介绍，明确研究对象、研究思路、研究方法，概述了本书的研究内容、基本观点和结构安排。

第二章国内外相关研究现状分析，该部分通过文献计量的方法按照相关主体的研究、脉络、热点、主题和发展趋势等进行分析，旨在为研究创新奠定基础，通过对嵌入性、企业社会责任和社会治理的相关文献回顾梳理，最后对已有研究进行评述，指出相关研究的贡献、不足和可能延续与改进。

第三章企业与社会治理的关系研究。该部分旨在分析企业嵌入社会治理结构中的可能性和必然性，主要是运用理论分析和历史分析相结合的方法分析当代社会治理是否存在边界，社会、企业在当今社会呈现出的发展状态，提出社会治理主体企业、政府与社会的关系类型，分析了中国企业嵌入社会治理的历史演化过程和演化逻辑，总结了新时代企业社会责任与社会治理的关系，并提出了企业社会责任能量可以在社会治理中释放的观点。

第四章多主体合作治理的理论分析。该部分界定了社会治理的体系构成，分析了我国社会治理重构的背景和原因，指出了治理变革的过程与方向，并从公共物品的属性出发，提出要解决"公域之治"，就必须有效解决集体行动的制度安排，即建立起商议—合作型集体行动。在集体行动的制度安排下，社会治理主体是互嵌的，因此，本书提出多主体合作治理的运作规则，即建立相互承认的平等法权，生成相互承诺的信任关系，运用相互平衡的激励和约束规则。

第五章企业、政府与社会共生关系的构建。该部分从企业的视角出发，运用社会嵌入理论提出了企业、政府与社会共生关系的社会构建模型，即企业在企业网络结构和社会文化的作用下，通过企业、政府与社会的交往行动建立信任，最后实现共生发展。实证研究充分表明社会治理中的企业、政府与社会共生关系是嵌入社会网络关系中的，是被社会构建的，受制度、文化、网络结构等因素的制约。同时，主体间在沟通、交往中相互影响、相互制约，在交往中随着时间投入更多的精力，彼此间分享共同价值观，逐渐建立起更密切的互动关系，增强信任，促进共生关系的形成。

第六章企业嵌入社会治理的案例研究。该部分是第五章内容的延续，旨在分析社会治理主体的共生关系发挥作用的机理。本章以文本扎根研究的方法建立了企业社会责任嵌入社会治理的过程模型，以农村社会治理中的典型案例为基础，通过对企业融入乡村治理服务乡村振兴的动因、过程以及效果的分析，提出了企业社会责任由关系嵌入关系传递再到结构嵌入的发生机制，为第七章企业嵌入社会治理的机制分析和第八章的企业嵌入社会治理的具体行动策略研究奠定了分析基础。

第七章社会治理结构中企业嵌入的机制研究。本部分是对社会治理结构中多主体协同理论分析的具体应用，在第六章企业社会责任嵌入社会治理的过程分析的基础上，以规则构建为切入点，提出了保障企业顺利嵌入社会治理的四条基本原则，构建了包括责任分担、科学决策、平等协商、运行保障和监督评价等五大机制，保障企业更好地履行社会责任、参与社会治理、解决社会问题，以期为企业社会治理实践提供一些思路。

第八章企业嵌入社会治理行动指南。本部分同第七章具有相同的地位，同样是对社会治理结构中多主体协同理论分析的具体应用，同样在第六章企业社会责任嵌入社会治理的过程分析的基础上，从企业管理实践角度提出的可操作性建议。从企业参与社会责任的投入、协同、牵引、发展和扬弃五个环节为企业提出了行动指南。

第二章 国内外相关研究现状分析

本章旨在通过对社会治理中企业社会责任嵌入的研究提供知识储备，采用定性与定量相结合的信息分析方法，利用 Cite Space 信息可视化软件对企业社会责任、社会治理以及社会嵌入性领域的国内外相关研究成果进行可视化分析，绘制出知识基础、热点主题和研究前沿四类科学知识图谱，从而客观揭示相关主题的关键、研究主题漂移规律、研究热点聚类分布情况以及前沿趋势。

第一节 研究设计与数据来源

一、研究方法

对某一研究主题的内容、研究现状和研究趋势等方面的探究，可以通过可视化的知识图谱展示。对某一主题的研究历程、核心主题、研究前沿和整体结构的把握，易于形成对学科知识的专业化认识。近年来，由学者陈超美教授基于Java平台开发的 Cite Space 软件，不仅能从海量文本数据中提取关键信息，还能以图谱的形式梳理研究主题的发展脉络和知识前沿等，成为应用广泛的知识图谱分析工具。因此，本研究采用知识图谱方法，借助 Cite Space 软件，运用可视化功能，清晰直观地展示嵌入性、企业社会责任和社会治理领域研究的发展历程、基本现状、知识基础、热点前沿等。

二、研究设计

知识图谱是针对具体理论知识工程的形式化表达，以知识网络形态展现领域中的类别和关系关联，显示各知识单元或知识群落间网络、交叉、演化等诸多复杂多变的关系，陈述事实型知识和过程型知识，形成对理论知识的专业性认识。[①]为全面探析社会网络嵌入性、企业社会责任和社会治理的相关研究成果，本书采用文献计量方法，综合运用可视化软件中的共现聚类、突变率检测等功能，通过知识图谱呈现国内外研究进展。

知识图谱分析的核心是建立知识库，通过引文分析、聚现分析和聚类分析生成特定的知识语义网，对关键词、主题词和突现词等文献关键要素进行大规模实时关联和特征分析。本书从研究结构、基础知识、演变路径、热点主题、研究前沿等五个方面进行分析，形成对嵌入性、企业社会责任和社会治理研究领域发展演化的认知：①研究结构分析，先是对发文量按时序进行统计分析，根据不同时段发文量的变化趋势，探究国内外研究的发展变化以及学科分布结构等。②知识基础分析，对该领域研究成果后的参考文献部分进行共被引分析，以此呈现领域内已有的研究知识、研究现状等基础知识。③演变路径分析，借助不同关键词相互影响下的时段分布特征，辅以时间标签，探究不同时段以关键词为主要表征方式的主题漂移特点[②]。④热点主题分析，利用关键词共现聚类生成研究热点图谱，通过对整体网络、聚类网络分析，探究不同时段内由各研究热点聚类生成的知识群组。⑤发展前沿分析，通过 Burst 突变检测算法分析学科领域的演变趋势，梳理不同时段下的研究前沿及探究未来研究方向。具体技术路线见图2-1。

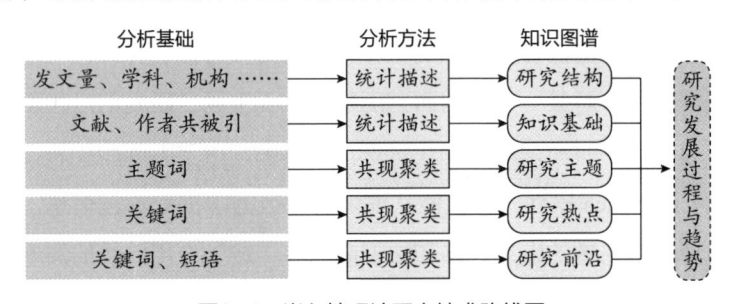

图2-1 嵌入性理论研究技术路线图

[①] 陈悦，陈超美，刘则渊，等.CiteSpace知识图谱的方法论功能[J].科学学研究，2015，33（2）：242-253.

[②] 傅柱，王曰芬.共词分析中术语收集阶段的若干问题研究[J].情报学报，2016，35（7）：704-713.

三、数据来源

为了保证分析的广度和精确度，本书主要通过 Web of Science（WOS）与中文社会科学引文索引（CSSCI）数据库搜集嵌入性、企业社会责任和社会治理的相关研究成果。目前，WOS 数据库被认为是国际社会科学领域文献研究数据权威来源，它涵盖社会科学核心期刊全面权威，且因其强大、全面而丰富的检索功能成为国外研究成果文本搜集的首选。CSSCI 索引期刊是国内公认的人文社会核心资源库，囊括了中国社科科研最高水平、最前沿成果，是国内文献检索分析的重点对象。

本书采用六元组检索模型在数据库上进行文献采集检索，具体包括检索方式、检索字段、检索语种、时间跨度、文献类型和文献来源。在相应的数据资源库将文献信息检索下载完成后，人工复查文献所涉及的主题内容，剔除无关、重复的无效文献，确保已有文献覆盖了主要的研究成果。具体检索策略见表2-1。

表2-1 文献检索六元组模型

标识	名称	WOS 检索说明	标识	名称	WOS 检索说明
Se	检索方式	$TS_1 \cup TS_2$	Ts	时间跨度	1999-2020
Sf	检索字段	主题、篇名	Dt	文献类型	论文、综述
La	检索语种	英语、中文	Ds	文献来源	WOS、CSSCI

第二节　嵌入性研究综述

经济行为随着现代化的发展而变得更加自治，脱嵌于社会关系，甚至出现用经济关系界定社会关系[1]，经济逻辑"殖民"社会逻辑的趋势[2]，突破了经济嵌入社会的"常态"。波兰尼对经济脱离社会而独自运行的完全自我调节的自由市场提出了尖锐批判，提出了嵌入性概念，认为"脱嵌式"经济是一种特殊状态，是一种

---

[1] 李培林.村落终结的社会逻辑：羊城村的故事[J].江苏社会科学，2004（1）：1-10.
[2] 黄中伟，王宇露.关于经济行为的社会嵌入理论研究述评[J].外国经济与管理，2007（12）：1-8.

乌托邦想象；"嵌入式"经济才是常态，是人类历史的本质和普遍逻辑[①]，主张经济行为嵌入经济制度与非经济制度之中。他认为，以理性算计、自利和效用最大化为原则的经济活动从社会关系中脱嵌出来，严重扭曲了经济和市场的本质特征。波兰尼的论述引起格兰诺维特等学者的关注[②]。

基于经济学和社会学的个体行动视角，格兰诺维特批判了经济学中的低度社会化观点和社会学中的过度社会化观点，创造性地重塑了嵌入性概念[③]。他强调了经济行动是一种社会行动，嵌入在社会境况之中，认为行为主体的经济行为适度嵌入在真实的、运作中的社会关系网络中[④]，并将嵌入性定义为行为主体的各种经济活动受到基于信任、文化和声誉等要素的持续性社会关系和社会结构的限定。格兰诺维特把网络分析方法应用于具体的嵌入过程和规则研究，提高了嵌入性概念的应用性和解释力，奠定了嵌入性理论在新经济社会学中的核心地位。

嵌入性内涵不断丰富，已完全超越了波兰尼和格兰诺维特等学者最初界定的"经济行为受社会关系结构影响"的内涵，扩展至了两个主体间的互依互适，嵌入性层次从关系嵌入性、结构嵌入性扩展到文化嵌入性、政治嵌入性、认知嵌入性等，其理论应用从经济学、社会学拓展到经济地理学、空间经济学、企业网络等领域。同一学科的不同学者甚至不同学科背景的学者从不同视角对嵌入性内涵进行了解释，嵌入性研究范畴已呈现泛化倾向，具有"概念伞"的性质，实质也限制了理论的发展。

本书采用定性分析和定量研究相结合的信息分析方法，以检索式 TS="embeddability"或"embeddedness"为主题词和篇名词在 WOS 数据库中进行检索，对搜集的 1 246 篇嵌入性研究文献利用信息可视化软件 Cite Space 对其进行计量可视化分析，绘制出知识基础、热点主题和发展前沿的科学知识图谱，并依据研究

[①] 符平."嵌入性"：两种取向及其分歧[J].社会学研究，2009，24（5）：141-164，245.

[②] DACIN M T, VENTRESCA M J, BEAL B D. The embeddedness of organizations: dialogue & directions[J]. Journal of management, 1999, 25(3): 317-356.

[③] GRANOVETTER M. Economic action and social action: the problem of embeddedness[J]. American journal of sociology, 1985, 91(3): 481-510.

[④] 杨玉波，李备友，李守伟.嵌入性理论研究综述：基于普遍联系的视角[J].山东社会科学，2014（3）：172-176.

结果进行分析,以梳理该主题的发展历史,分析其应用价值,为本研究提供理论储备。

一、嵌入性理论研究统计分析

（一）文献量时序分布特征

研究文献的发表数量反映出学者们对嵌入性理论的关注程度。时序分布图可以体现嵌入性文献量时序分布特点和变化规律,柱状图表示每年的文献数量,指数曲线图表示文献数量的变化趋势（见图2-2）。

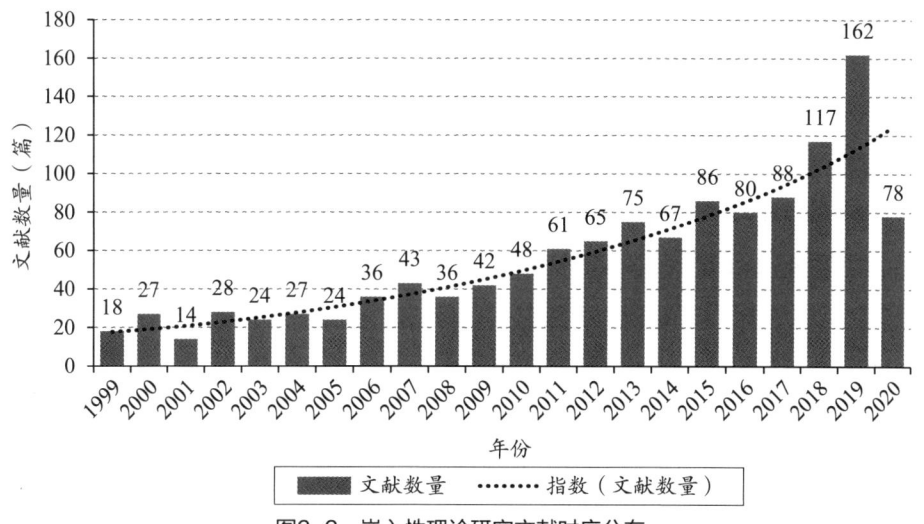

图2-2 嵌入性理论研究文献时序分布

由图2-2可知,嵌入性理论研究的文献发表数量虽是起伏波动的,但整体总体上呈现上升趋势,且嵌入性理论的研究热情在近期明显增长。具体而言,2000年的文献数量相比1999年的18篇增加至27篇,但2001年跌至14篇,而在2002年增加至28篇,如此波动起伏；近期嵌入性研究的文献发表量由两位数增长为三位数,2018年的发表量增至177篇,2019年达到162篇的发表量,是1999年的9倍；2020年上半年已达到78篇,嵌入性理论已受到学术界广泛关注。

（二）嵌入性研究文献的结构特征

嵌入性研究主要集中在企业管理、经济数学、经济地理等经济学和社会学领域,呈现多学科交叉。比较活跃的研究者包括香港大学的Thomas（13篇）、南卡罗来纳大学的 Feldman（11篇）、乔治敦大学的 Holtom（11篇）、华盛顿大学的 Lee（10篇）。嵌入性研究成果主要集中在美国、中国和英国，其中美国贡献377篇文献，占比30.3%，位居前列；中国贡献162篇，占比13%；英国位居第三，占比11.8%。在嵌入性研究做出了贡献研究机构包括美国的 University System of Georgia（23篇）、State University System of Florida（18篇）、University of California System（18篇）、英格兰的 University of London（19篇）与 University of Manchester（16篇）、中国的香港大学（16篇）和北京大学（14篇）等。

（三）嵌入性研究的知识基础分析

通过共被引网络展现出来的知识基础是科学文献的引文与共被引轨迹，是科研引文的演进网络，反映的是研究前沿的本质。本书通过 Cite Space 软件分析研究文献后的参考文献，绘制嵌入性研究领域的文献、期刊和作者共被引网络知识图谱来说明嵌入性研究领域的知识基础特征。

1. 文献共被引分析

嵌入性领域的高频共被引文献构成嵌入性理论研究科学知识图谱基础，将1 246篇英文文献录入软件，得到共被引文献网络，网络包含950个节点及3 689条连线，网络密度为0.008 2。

从嵌入性领域重要文献的知识图谱种类中发现，Crossley、Jiang、Ramesh、Zhang 等学者的文献是嵌入性领域高频共被引的文献。其中，Crossley 的一篇文献[①]影响最大，目前共被引60次。

2. 期刊共被引分析

在1 246篇嵌入性研究文献的参考文献中有760条引文来自2 880种期刊和其他类型文献（包括专著、报告和网页等）。

从嵌入性领域重要期刊图谱中不难看出，高被引的期刊主要来自管理学、社会学、经济学的核心期刊，如 *Academy of Mangement Journal*、*American Journal of Sociology*、*American Sociological Review*、*Academy of Mangement Review*、*Journal*

---

① CROSSLEY C D, BENNETT R J, JEX S M, et al. Development of a global measure of job embeddedness and integration into a traditional model of voluntary turnover[J]. Journal of applied psychology, 2007, 92(4): 1031-1042.

of International Business Studies 等。此外，其他学科的期刊也有相当高的被引频次，嵌入性应用广泛。

3. 作者共被引分析

从嵌入性核心被引作者图谱中可以看出，波兰尼、格兰诺维特、乌兹和伯特等在该领域具有影响力。波兰尼是"嵌入性"概念的提出者；格兰诺维特批判性地继承了波兰尼的嵌入性思想。他为嵌入性的操作化提供了思路，将嵌入性分为关系性嵌入性和结构性嵌入性，特别强调社会关系（强关系和弱关系理论）对经济行动的影响，认为所有的经济行为都镶嵌于社会关系网络结构中；格兰诺维特的嵌入性思想主张"个体和企业等行为主体的经济行为受到社会关系和社会结构的影响"，把嵌入性研究从宏观层面推向了微观层面；乌兹在关系嵌入领域进行了深入研究，提出了"嵌入性悖论"；伯特继承了弱连带优势理论，提出了结构洞理论，研究创业问题。

嵌入性理论在与社会网络、结构洞等理论的交互作用下，经历了波兰尼嵌入性概念提出时期、格兰诺维特嵌入性理论形成时期和新时期应用发展时期三个阶段的研究，逐渐形成了完整的理论体系。

新经济社会学、管理学学者深化和扩展了"经济行为嵌入社会结构"这一命题，丰富拓展了嵌入性理论。新经济社会学家 Zukin 和 Dimaggio 研究发现，组织的经济行为受到长期形成的群体认知及所处的社会文化、网络结构和政治制度的影响，并提出了认知、文化、结构和政治嵌入性四个层次。嵌入性理论与组织绩效密切相关，组织间彼此高度信任合作的强关系和关系疏松的弱关系均能促进组织绩效提升，甚至关系强度与企业绩效呈倒 U 形关系[1]。依据结构嵌入性，网络位置、网络中心度、网络规模等均会影响企业获取资源、信息与机会[2]，进而影响企业绩效。

---

[1] UZZI B. Social structure and competition in interfirm networks: the paradox of embeddedness [J]. Administrative science quarterly, 1997, 42(1): 35-67.

[2] ZENG J, LIU D, YI H. Agglomeration, structural embeddedness, and enterprises' innovation performance: an empirical study of wuhan biopharmaceutical industrial cluster network[J]. Sustainability, 2019 (11).

二、嵌入性研究的主题与热点识别

（一）基于主题词的嵌入性研究主题识别

本书将利用 Cite Space 分析源文献，通过共被引分析提取嵌入性研究的主题词，绘制文献共被引网络，揭示嵌入性研究主题。本次聚类的模块值（Q 值）为 0.858 5 大于 0.3，表明聚类内部连接紧密，社团结构是显著的；轮廓值（S 值）平均为 0.286 7 小于 0.5，表示聚类结果有待完善，如聚类14、15、16和聚类20属于人力资源管理系统的感知强度。

本书基于时间序列，对1999—2020年嵌入性文献数据中的主题词归纳整理，获得6个研究主题。

（1）创新（innovation）。组织嵌入社会创新网络中所构建的企业创新网络是企业创新活动的重要组织形式。企业创新行为受到其所处社会网络关系结构的影响，主要研究网络嵌入性对组织创新绩效和创新能力的影响。研究表明，企业嵌入合作网络中既会促进创新绩效提升，也会对创新产生消极倾向，过度的网络嵌入会带来"锁定效应"，抑制企业创新行为，削弱企业创新绩效。创新网络中不同位置中心度水平的企业创新能力存在显著差异，处于网络中心位置的企业具有明显的资源优势促进创新，提升企业创新能力。

（2）工作嵌入性（job embeddedness）。工作嵌入性是与个体工作有关的一系列关系情景的集合，这些关系影响了员工留职、离职等行为。工作嵌入性的研究方向和内容主要集中于概念内涵和实证应用研究，具体从员工个人、组织和社区（家庭）层面分析影响工作嵌入性的因素和工作嵌入与组织公民行为、工作绩效、员工留职和离职的关系。

（3）双重嵌入性（dual embeddedness）。双重嵌入性表现的是经济组织嵌入网络的两种状态，即外部嵌入和内部嵌入。多用于在跨国公司研究中，分析其与创新绩效关系和其在跨国公司运营过程中的作用。

（4）结构嵌入性（structural embeddedness）。结构嵌入性是指组织嵌入的网络整体结构对组织所施加的影响。结构嵌入性关注组织间网络的总体性结构和企业在社会网络中的结构位置，强调社会网络的整体功能和结构。目前，结构嵌入性研究重点从网络结构、网络关系和网络关系与网络结构的交互作用视角解释经济行为，涉及网络密度、网络位置等对组织经济行为和组织绩效的影响等方面。

（5）创业（entrepreneurship）。将社会网络概念引入创业研究领域，从嵌入性视角探讨创新研究。嵌入性视角下的创业研究关注社会关系网络，特别是具体人际关系降低创业活动成本以及带来创业所需资源等方面，主要分析关系嵌入性、网络嵌入性等嵌入方式与创业活动之间的关系。

（6）网络嵌入性（network embeddedness）。网络嵌入性包括嵌入性思想与社会网络理论和社会资本理论内涵，是社会网络研究的重要理论基础，也是分析企业网络的重要工具。网络嵌入性主要分析个体的社会行为、组织行为和社会结构，涉及创新创业、组织绩效等领域，是联系微中观和宏观层面的理论方法。

结合嵌入性研究的文献时序分布和嵌入性领域共被引分析，发现21世纪后，嵌入性理论相关研究文献发表量逐渐增加，嵌入性概念从宏观抽象视角发展到微观操作视角；嵌入层次由关系嵌入性、结构嵌入性增加至工作嵌入性、双重嵌入性、网络嵌入性、技术嵌入性等多层次嵌入性；研究领域由经济社会、企业管理拓展到创新创业、跨国发展投资等领域。

（二）基于关键词的嵌入性研究热点识别

经寻径网络（pathfinder）算法修剪的嵌入性研究热点知识图谱保留了最重要的节点关联，节点半径、颜色深浅和连线距离、密度反映了关键词的出现频率、被引年份和关键词的直接、间接联系。嵌入性关键词共现网络存在683个节点，940条连线，密度为0.004，说明网络链接程度紧密，各主题词间共现程度较高。Q值为0.800 5，说明热点研究聚类效果较明显，S值为0.506 3，说明研究热点的同质性较高，呈现较集中化的特点。

从嵌入性研究热点知识图谱可以发现嵌入性（embeddedness）、工作嵌入性（job embeddedness）、社会嵌入性（social eembeddedness）、关系嵌入性（relation embeddedness）、网络嵌入性（network embeddedness）等高频热词。对关键词聚类发现 #0~#5这6类体现嵌入性研究的生命周期和多元化特征。

① Embeddedness（1999—2020），波兰尼（1944）提出了嵌入性概念，用于分析人类经济行为与非经济的社会关系和社会结构间的互动关系，该主题主要涉及 innovation、multinational、cohabitation 等热点；② job embeddedness（2007—2020），

工作嵌入性是员工与组织和社区间的匹配、联结和牺牲，是指员工由于受到组织内部和外界综合因素的影响而继续留在组织中工作，是预测员工离职意向的有效指标，该主题包含 job satisfaction、organization embeddedness、turnover、China 等关键热点；③social embeddedness（2001—2019），格兰诺维特对波兰尼的嵌入性概念进行反思并提出了社会嵌入，其核心就是通过考察网络中各节点透过关系在动态互动过程中互相影响的方式，从而揭示事物间的有机联系，其突出贡献是将社会嵌入划分为关系嵌入和结构嵌入，该主题具体包含 entrepreneurship、relational embeddedness、social relation 等热点；④multinationals（1999—2019），嵌入性理论具有广泛的应用性，跨国公司研究是嵌入性理论具体应用的重要领域，嵌入性理论对跨国公司的子公司成长和国际化行动方面的研究具有较强的解释力，该主题包括 mixed embeddedness、political embeddedness 等热点研究；⑤innovation（2001—2019），创新是嵌入性理论具体应用的又一重要领域，侧重于对创新能力、创新绩效和创新类型方面的研究，该主题包括 logistic regression、collaboration、creativity、small firm 等热点；⑥network embeddedness（2000—2020），网络嵌入性体现了嵌入性理论与企业网络理论的融合，实现了跨层次研究，不仅研究了宏观层次，也研究了中微观层次，是指企业的创新行为嵌入其所处的社会、市场交易关系中，并受到企业间关系和整个产业集群网络关系结构特征影响的动态互动过程，该主题包括 multinational corporation、structural embeddedness、national institution 等热点研究。

整体上看，嵌入性研究热点图谱呈现多中心交叉的枝状分布特点，与研究主题特征一致，主要涉及嵌入性理论丰富和具体应用两个方面，②、③和⑥是对嵌入性概念的丰富和拓展，是①与组织员工行为、社会网络的融合发展，④和⑤是嵌入性理论在跨国企业、创新领域的具体应用研究。由此看来，嵌入性研究热点涉及企业、政府、国家等行为主体，工作嵌入性、网络嵌入性、社会嵌入性等具体的嵌入层次在绩效、创新等领域应用广泛。

（三）嵌入性研究的前沿分析

为客观反映嵌入性研究的最新前沿热点和研究领域，本书重点关注了关键词和研究领域的突变，分析某研究领域中未来研究热点问题的新动向，为研究者提供该学科领域的最新演化动态。

·第二章 国内外相关研究现状分析·

从嵌入性突变性关键词序列知识图谱可以看出，嵌入性研究具有阶段性特征。

对嵌入性研究热点关键词进行知识突变分析，以时区视图的可视化方式描绘了嵌入性研究在时间跨度上的内容拓展。2007—2015年，该阶段出现多个关键词，主要涉及社会嵌入性和组织嵌入性的研究，表征该阶段前沿的名词短语包括：创新（innovation, 2.704 9）、文化（culture, 2.385 3）、信任（trust, 4.841 9）、工作满意度（job satisfaction, 4.81）、社会嵌入性（social embeddedness, 2.223 3）、机构（institution, 2.669 2）和组织嵌入性（organizational embeddedness, 2.481 8）。其中，trust 和 job satisfaction 的突现度分别是4.841 9和4.81，表明该时期嵌入性领域集中研究分析嵌入产生的网络机制信任和嵌入性在组织行为中的应用。

自2017年后嵌入性研究发表文献数量明显增加，衍生出多个新的前沿研究分支，嵌入性领域前沿研究进入拓展期，表征研究前沿的名词短语包括：离职意向（turnover intention, 3.793 1）、网络嵌入性（network embeddedness, 4.055 4）、结构嵌入性（structural embeddedness, 2.484 9）、创业（entrepreneurship, 2.333 5）、工作嵌入性（job embeddedness, 3.448 6）和工作外嵌入性（off-the-job embeddedness, 2.315 6）。其中 network embeddedness 和 turnover intention 具有较高的突现度，成为当前和未来一段时间内的前沿研究分支和重点，进一步拓展嵌入性的具体研究领域和方向。

对嵌入性研究领域进行知识突变分析，以时区视图的可视化方式描绘了嵌入性研究在时间跨度上的领域拓展。1999—2006年，嵌入性研究主要集中在数学（mathematics, 7.651 8）、地理（geography, 7.506 6）、经济（economics, 2.767）、区域和城市规划（Regional & Urban Planning, 3.369 9）和公共管理（Public administration, 2.744 4）领域；2007—2018年，心理学（psychology, 3.1659）、社会学（sociology, 2.985 7）和劳资关系和劳动（industrial relations & labor, 4.002 1）是嵌入性研究的新领域；自2018年后，嵌入性研究增加环境研究（environmental studies, 3.190 1）和环境科学与生态学（environmental sciences & ecology, 3.714 4）两个领域，表明嵌入性研究由经济地理、经济数学、政治科学、公共管理等领域扩展到了环境研究、环境科学和生态学等领域。

（四）未来的研究热点预测

经济和社会的关系问题是经济社会学的核心问题。嵌入性理论的不断发展有力地回应了"经济学帝国主义"。通过嵌入性理论的知识图谱分析,嵌入性概念和研究已经呈现泛化倾向。甚至格兰诺维特也试图使用"浸润(immersion)"来描述经济与社会,而不是"嵌入"。因此,未来的研究重点在于加强嵌入性理论体系的完善。主要从以下3个方面入手:

(1)嵌入性研究需要进一步明确经济与社会的关系,避免建立哲学式的宏大理论,而陷入用一套宏大理论来解释或处理所有问题的误区。未来研究必须从分析经济运行和社会运行的各自逻辑入手,进而研究二者的关系,讨论经济行为嵌入其中的社会结构是如何形成的,回答"经济行为嵌入社会结构"的同时,研究经济行为对社会结构的反作用。

(2)建立以"关联导向"为核心的中层理论。加强社会学的自主性和对经济行为的定义权,将特定的社会关系与对应的经济行为联系起来,对经济行为与社会结构关系的多元状态和复杂内涵进行经验呈现,从而提出对具体研究对象的有效解释。关联营造匹配了社会关系与经济行为,构建了特定的社会文化意义,在宏大理论与经验二者间维持了合适的张力。

(3)开展嵌入性理论的跨层次研究。基于嵌入性的核心概念,运用跨层次研究思路进行研究设计,解释不同层次嵌入现象及它们之间互动关系的作用。通过运用案例研究、扎根理论等方法,将情景因素建构到理论当中,研究嵌入性的跨层次现象,一方面要运用严谨的实证研究方法修正嵌入性理论,另一方面通过新经济现象挑战嵌入性理论进而发展理论。

(五)结论

本书以统计分析方式分析了嵌入性研究的发展现状,以知识图谱方式分析了嵌入性领域的知识基础、研究主题、研究热点和研究前沿,研究发现:

(1)嵌入性研究在多个领域内备受关注,且在工商管理、经济社会学中受关注程度较高,说明嵌入性研究呈现多研究目标、多研究层面、多研究学科交叉融合的复杂特征。

(2)研究主题演进路径明确,分为三个阶段:1944年,嵌入性概念提出阶段,主张经济嵌入社会之中;1985年,嵌入性理论形成阶段,开展嵌入性内涵丰富研究;20世纪90年代,嵌入性理论应用拓展阶段,开展促进个体、组织、企业等主体发展的嵌入性应用研究。各阶段热点主题明确，具有嵌入性"概念提出—理论形成—应用拓展"的演进脉络。

（3）研究热点前沿的知识网络结构联系松散，嵌入性理论应用领域跨度大。嵌入性概念由"经济行为嵌入社会结构"扩大到了"两个主体间的互依互适"，嵌入性层次由关系嵌入性、结构嵌入性拓展到了认知嵌入性、文化嵌入性、政治嵌入性、市场嵌入性、空间嵌入性等，嵌入性理论应用由经济社会学拓展到了管理学、经济地理学、空间经济学、环境生态学等领域。对嵌入性内涵和外延的无限拓展使"经济嵌入社会"的命题变得与"普遍联系"的哲学陈述等同，看似可以对一切社会现象进行合理的解释，实际上暗示着嵌入性理论的活力或生命力在下降。

（4）未来发展方向。嵌入性理论未来研究重点仍聚焦于理论体系的完善。从宏大理论、中层理论、经验研究以及三者之间的关系入手，深入剖析经济运行和社会运行的逻辑，探讨二者间的关系，建立以"关联导向"为核心的嵌入性研究的中层理论，推动嵌入性理论在相关领域的应用。同时，开展跨层次研究，修正和发展嵌入性理论。

第三节 企业社会责任研究综述

从19世纪80年代社会责任概念的提出，到20世纪30年代的"伯利—多德"论战，再到20世纪50年代的"伯利—曼恩"论战，持续至今，企业社会责任思想引起了国内外学者、企业家等人的重点关注，企业社会责任理论得到了极大拓展和深入推进。企业社会责任理念孕育于社会运动中。20世纪80年代，企业社会责任思想进入中国并逐渐受到学术界与实践界的关注，改革开放后企业卸下了"企业办社会"的包袱，致使企业脱嵌于社会。20世纪90年代后，企业辩证看待社会责任，并将社会责任理念融入企业战略，企业再嵌入社会。

国内外学者关于企业社会责任研究这一问题的研究主要包含了"企业社会责

任是什么"①②"企业为什么履行社会责任"③"企业履行什么社会责任"④"企业怎么履行社会责任"⑤和"企业履行社会责任怎么样"⑥的五方面内容。国内企业社会责任的研究经历了争议、理论引进和本土研究三个阶段，但与国外研究相比，现有研究存在两方面的不足。一方面是难以精准比较国内外的研究成果，经过长时间的积累，企业社会责任的研究文献庞大而繁杂、研究成果丰硕，通过阶段性总结和传统文献分析难以客观分析具体的主题变化及演进脉络，更加难以准确比较国内外研究的相同点和不同点；另一方面是国内企业社会治理的创新研究不足，企业社会责任作为舶来品，国内研究具有主题趋同、思路复制等问题，国内企业社会责任研究需要求同存异，加强企业社会治理创新，促进企业社会责任研究的提升与发展。

因此，本书采用文献计量方法，在 WOS 核心数据库和 CSSCI 数据库中分别以篇名词为"corporate social responsibility"和"企业社会责任"进行检索，依次获得2 928篇和1 967篇文献，运用 Cite Space 可视化工具分析获得的4 895篇相关研究文献，综合关键词的共现聚类、时间演变、突变率检测等探析企业社会责任研究的热点变迁、演变历程与发展趋势，并在此基础上比较国内外研究的各自特征与差异，为该领域深入研究的科研人员和实践者提供新的研究思路和知识参考。

---

① CARROLL A B, SHABANA K M. The business case for corporate social responsibility: a review of concepts, research and practice[J]. International journal of management review, 2010, 12(1): 85-105.

② 范阳东.企业社会责任的内涵及其特征：基于演化的视角[J].贵州社会科学，2015（7）：136-142.

③ 高超民，陆增辉.小微企业社会责任缺失原因及对策：基于产品视角的访谈数据扎根分析[J].技术经济与管理研究，2016（8）：71-75.

④ 朱晓娟，李铭.电子商务平台企业社会责任的正当性及内容分析[J].社会科学研究，2020（1）：28-36.

⑤ 阳盼盼.企业社会责任履行：理论逻辑、实践要义与推进路径[J].财会月刊，2020（22）：135-143.

⑥ 陈钰芬，金碧霞，任奕.企业社会责任对技术创新绩效的影响机制：基于社会资本的中介效应[J].科研管理，2020，41（9）：87-98.

一、研究现状的可视化分析

（一）研究文献发表趋势分析

本书使用折线图对国内1 967篇及国外2 928篇企业社会责任的研究文献进行时间与数量上的对比，从整体上把握国内外研究的文献数量变化及时序规律，如图2-3所示。

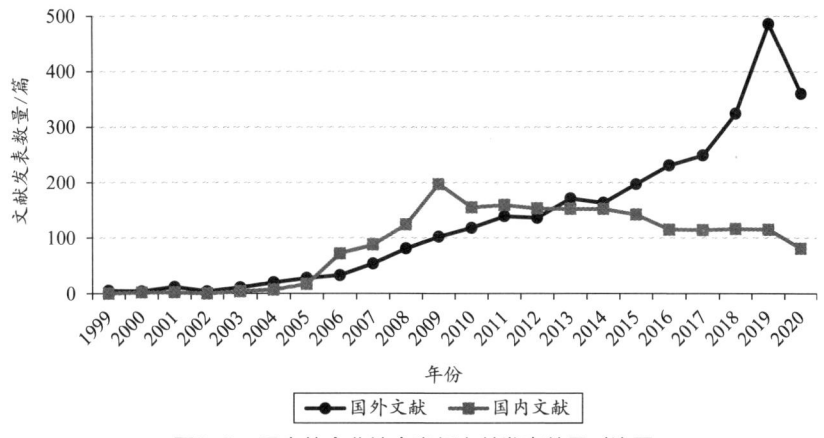

图2-3　国内外企业社会责任文献发表数量对比图

总体上，企业社会责任的文献总发表量逐年递增，表明国内外对企业社会责任的关注不断增加。但比较发现，国外增速较快，呈现指数增长趋势，国内增速较慢，相对较为平缓。时间顺序上，可将企业社会责任研究划分为两个阶段：1999—2005年，文献相对较少，数量增长缓慢；在重要节点2006年后，相关研究迅速增加，但国内在2009年后稍有回落，且国外文献数量在2006年后远远超过国内。从国内外文献数量上看，1999—2005年，国内每年的文献发表量低于国外，2006—2012年，国内企业社会责任的文献发表数量每年均高于国外，而2013年时国外发表文献达到171篇，大于国内，且自2013年至今，每年国外的发文量均高于国内。

（二）发展脉络分析

为考察企业社会责任的热点主题在不同时期的演变，利用Timeview命令，通过关键词共现时区视图动态地呈现了国内外企业社会责任研究的知识演进过程，由此可以清晰地将企业社会责任研究演化过程划分为3个阶段。

第一阶段：1998—2005年，文献数量较少，处于探索状态，国内外学者主要针对"何为企业社会责任？企业为何承担社会责任？"展开了探讨和分析。20世纪90年代，国内社会责任思潮逐渐兴起，企业社会责任渐渐引起国内学术界的广泛关注。学者们纷纷评述总结西方企业社会责任的研究成果，提炼梳理概括企业社会责任的发展历程，并开始分析影响企业履责的动因和评判标准。

第二阶段：2006—2012年，企业社会责任领域的相关研究文献不断增加，逐渐成为一个热门的研究领域。社会责任主体由国有企业扩展到民营企业或上市公司和中小企业，社会责任类型包含经济责任、法律责任、道德责任和伦理责任，研究方法由定性探讨拓展至定量实证分析，研究主题基于探索阶段的热点主题增加了信息披露、企业社会责任的影响分析等方面，且国内开始关注利益相关者中的消费者。

第三阶段：2013年至今，企业社会责任的研究成果丰硕，学者们通过多方法、多视角分析企业社会责任，呈现出了多学科、多领域跨层次研究的特征。学科领域方面，由单一学科研究拓展至多学科跨层次研究，涉及政治学、经济学、管理学、社会学等单一学科或多学科交叉；研究方法由现象描述、归纳总结转变至经验分析、调查问卷、案例研究等，具体包括指标计量法、声誉分析法和内容分析法，企业社会责任研究不断量化；分析视角方面，由企业社会责任是什么、企业为什么承担社会责任、企业怎么承担社会责任扩展至如何衡量与评价企业社会责任、企业社会责任机制、企业社会责任创新等。

（三）研究热点分析

本书将基于关键词的共现聚类网络来分析国内外企业社会责任研究的热点主题。分别把中英文文献录入 Cite Space 软件，将"Keyword"设置为节点类型，运行 Cite Space 软件得到国内外企业社会责任研究的高频、高中心度关键词共现的知识图谱。由知识图谱可知，主要有企业社会责任（CSR）、社会责任、利益相关者、信息披露、financial performance 等高频热点关键词，见表2-2。

实际上，国内外企业社会责任的研究热点既有所联系，又有所区别。为了更好地把握国内外企业社会责任研究的各自特征及研究差异，本书将分别从相似性和异质性两方面比较分析国内外企业社会责任的热点主题。

第二章 国内外相关研究现状分析

国内外企业社会责任研究相似性方面：第一，大量文献分析企业履行社会责任对企业绩效的影响，探究二者间的相关性，其关键词包括"企业绩效""企业财务绩效"等；第二，将利益相关者理论作为该领域研究的基础和量化标准，其共同关键词包括"利益相关者""利益相关者理论"等；第三，企业社会责任与企业发展正相关，企业履行社会责任能为企业创造竞争优势并提升企业能力，促进企业可持续发展，包括关键词"可持续发展""竞争优势"等；第四，注重分析公司治理与企业社会责任的关系，通过改善治理结构促进企业承担社会责任，包括关键词"公司治理""治理"等。

表2-2 国内外企业社会责任研究文献关键词词频分布

国内排序前十的高频关键词			国外排序前十的高频关键词		
关键词	词频	中心度	关键词	词频	中心度
企业社会责任	1 533	0.46	Corporate social responsibility	1 893	0.07
社会责任	318	0.21	Firm	651	0.03
利益相关者	163	0.17	Performance	587	0.03
企业绩效	104	0.11	Financial performance	514	0.04
企业	99	0.12	Management	411	0.02
信息披露	75	0.10	Impact	388	0.03
供应链协调	68	0.03	Governance	355	0.06
公司治理	36	0.05	Sustainability	295	0.01
企业社会责任报告	27	0.03	Stakeholder theory	270	003
和谐社会	26	0.02	Strategy	224	0.04

国内外企业社会责任研究异质性方面：国内研究注重分析不同性质的企业履行社会责任的情况，并比较他们的异同，涉及"中小企业""国有企业""产权性质、跨国公司""SA 8000"等关键词，同时不仅停留在核心企业，而是更加关注整个供应链的履责状况，关键词包括"供应链协调"等。国外研究较为重视探究企业履行社会责任的动因与意义，分析企业履责的合法性、必要性以及战略意义，包括"合法性（legitimacy）""商业伦理（business ethics）""战略（strategy）""竞争优势（competitive advantage）"等关键词。

（四）关键词聚类研究主题分析

本书依据关键词相似度，并通过 LLR 算法从关键词中提取名词性术语并对聚类标签进行命名，由此得到企业社会责任研究的主题聚类，其中，国内共有14个，国外共有13个。对比国内与国外的企业社会责任研究可知，国内外研究有一些类似的主题聚类，如利益相关者理论、公司治理等，但更多的是有所区别的，存在一定的差异性。

国内研究方面：

第一，企业社会责任与财务绩效的关系是衡量企业是否承担社会责任的标准[1]，测量企业社会绩效和企业效率成了国内企业社会责任领域研究的热点主题。根据聚类可视化结果可知，1聚类（社会责任）、9聚类（企业财务绩效）和15聚类DEA包括关键词"企业社会绩效""企业效率""数据包络分析""责任效率"等。

第二，20世纪90年代，企业社会责任信息披露随相关标准的不断出台而逐渐详细和规范，且越来越多的企业提供社会责任报告，企业社会责任信息披露成为国际潮流[2]，中国企业也积极披露社会责任信息，通过报告等形式公布利益相关者密切关注的利益、慈善等方面的社会责任履行情况。由此，6聚类（信息披露）包括关键词"企业社会责任信息披露""企业行为""企业社会责任报告""社会责任""利益相关者""寻租""政治关联"等。

第三，政府作为社会治理中的监督者和指导者，应创造良好的制度环境，引导企业履行社会责任，参与社会治理；企业应积极主动响应和解决社会问题，国有企业应表率带头[3]，中小企业应主动将社会利益纳入企业核心价值主张[4]。由此，4聚类（企业）、8聚类（中小企业社会责任）、10聚类（企业特征）、11聚类（国有企业）和13聚类（主体）包括关键词"中小企业""和谐社会""社会资本""经营绩效、

---

[1] 舒欢，洪伟. 基于三阶段 DEA 的企业社会责任效率分析 [J]. 统计与决策，2020，36（2）：183-185.

[2] 徐雪高，张照新，李靖. 企业社会责任信息披露：一个文献综述 [J]. 重庆社会科学，2013（1）：82-87.

[3] 游春. 国有企业社会责任履行现状及对策研究 [J]. 江西社会科学，2016，36（6）：217-221.

[4] 杜晶晶，胡登峰，张琪. 数字化环境下中小企业社会责任重构研究：基于重大突发事件的思考 [J]. 宏观质量研究，2020，8（4）：120-128.

公司治理""政治关联""慈善捐赠""企业社会责任战略"等。

国外研究方面：

第一，学者们探讨了供应链视角下的企业社会责任问题[①]，提出了绿色供应链管理和可持续供应链管理，协调了经济效益、社会责任和环境保护三重底线的最大化平衡。因此，企业社会责任由对自身经济行为的道德约束扩展至整个供应链体系的社会约束，#7聚类供应链管理（supply chain management）包括关键词"可持续性（sustainability）""供应商评估（supplier evaluation）""创新（innovation）""核心企业（core enterprise）"等。

第二，国家经济发展水平与企业社会责任履行相关，探究发展中国家企业社会责任的履行情况成为国外研究的聚焦热点。由此，#8聚类（China）包括关键词"中国企业（Chinese firms）""企业社会责任报告（CSR reporting）""机构投资者（institutional investors）"等。

第三，企业社会责任内含于企业战略之中，企业社会责任战略将社会责任融入企业战略、资源、能力及利益相关者互动等方面，促进企业可持续发展。因此，#13聚类企业社会责任战略（Strategic corporate social responsibility）包括关键词"政策（policy）""组织沟通（organizational communication）""利益相关者（stakeholder）"等。

（五）基于突变率检测的发展趋势分析

为客观反映企业社会责任研究的最新前沿热点和研究主题，本书重点关注了关键词的突变，分析企业社会责任研究的发展趋势，把握未来研究的新动向，为研究者提供最新的演化动态。因此，通过对关键词进行突变检测，确定企业社会责任研究的发展趋势，本书根据活跃时间排序得到最新的突变情况，国内外企业社会责任的未来研究方向既一致又有所区别（见表2-3）。

一致性方面：

第一，随着企业社会责任在全球日益受到重视，企业社会责任标准也迅速发展，在标准构建、标准应用方面不断丰富发展。标准构建方面，多国政府或世界组

---

① QUARSHIE A M, SALMI A, LEUSCHNER R. Sustainability and corporate social responsibility in supply chains: the state of research in supply chain management and business ethics journals [J]. Journal of purchasing & supply management, 2016, 22(2): 82-97.

织均制定了符合主流价值观的社会责任标准,如美国经济优先权认可委员会制定的 SA 8000 标准、国际标准化组织制定的 ISO 26000 和中国政府制定的 GB/T 36000 系列,通过不断修订和完善而逐渐获得国家或地区的认可,成为评定企业履行社会责任的重要指标。标准应用方面,主要比较各标准在企业社会责任执行中的差异[①]和分析企业社会责任标准与企业社会责任行为关系[②]。

表2-3 1998—2020年国内外企业社会责任突变率排序

序号	国内 突变词	国内 突变率	国外 突变词	国外 突变率
1	供应链协调	6.558	ethics	21.482 2
2	经济后果	4.411 6	issue	9.199 4
3	信息公示	5.245	business ethics	16.720 3
4	品牌评价	4.738 5	stakeholder theory	9.759 8
5	SA8000	7.470 4	standard	3.352 3
6	企业社会责任标准	3.781 6	social responsibility	6.040 5
7	和谐社会	9.546 1	globalization	4.645 9
8	社会责任报告	3.957 5	csr disclosure	3.402 5
9	信息披露	5.292 7	voluntary disclosure	3.173 2
10	产权性质	4.22	board composition	3.464 8
11	政治关联	4.226 1	organizational commitment	5.074 1

第二,信息披露是连接组织与利益相关者的桥梁,是彼此间沟通的重要方式,社会责任报告是组织信息公示和披露重要的手段[③],现有研究侧重于分析企业社会责任信息披露的影响因素和作用影响,未来将继续扩展信息披露方面的研究。影响因素方面,研究者们从企业内外部寻找,发现了公司治理、企业管理者、企业

---

① 黎友焕,魏升民.企业社会责任评价标准:从 SA 8000 到 ISO 26000[J].学习与探索,2012(11):68-73.

② 仰海锐,皮建才.企业社会责任标准可以促进企业社会责任行为吗?基于 A 股上市公司数据的分析[J].现代经济探讨,2018(4):61-71.

③ 谢煜,温作民.国内外企业社会责任报告标准及其应用的比较研究[J].生态经济,2015,31(12):79-83.

绩效、区域文化、企业密度等因素。影响作用方面，现有文献主要从企业成长、外部资源等方面探究企业社会责任信息披露的影响，企业价值、企业绩效等与企业社会责任信息披露呈正向关系。

异质性方面：国内研究开始从政治角度关注企业社会责任，探究政治关联与企业社会责任履行的关系。政治关联的建立给企业带来诸多便利，但政治关联的民营企业和地方国有企业具有更大程度的避税行为[①]和低的企业社会责任信息披露[②]，而上市公司的企业社会责任信息披露与政治关联正相关[③]；国外企业社会责任研究则开始关注组织承诺，结合案例分析和定量实证分析方法，探索企业社会责任对组织承诺的影响[④]。

二、研究总结与未来发展趋势

本书以统计分析方法分析了企业社会责任研究的发展现状，以知识图谱方法分析了企业社会责任领域的知识基础、研究主题、研究热点和发展趋势，并比较了国内外研究的差异，发现国内研究的不足之处，为未来研究提供借鉴。

热点主题方面：国内外企业社会责任研究均探究了企业履行社会责任与企业绩效间的关系，证明企业社会责任是企业可持续发展的必要条件。但根据聚类主题发现，国内侧重从产权性质、跨国公司、供应链等视角展开分析，即"企业财务绩效""信息披露""国有企业等履责主体"成为主要的研究主题；而国外则侧重从合法性、战略性意义、中国企业社会责任履行等视角展开分析，因此，"供应链管理""中国企业社会责任战略"成为热点研究主题。

---

① 罗党论，魏翥.政治关联与民营企业避税行为研究：来自中国上市公司的经验证据[J].南方经济，2012，30（11）：29-39.

② 贺云龙，肖铭玥.政治关联、媒体报道与企业社会责任信息披露：来自沪深A股数据的实证分析[J].哈尔滨商业大学学报（社会科学版），2020（2）：93-102.

③ 罗双发，欧晓明，赖艳.政治关联与企业社会责任信息披露质量：基于CSR信息披露质量前100名上市公司的经验数据[J].华南师范大学学报（社会科学版），2015（3）：110-116.

④ BYUNG-JIK K, MOHAMMAD N, TAE-HYUN K, et al. The Influence of corporate social responsibility on organizational commitment: the sequential mediating effect of meaningfulness of work and perceived organizational support[J]. Sustainability, 2018, 10(2208): 1-16.

研究方法、内容及层次方面：根据国内外重要共被引文献对比可知，从研究方法上看，国内外企业社会责任研究差异显著，其中，国内高被引文献主要采用实证方法，通过对样本进行统计学分析企业社会责任，而国外高被引文献则主要采用文献分析方法，结合经济学、社会学理论研究企业社会责任。从研究内容上看，国内外企业社会责任研究主要集中于企业履责的动因、机制、方式与影响意义等方面，且国内更侧重于测评体系的研究，国外更侧重于制度框架等理论研究。从研究层次上看，国内重要共被引文献较少涉及企业社会责任多层次分析，而国外企业社会责任高被引文献中，则较多涉及跨层次、多学科交叉分析。

回顾过去近20年企业社会责任的相关研究发现，国内研究集中于企业社会责任的"历时性"和"共时性"问题，具有阶段性和超阶段性特征，但仍有很大的成长空间，未来研究的重点在于加强企业社会治理体系的完善，促进企业社会责任研究创新。首先是加强理论研究。思想决定行动，认识决定成败，理论指导一切实践行动，国内企业社会责任的理论基础薄弱，深入了解企业社会责任研究的内在机理及相互关系，探究企业社会责任理论指导实践。其次是因地制宜、促进本土研究。企业社会责任作为舶来品，中国侧重于跟随与模仿，并未真正发展出属于自己的研究主题，应基于本土情况、因地制宜地发展出具有中国特色的研究体系。最后是开展跨层次、跨学科研究。企业社会责任涉及经济学、管理学、政治学、社会学等多个学科，通过运用案例研究、扎根理论等方法，将情境因素建构至理论中，研究企业社会责任的跨层次现象，一方面要运用严谨的实证研究方法修正企业社会责任相关理论，另一方面通过新经济现象挑战相关理论进而发展理论。

第四节　社会治理研究综述

治理是建立在合作基础上的共同管理，社会治理是指在党的领导下，政府组织并吸纳企业、民众等主体协同管理社会公共事务的活动，将党、政府的公共权力与社会组织、公民的权力相协调合作，实现和谐平衡。社会治理概念是中国独有的，但社会治理实践由来已久。社会治理是一个颇具有中国本土实践色彩的词，最早由国内学者提出，经过近20年的学术建构，形成了一套中国特色话语体系，

2014年社会治理成为国家治理的组成部分,完成了从学术概念到政策实践的飞跃。

我国社会治理经历了从社会管控到社会管理再到社会治理的3个发展阶段,实现了历史性的跨越。社会治理模式由政府为治理主体的单一模式转变为多元协同的共建共治共享新模式,形成了以党领导为主轴,国家、基层和社会三圈交互创新、叠浪推进的社会治理新格局。但随着经济社会的快速发展,在物质生活越来越丰富的同时,社会治理却难以跟上社会发展的节奏,新问题层出不穷。在面对我国社会转型前所未有的大变局背景下,要满足社会治理需求,唯有扎根中国实践,梳理中国治理实践,总结治理经验和成果,把握国内社会治理的研究现状、核心主题与发展趋势,创新社会治理理论,设立社会治理目标,提升社会治理能力,推动社会治理进一步研究。

目前,围绕社会治理的研究成果众多,单纯的文字归纳难以把握社会治理的研究动向,王猛采用文献计量方法对社会治理创新进行可视化研究,直观快速传递了信息[①]。为进一步推进研究社会治理领域,本书对在CSSCI数据库中以"社会治理"为篇名词检索获得的1 355篇相关文献,采用文献计量学和科学图谱的分析方法,通过可视化软件,绘制社会治理领域研究的知识图谱,探析社会治理的热点主题变迁及发展趋势,以期为中国社会治理研究提供方向参考。

一、社会治理研究的可视化分析

(一)研究文献发表趋势分析

发表数量可以反映学者们对社会治理的关注程度。通过时序分布图可以了解某一领域研究力量投入的动态过程分布和变化规律,折线表示每年的文献数量,线性曲线表示文献数量的变化趋势(见图2-4)。

从线性看,社会治理整体上呈现上升趋势,近期文献发表量明显增加,研究热情高涨。从折线上看,社会治理研究大致经历了2002—2012年平稳探索期、2013—2016年迅猛增长期和2017年至今缓慢平稳期3个阶段。进入21世纪以来,"国家治理"和"社会治理"成为我国治国理政实践的两个重要概念[②],于2004年提出

[①] 王猛.社会治理创新研究的知识图谱:现状、热点与趋势——基于CiteSpace的分析[J].西南民族大学学报(人文社科版),2020,41(7):231-240.

[②] 张文显.新时代中国社会治理的理论、制度和实践创新[J].法商研究,2020,37(2):3-17.

了"党委领导、政府负责、社会协同、公众参与"的社会管理格局，形成了社会治理格局的雏形[①]。探索时期，社会治理的文献数量一直处于平稳缓慢状态，表明其研究力量和关注程度明显不足。2013年，在党和政府提出了"提高社会治理水平"等要求后，社会治理领域的研究文献呈现爆发式增长，从2013年的37篇激增至2014年的185篇，在2015年增至193篇达到顶峰，且连续4年保持在顶峰周围，说明社会治理"突变"为国内研究的热点前沿。2017年后，社会治理的发表文献虽较多且维持在较高水平，但呈现下降趋势。

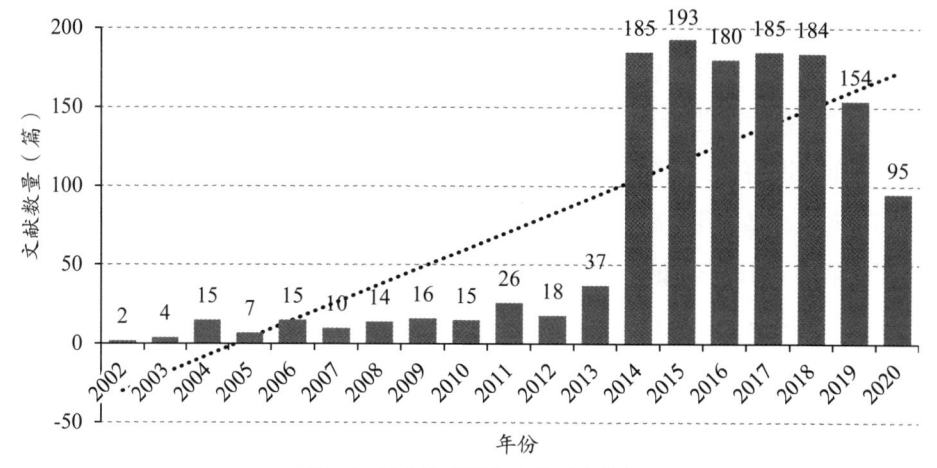

图2-4 社会治理研究文献时序分布

总体而言，社会治理研究的发文量呈现波浪式增长，且受党和国家的方针政策、意识形态等影响较大。社会治理作为回应和面向社会和公共管理实践的"显学"，成为一个较为成熟的研究领域。

（二）研究文献的结构分布

对研究文献进行分析有助于识别某一领域的学科结构，对作者和机构分析，便于识别该领域的活跃人物和研究力量的空间分布。表2-4是以社会治理为篇名发文量排序前十的核心研究学科、核心研究作者和核心研究机构。

社会治理研究主要集中在管理学、社会学、政治学、经济学、法学、哲学等学科领域，呈现多学科交叉。在社会治理研究领域比较活跃的研究者包括中国人

---

① 王思斌.新中国70年国家治理格局下的社会治理和基层社会治理[J].青海社会科学，2019（6）：1-8，253.

民大学的张康之（41篇）、南京大学政府管理学院的张乾友（8篇）、中国社会科学院的周庆智（6篇）、中南财经政法大学的徐汉明（6篇）等。为社会治理研究做出了突出贡献的研究机构包括中国人民大学（108篇）、南京大学（87篇）、清华大学（55篇）和北京大学（42篇）等。社会治理领域的研究力量主要来源于高等院校，集中分布在我国的华北和东部发达地区，以北京高校为主。

表2-4　社会治理研究前10位的研究学科、研究作者和研究机构分析

序号	研究学科		研究作者		研究机构	
	学科名称	文献数量	第一作者	文献数量	机构名称	文献数量
1	管理学	365	张康之	41	中国人民大学	108
2	社会学	320	张乾友	8	南京大学	87
3	政治学	265	周庆智	6	清华大学	55
4	法学	77	徐汉明	6	北京大学	42
5	哲学	42	范逢春	6	中共中央党校	39
6	经济学	41	陈成文	6	武汉大学	38
7	历史学	29	卢福营	5	浙江大学	37
8	民族学	29	刘祖云	5	复旦大学	35
9	教育学	21	乔耀章	4	苏州大学	35
10	图书馆、情报与文献学	20	郁建兴	4	北京师范大学	34

（三）基于文献共被引的经典文献分析

文献共被引网络中，关键节点文献可体现被引文献的重要性，具有桥梁作用。通过社会治理相关文献的共被引分析，研究人员可以在海量的参考文献中迅速定位出某一研究领域重要的核心经典文献，可以更好地探究目前国内社会治理研究的知识基础和演进脉络。较高的被引率，也反映出国内目前社会治理研究具有较高的质量。运用Cite Space软件，能绘制国内社会治理研究文献的共被引知识图谱。由文献共被引知识图谱可知，关键节点文献中引用频次最高的是姜晓萍，她在《国家治理现代化进程中的社会治理体制创新》中[①]，明确了社会治理创新在推进国家治理现代化中的功能定位和新时期创新社会治理体制的价值目标，并针对目前创

---

① 姜晓萍.国家治理现代化进程中的社会治理体制创新[J].中国行政管理，2014（2）：24-28.

新社会治理体制面临的现实困境，从社会政策、权力保障、公共服务等八个方面提出了推进社会治理现代化的实施策略，为后续研究构建了理论框架，奠定了实践基础。该研究领域最早的是渠敬东教授团队[1]，基于社会学视角，着重从"双轨制、分税制和科层制"层面讨论了我国30年改革中不同阶段的主要形态及其运行逻辑，各阶段呈现出权力与市场、资本与劳动、支配与治理交互连带、限制和转化的关系，说明我国社会结构经历了从总体支配到技术治理的转变。作者被引最多的是王浦劬和李友梅。王浦劬[2]基于中国的国情、政情和社情，科学剖析了国家治理、政府治理和社会治理的内在含义，辨析其彼此间的联系与差异，对社会治理研究具有重要的认识基础意义。李友梅及其团队在2012年的《当代中国社会建设的公共性困境及其超越》一文中，详细探讨了"公共性"的内涵、必要性，并就我国社会建设中的各种"软约束"，分析我国公共性不足的成因以及提出走出困境的路径[3]；而李友梅在《中国社会治理的新内涵与新作为》一文中分析了党的十八大以来我国社会治理的新内涵和新作为，总结出我国社会治理模式转型面临的深层次问题与挑战[4]。此外，张康之、范如国和郑杭生的文献也是重要的关键节点文献。张康之主张打破政府本位主义，确立起"他在性"原则，促进多元主体参与社会治理，根除政府行政傲慢，构建服务型政府[5]。范国如结合复杂系统理论与社会治理[6]，揭示社会治理复杂性产生的内在机理及其规律，建立复杂网络结构下的中国社会治理协同创新机制，协调社会治理。郑杭生和邵占鹏深入领会了我国社会治理体制改革的理论视野和实际举措，以及它们背后不同于西方社会治理的精神

---

[1] 渠敬东，周飞舟，应星.从总体支配到技术治理：基于中国30年改革经验的社会学分析[J].中国社会科学，2009（6）：104-127，207.

[2] 王浦劬.国家治理、政府治理和社会治理的含义及其相互关系[J].国家行政学院学报，2014（3）：11-17.

[3] 李友梅，肖瑛，黄晓春.当代中国社会建设的公共性困境及其超越[J].中国社会科学，2012（4）：125-139，207.

[4] 李友梅.中国社会治理的新内涵与新作为[J].社会学研究，2017，32（6）：27-34，242.

[5] 张康之.论主体多元化条件下的社会治理[J].中国人民大学学报，2014（2）：2-13.

[6] 范如国.复杂网络结构范型下的社会治理协同创新[J].中国社会科学，2014（4）：98-120，206.

·第二章 国内外相关研究现状分析·

内涵[①]。

结合被引知识图谱和研究文献时序分布图发现，高被引文献主要集中在迅猛增长期。通过分析关键节点文献的研究内容发现，早期的社会治理文献主要侧重于理论研究，给社会治理的后续发展提供了坚固的理论支持。随着社会治理研究的进一步推进，在国家政策的正确引领下，理论与实践结合，解决社会治理的现实问题，如新时代下的网络社会治理[②]、乡村振兴战略背景下的乡村社会治理[③]。

（四）关键词共现聚类的研究热点主题分析

本书通过 Cite Space 软件共现聚类分析，得到社会治理的研究主题网络图谱。除社会治理、基层社会治理、社会治理创新、社会治理现代化等高频热点关键词外，社会组织、大数据、协同治理等关键词排名靠前，说明社会治理研究聚焦于社会治理方式、社会治理创新等方面，集中于政治社会学、管理学等多个学科领域。

社会治理研究主题知识图谱中共包括12个研究主题，分别是：社会治理、市域社会治理、乡村社会治理、社会治理创新、社会治理共同体、国家治理、法治等。

（1）聚类#0"社会治理"。社会治理是政府、社会力量和民众共同管控处理社会问题、回应治理需求的过程[④]。新中国成立以来，党和政府的方针政策引领社会治理，学术界探讨分析社会治理领域的概念与理论、价值与功能、目标与路径、结构与模式等，打造了具有开拓性和创造性的中国社会治理实践，实现了"从社会管理到社会治理"的清晰转变[⑤]，展示了"中国智慧"，积累了"中国经验"，为全球治理提供了"中国范本"。

（2）聚类#1"市域社会治理"。市域社会治理在社会治理中具有承上启下的

---

① 郑杭生，邵占鹏.中国社会治理体制改革的视野、举措与意涵：三中全会社会治理体制改革的启示[J].江苏社会科学，2014（2）：66-74.

② 龚振黔，龚婷.哲学视域下的网络社会治理探析[J].思想战线，2020，46（2）：101-108.

③ 聂建亮，吴玉凡.乡村振兴战略背景下社会保障参与农村社会治理路径分析[J].济南大学学报（社会科学版），2020，30（2）：123-131，159-160.

④ 郁建兴，关爽.从社会管控到社会治理：当代中国国家与社会关系的新进展[J].探索与争鸣，2014（12）：7-16.

⑤ 燕继荣.中国社会治理的理论探索与实践创新[J].教学与研究，2017（9）：29-37.

枢纽作用[①]，既是中央顶层设计的参与者、执行者和落实者，又是当地政策的制定者、推动者与推行者[②]。市域社会治理反映了现实的新动向和新需要，学者们以构建都市共同体为目标，探讨了我国市域社会治理的内涵[③]、阻碍与实现路径[④]。

（3）聚类#2"乡村社会治理"。中国乡村社会治理从古至今共历经四次转型，从封建帝国时代的"官政自治"到民国时代的"专政劣治"、从集体化时代的"集权统一"到改革开放时代的"乡政村治"，与中华民族的历史命运、政治体制变迁以及关系秩序变动紧密相连[⑤]。学者们主要从乡村治理的历史经验与变动规律中总结经验教训，并创新乡村社会治理路径。

（4）聚类#3"社会治理创新"。社会治理创新是指通过重塑社会治理机制、完善社会治理体系、优化社会治理方式与提高社会治理能力，以形成有效的社会治理、良好社会秩序的过程[⑥]。社会治理创新既有研究集中在价值与功能、动因与逻辑、结构与模式、目标与路径等方面，使其逐渐成为国内学术界研究的热点。

（5）聚类#4"社会治理共同体"。社会治理共同体是一个均衡交织的网络状体系，是一种包括党委领导、政府机构、社会组织和公众个体的相互性结构关系，各主体相互协同，共同治理，实现各主体间的良性互动，促进国家治理现代化[⑦]。

（6）聚类#5"国家治理"。国家治理是全方位的制度安排、战略制定，是制度设计和制度落地的全过程，主要涉及国家发展方向、内政外交等在战略层面的安排，包括明确党、政、军、民在国家中的地位、权利与义务等。国家治理体系是系

---

① 陈一新. 推进新时代市域社会治理现代化 [J]. 公民与法（综合版），2018（8）：3-6.

② 成伯清. 市域社会治理：取向与路径 [J]. 南京社会科学，2019（11）：10-16.

③ 陈成文，陈静，陈建平. 市域社会治理现代化：理论建构与实践路径 [J]. 江苏社会科学，2020（1）：41-50，8.

④ 杨磊，许晓东. 市域社会治理的问题导向、结构功能与路径选择 [J]. 改革，2020（6）：19-29.

⑤ 马良灿. 中国乡村社会治理的四次转型 [J]. 学习与探索，2014（9）：45-50.

⑥ 王猛. 社会治理创新研究的知识图谱：现状、热点与趋势：基于 CiteSpace 的分析 [J]. 西南民族大学学报（人文社科版），2020，41（7）：231-240.

⑦ 张磊. 社会治理共同体的重大意义、基本内涵及其构建可行性研究 [J]. 重庆社会科学，2019（8）：39-50.

统完备的制度体系，社会治理是其中的一个重要领域。国家治理包括政府治理和社会治理等诸多内容，涉及国家治理、政府治理和社会治理的基本内涵及三者间关系分析、国家治理视域下的社会治理创新发展[①]和国家治理体系建设等研究。

（7）聚类#6"法治"。法治是国家治理方式，是风险社会治理的根本遵循[②]，法治化是实现国家治理现代化的关键[③]，学者们研究了法治的重要性与必要性及具体的法治路径，多采用案例研究。

除了以上主题外，社会治理研究还包括社会建设、道德、科技支撑、社区自治等主题。总体而言，社会治理研究主要围绕治理类型、治理主体、治理路径展开，受国家政策和社会环境的影响，不断创新社会治理格局与模式。

（五）演变趋势分析

识别某一学科的演化趋势有助于发现领域内研究热点主题的时间分布与变化情况。本书通过 Cite Space 关键词的 "Time zone" 时区视图功能，来展示2002—2020年社会治理研究的演化图谱。可将社会治理的演化过程划分为3个时期。

第一阶段：2002—2012年，社会治理领域的关键词较少，处于平稳的探索阶段。社会治理作为研究主题，节点最大，并且与公共管理、社会管理、基层社会治理等热点词密切相关。其中，公共管理是一种服务型社会治理模式[④]，社会治理是适应时代要求的社会管理模式[⑤]，实现了由社会管理到社会治理的转变。

第二阶段：2013—2016年，关键词于2014年迅速增加，进入迅猛的增长阶段。社会治理创新成为该阶段研究的热点主题，与社会治理现代化、社会组织、协同治理、民族地区等关键词关联密切。其中社会治理现代化是社会治理体制创新的目标，社会组织是社会治理的核心主体，协同治理是社会治理的重要路径，民族地区是社会治理的重要对象。

[①] 陈晓春，陈文婕.习近平国家治理思想下"三共"社会治理格局：概念框架与运作机制[J].湖南大学学报（社会科学版），2018，32（3）：18-24.

[②] 沈国明.法治是风险社会治理的根本遵循[J].探索与争鸣，2020（4）：16-18.

[③] 胡建淼.治理现代化关键在法治化[J].理论导报，2015（11）：30-31.

[④] 张康之.公共管理：社会治理模式的转型[J].天津社会科学，2002（4）：57-63.

[⑤] 麻宝斌，任晓春.从社会管理到社会治理：挑战与变革[J].学习与探索，2011（3）：95-99.

第三阶段：2017年至今，关键词数量随发文献量下降而减少，进入缓慢的平稳阶段。新时代和党建引领是核心研究主题，侧重于分析社会治理的具体对策以及党建研究在社会治理中的引领作用，出台了"打造共建共治共享的社会治理格局"和"高度重视基层社会治理"政策。得益于以上政策，社会治理的研究热度有了上述新动向。

（六）基于突变率检测的发展趋势分析

为客观反映社会治理研究的最新前沿热点和研究领域，本书重点关注了关键词突变（见图2-5），以时区视图的可视化方式描绘了社会治理研究在时间跨度上的内容拓展，探究其未来发展的新动向，为研究者提供了最新的演化动态。

引用次数最多的16个关键词

关键词	年份	强度	起始年	结束年
公共管理	2002	5.877 7	2002	2005
社会管理	2002	7.241 0	2011	2014
治理	2002	4.638 8	2013	2015
创新	2002	3.167 6	2014	2016
社会治理体制	2002	3.731 7	2014	2015
社会治理创新	2002	3.098 1	2015	2016
新常态	2002	3.534 5	2015	2016
精细化	2002	4.207 2	2016	2017
网络社会	2002	3.767 9	2016	2017
农村社会治理	2002	3.001 8	2016	2018
基层治理	2002	3.995 3	2017	2020
治理能力	2002	3.131 0	2017	2018
习近平	2002	3.760 9	2018	2020
共建共治共享	2002	6.765 1	2018	2020
新时代	2002	7.768 1	2018	2020
社会治理格局	2002	3.142 5	2018	2020

图2-5 社会治理关键词突变性知识图谱

从社会治理突变性关键词序列知识图谱中可以看出，社会治理研究具有阶段性特征。2013年前，只有公共管理（5.877 7）和社会管理（7.241）两个关键词，2013年治理（4.638 8）突现，此后陆续出现创新（3.167 6）、社会治理体制（3.731 7）、社会治理创新（3.098 1）、共建共治共享（6.765 1）等诸多关键词，表明社会治理逐渐成为一个热门领域。

在近两年的突现词中,共建共治共享和新时代的突变率较高,是社会治理发展的新趋势。一是在社会治理现代化要求下思考社会治理格局。随着我国社会主要矛盾的变化和社会治理理念的改变,主张多主体协同参与社会治理,形成"党委领导、政府负责、企业主力、非政府组织和民众参与"的治理模式,构建共建共治共享的社会治理格局。二是在"新时代"背景下思考社会治理的方向。针对新时代社会治理所具有的系统性、复杂性、全局性和协同性等特点[①]和大数据、"互联网+"带来的新变化,坚持以人民为中心,走"互联网+社会治理"路径,实现社会治理创新。

二、研究总结与未来发展趋势

本书以统计分析方式分析了社会治理研究的发展现状,以知识图谱方式分析了社会治理领域的研究结构、知识基础、热点主题、演变趋势,研究发现:

(1)社会治理在多个领域内备受关注,且在管理学、社会学和政治学中受关注程度最高,表明社会治理研究呈现多研究目标、多研究层面、多研究学科交叉融合的复杂特征。

(2)社会治理研究具有明显的阶段性特征,演进路径明确,分为三个阶段:2002年平稳探索时期,以公共管理这一服务型社会治理模式为主;2013年爆发式增长时期,加强社会治理创新以推动社会治理现代化;2017年平稳发展时期,致力于打造共建共治共享的社会治理格局。各阶段热点主题明确,与国家方针政策密切相关。

(3)社会治理研究在中国崛起的整体背景下展开的,与治理实践关联紧密,催生了社会治理研究的繁荣景象。在实践指向上,着眼于推进社会治理体系和治理能力现代化,探索社会治理的中国模式。在研究主题上,呼应国家治理现代化等议题,着重关注治理理念、机制、结构和技术等问题。在学术上,努力构建社会治理的本土理论,建构社会治理的中国话语。

近年来,社会治理逐渐成为国内学界研究的热点,但在理论、方法与治理内容等方面也存在一些问题。治理理论方面,社会治理结构已由"单中心"治理结构走向以"多主体协同整合"的网络治理结构,社会治理的内在逻辑与目标模式

---

① 薛瑞汉.新时代打造共建共治共享的社会治理格局研究[J].中州学刊,2018(7):68-72.

混乱，治理过程中逃税漏税、腐败等社会治理问题突出，必须设计并建立行之有效的社会治理机制，加强社会治理的理论深度和系统性。研究方法方面，现有研究大多停留在定性的规范性研究和宏观描述层面，定量分析社会治理过程、逻辑机制、作用路径等较少，缺乏微观层面的解释，需要协同实证研究和规范研究，加强规范化分析与研究工具的多元化。治理内容方面，未来要注重社会治理的中国经验、社会治理可持续性等问题的研究，注重从社会治理的演进轨迹与发展趋势中把握社会治理的基本规律，注重推动由社会治理向社会治理过程的研究转向，特别是加强社会治理过程中的影响因素、作用机制与实现路径等深层次理论问题的研究。

第五节　研究评述与研究价值

本章通过梳理嵌入性、企业社会责任和社会治理的相关研究文献，发现企业社会责任是企业参与社会治理的重要方式与途径，我国社会治理模式从"政府单中心管制"转变为"多主体合作共治"，形成了企业、政府、社会多主体协同合作的社会治理格局。在社会治理网络中，对已有研究主题的把握和未来发展趋势的预测，为构建共建共治共享的多元合作治理格局以及推动企业发展和社会建设指明了方向，并为探讨"社会治理网络结构中的企业社会责任嵌入"奠定了扎实的理论基础。

国内外学者关于嵌入性、企业社会责任、社会治理的研究成果为本书提供了极其重要的理论基础和方向指引。但这些研究存在这样的问题：

（1）研究目的方面，已有研究成果具有明显的"工具性"倾向。企业履行社会责任被简化为企业经济过程中一个新的"成功因素"，社会治理则是公司治理的"意外收获"。

（2）学科视角方面，法学、管理学、伦理学角度的研究较多，社会学的相关研究较少。多元主体合作治理的社会治理理念向社会学发出了企业社会责任研究的"新邀请"。

（3）研究方法方面，从企业参与社会治理角度来探讨企业社会责任主要限于规范的构建层面,研究方法注重规范及逻辑分析较多,实证研究、对比研究和经验描述较少。

(4)应用性方面,理论研究对企业社会责任运行中实际存在的问题了解较多,指导企业参与社会治理实践的成果较少。

第三章　企业与社会治理的关系研究

本章旨在分析企业在社会治理中的角色定位，回答社会治理中企业应该发挥什么作用的问题。防范社会风险，推动社会治理现代化，不能仅仅依靠政府的力量，企业也能运用与生俱来的市场机制发挥作用。

第一节　作为社会治理主体的企业

一、开放的社会

鲍曼指出："通过设想人类有能力改善自己的状况，并成为自身存在的唯一主人，现代性向否认和排斥任何一种不满意和不公正的条件敞开了大门。"[1] 我们的社会走上了开放的道路，并向未来无限延伸。在"知识大爆炸"的时代，我们越来越感到无知，同时我们也越来越感到没有什么问题不能解决，知识的增长与共享速度日益加快，社会的开放性不断增强，我们有理由相信能够找到解决所有社会发展中所存在的问题的根本性途径。

社会发展方向和社会结构变化的不确定性意味着一切边界的突破。从人类社会的发展来看，世界是不断开放的。工业社会比农业社会更加开放，资本主义向每个封闭的社会痛击，这种虽然不是一种消除自我中心的开放，但却在封闭的"围墙"上撕开了口子。进入到后工业社会，个人、组织乃至国家所有实体都具体地在社会系统中运动、发展和变化。从哈贝马斯交往行动的视角出发，个人、组织和国家都是行动者，它们构成了交往互动的网络。而根据福柯的观点，人的社会生命时时处于变动之中，人是面向未来的，因而历史也具有面向未来开放的维度。

---

[1] 齐格蒙特·鲍曼.被围困的社会[M].郇建立,译.南京：江苏人民出版社，2005.

因此，必须在开放和流动性中去探寻与人需求相适应的制度安排，即便一个国家的制度安排在一个时段内被证明是成功的，但也会随着时代的变迁而被淘汰。

全球化、后工业化正是沿着开放性的轨道前行的，它必将突破一切阻碍开放的边界，必将撕破一切阻碍开放的篱笆，必将打破一切不利于开放的社会设置。在全球化大势面前，政治只是生活的一个构成部分，非政治要素对于社会的重要性与日俱增。虽然"逆全球化"的行为在一些国家出现，但那只不过是它们历史上暂时的倒退。

全球化、后工业化给我们带来的不是单一线程的发展轨迹，而是包含多种可能和多条道路，人类命运共同体关系的建构，选择性越来越大，一个更加开放的社会需要更加开放的社会治理。在更为广泛的全球视野中，个人、组织甚至国家每个行动者都将关系到这个共同体，愿意为人类的共生共在贡献力量，愿意接受共生共在的道德规范，愿意采取有益于共同体的道德行为。在这正在或是即将到来的全球化后工业化社会中，社会治理中的一切边界标识都将被拆除，在此意义上，社会治理就是一个开放性的问题。

二、治理的界限

哈贝马斯把社会分成公共领域、私人领域和公共权力领域三个领域。从逻辑视角看，社会治理的每一次革新大体上都是先划分清楚社会不同领域的分界线，据此以判断各个领域所包含的主体是否应该去做什么事，这种逻辑要追源于人类的认知过程。根据嵌入性理论，社会中不同领域之间存在交集的部分，并且其相互影响方式不仅仅局限于交叉的实体部分，甚至其影响力范围也会增大。

在哈贝马斯看来，公共领域是一个人们相互交流而形成的"社会空间"，如果说在国家与社会分立的视角中，可以发现一个发挥缓冲作用的中间地带，那么，在公共领域、私人领域和公共权力领域的边缘地带，则存在着相互交叉和相互影响的现象，而且这种相互交叉和相互影响会传导到它们的核心构成部分中去。

显而易见，这三个领域最核心的部分都很独特，相互之间各不相同。其边缘地带的相互影响会传导到它们最核心的部分，比如公共领域与私人领域交集的企业、市场等直接影响公共领域的核心政府。风物长宜放眼量，看待这三个领域时，需要放开眼界去衡量，不能将焦点仅仅局限于核心地带，还要一直扩散到其边界处。分析不同领域间的相互影响，也不能仅仅局限于交界处，因为，在这个开放性的社会，绝对的界限也逐渐变得不清晰起来。

在开放的社会中，公共、私人以及日常生活领域融合成为一种趋势，针对各个领域区分治理的积极价值将不复存在。个人身上加载着公民、市民和家庭成员等多重身份的同时，也加载着教师、公务员、工人和农民等岗位角色。事实上，社会的高度复杂性和高度不确定性已经导致不能将身份作为参考去确定公共生活与私人生活的边界，更不用说在国家与社会的区分中去开展社会治理了。

多元主体之间是动态适应的关系，这种动态适应状态对于秩序社会的形成十分有利。现实中的社会是一个异质性的实体，各类空间相互交织，社会主体间是动态"互嵌"的，谁也不能完全脱离谁，只有彼此相互适应，才是最好的链接方式，才能更好组织地起来促进发展。社会治理体系是由多元行动者如国家、组织、人际网络和个人构成的系统，现代社会中主体间的责任界限实际上是相当模糊的。有效的社会治理不只是针对公共领域的治理问题，也不只是针对公共领域、私人领域以及日常生活领域这些核心部分进行设计治理，还包括根据领域间的模糊地带设计治理方案。

三、无边界的企业

"企业到底为什么而存在？"这一问题看似简单实则复杂。亚当·斯密、马克思等认为，企业作为一种经济组织，是在社会劳动分工和交换中产生的。社会分工发展到一定阶段所带来的劳动力商品和资本的出现使企业的出现成为必然。企业生存的保障来自两方面，首要保障是企业的效率优势，其二是企业所提供的基于社会需要的产品和服务[1]。企业的效率性和社会性既是自身生存的保障，也是社会对企业的根本要求。企业的本质是由多种能力和资源组合而成的集合体，独特的能力和资源的集合、拼凑构成了企业的核心竞争力，在企业的发展中贡献力量。

企业虽然是经济组织，但只是在功能上以经济功能为主而已，它在根本上是一种社会组织，是社会这一更大而具体的组织系统中的一员。企业是社会生产力发展到一定阶段应运而生的产物，企业之所以发展，受到社会大环境包括政治、

---

[1] 汤湘希.企业核心竞争力会计控制与相关概念的关系研究[J].财会通讯（学术版），2005（10）：3-7.

经济、自然等因素的影响，最重要的是社会大众或其他社会成员组织的需要，通俗地说有市场需求；企业的输出是社会生产的组成部分，企业提供了就业岗位为大众解决生存并发挥才能的平台，企业上交税收为国家公共事业的发展提供了强有力的支持等。因而，企业不仅属于企业本身，更具有广泛的社会性外延。无论企业是经济组织还是社会组织，我们认为两者并没有矛盾关系，它们之间其实是"内涵"和"外延"的关系。经济性决定了企业首先要解决生存问题，这是企业存在的原动力；而社会性决定了企业追求利润与承担社会责任并不冲突，没有社会责任的企业也就失去了追求利润的空间。

企业发展具有动态变化性。企业的发展过程与世间一般事物无异，均是动态发展的过程，体现为自身与外界不断进行物质、能量与信息的交换。企业的形态从家庭手工作坊到工厂，再到社会化的现代公司制企业，每个阶段无一不是组织形态随环境变化而动态重构的过程。权变理论告诉我们企业是开放社会系统的子系统，企业对外保持开放的状态是企业动态发展的必要条件，这也是自然界和人类社会体系开放性的本质要求。企业通过嵌入更大的网络或者更多的网络实现动态发展。那么为什么有的企业反应迟缓、协同不力呢？实际上社会这个系统中存在着边界障碍。

企业的发展要求一个富有弹性和渗透性的边界，这样的企业的价值创造方式也已经由从边界内部寻求价值增值向从无边界的外部世界寻求价值增值转变。与外界不断进行物质、能量与信息的交换能够有效进行，企业对外保持开放的状态是必要条件，这也是自然界和人类社会体系开放性的本质要求。当然，自然界和人类社会的开放性本质，并不意味着在这个大体系中不存在边界障碍。实际上，这个大系统中处处存在边界障碍。边界障碍也有其存在的价值，它可以使事物能够在特定的发展阶段不受外界的干扰，从而对于特定阶段的事物发展具有保护作用。然而，随着事物不断向前发展，这些边界又会构成其进一步发展的障碍。对于企业来讲，长期处于边界内运营，会使其形成一种边界思维惯性，这种边界思维惯性会构成企业实现突破性发展过程中的关键性障碍。

边界作为企业的制胜要素历来存在。传统经济学认为企业的边界在于边际成本和边际收益之处，同时也强调边界的动态性，即企业为了追求利益而根据边际成本和边际收益曲线焦点调整生产。边界是相对的，它最大的特征就是"区分性"，它本身只不过是人们更方便地认识自然界和人类社会的一种工具，能够将笼统复杂的大系统分隔成易于分析和处理的原子式单元。然而，这种意识形态上的"概念性的边界"并不会改变事物之间开放性的普遍联系本质。系统理论认为，组织边界是开放的，边界是可渗透的，系统的产生、发展、灭亡意味着组织与环境的互动演化关系。组织不是封闭的、自给自足的实体，而是一个开放系统，它们的边界必须连续不断地被内外要素的输入和输出所打破[1]。组织边界更像交互地带可渗透的一层膜。系统和环境之间的区分毫无例外的以内涵构成的边界为媒介。不能仅仅用边界的"区分性"来看待事物的发展变化，更要用联系的观念来思考开放系统中各事物之间的互动变化规律。企业本质上是一个复杂的系统，其本质蕴含着多层次的特征，而且各种层次相互有机联系。在构建企业网络的过程中，企业要实现行政关系、契约关系、产权关系和市场关系的合理配置，"基于现实的变化，企业是没有边界的，企业边界可趋于无穷，企业进入无边界的时代"[2]。互联网的出现与发展对企业的生产经营活动产生了巨大的影响，企业呈现出了脑体分离的趋势。

四、企业、政府与社会的关系

企业、政府与社会之间的关系有许多，其意义也众说纷纭。面对这种复杂性，许多人利用简单的思维模型来给他们观察到的现象赋予秩序和意义。这些模型就像棱镜，每一个都有不同的折射点，给人们观察世界提供了不同的切入点和视角。借助模型，人们对于企业的权力范围、管理决策的标准、公司的责任范围、管理者的道德责任以及所需要的管制等形成不同的看法。

以下四种模型是观察企业—政府—社会关系的基本选择。作为现实的抽象，它们大大简化了现实，同时放大了中心问题。每个模型既是描述性的又是说明性的，也就是说，它不仅能够解释企业—政府—社会关系是如何起作用的，而且能够说明它应该以何种理想状态来发挥作用。

---

[1] THOMPSON E P. Work, time-discipline and industrial capitalism[J]. Past & present, 1967, 38(1): 56-97.

[2] 李海舰，聂辉华. 论企业与市场的相互融合[J]. 中国工业经济，2004（8）：26-35.

(一)市场资本主义模型

市场资本主义模型是指在市场环境中,企业要对强大的经济力量做出反应。在这个模型中,市场就像企业与非市场力量之间的缓冲器,企业可以很大程度上避免社会与政治力量的直接影响。要理解这一模型,就需要理解市场的历史与本质,理解市场运作的经典解释。

市场的历史与人类的历史一样悠久,但在大多数有记载的历史中,它们只居于次要地位。人们生产的目的主要是为了生存,而不是为了交易。到了18世纪,一些经济体开始扩张,实现了工业化,劳动分工也随之发展起来,人们开始为了交易而生产更多的东西。随着交易的扩大,市场通过释放价格信号,在指导商品的生产与分配方面发挥了更加关键的作用。这种市场经济的出现,或者说市场发挥主要作用的经济形式的出现,改变了人们的生活。

亚当·斯密提供了关于市场经济如何运作的经典解释,在他的名著《国富论》中,斯密论述了他称之为"商业社会"或我们今天称之为资本主义的问题。他从没用过"资本主义"这个词,是后来的社会主义哲学家马克思采用了这一称呼。马克思使它成为一个明显的贬义词,但它逐渐流行起来,并很快摆脱了负面含义。斯密认为,出于互利目的而交易的欲望深植于人们的本能中。他注意到社会中的劳动分工,使越来越多的人想通过更专业化的工作来满足自己的利益,彼此交换商品。那么,人们之间的供需关系也会因价格机制发生改变,使市场的商品交换过程逐渐变得越来越便捷化和高效化。斯密认为,这个过程的完美就在于它协调了陌生人之间的活动,人们在追求自利的同时,也被迫满足其他人的需求。用斯密的话说,每个交易都是"被看不见的手引导,促成某个并非其本意的目标",即社会的集体利益。斯密相信利用市场中人们持久的贪婪来促进公众福利,国家能够实现"全体的富裕"。他的天才在于让市场的运作规律不再神秘,将市场资本主义放置在道德的框架内,赞美了它的功效,并将它作为人类进步的源泉而赋予其长期存在的合理性。当企业在市场上自由竞争时,社会会因此获得更多的利益。

在斯密的年代,生产者和销售者都是私人,小企业也都由所有者经营。到了19世纪末20世纪初,斯密所描述的那种经济类型演变成为管理资本主义(managerial capitalism)体系,并席卷了整个工业化社会。与斯密时代由无数小型的、所有者经营的公司占据市场不同,此时则被数量少得多、按等级领取薪金的管理者经营的公司抢了风头。[①]这些经理人在公司的所有权非常有限,他们为股东工作。这种形式的资本主义现在已经遍布全世界,它的运作方式几乎没有什么地方与斯密的理论相一致。但是,市场资本主义模式作为一个理想的模式仍然存在。

这个模式包含一些重要的假设。首先,政府应该尽量减少对经济生活的干预。这叫作"自由放任"(laisscez-faire),这说法首先由法国人所采用,表示政府应该"随我们去"。它传达一种信念,即政府对市场的干预是不受欢迎的。干预的代价很高,因为它降低了企业自由运营从而造福消费者的效率。干预也不必要,因为市场的力量是有益的,如果被释放,就能引导经济资源满足社会的需要。解决社会问题是政府的事,不是企业的事。因此,管理者不应当把公司利益狭义地界定为利润和效率。

另一个假设是个人拥有私人财产,能够自由地进行风险投资。在这种情况下,企业的所有者有强大的动力来创造利润。如果自由竞争存在,市场会将利润压到最低,而产品与服务的质量会提高,因为公司需要吸引更多消费者。如果一家企业企图通过提高价格来增加利润,消费者就会到他的竞争者那里去购买商品。如果一个生产者生产高质量的产品,其他生产者必然效仿。这样一来,市场就将自私的竞争转化为广泛的社会利益。

其他的假设还包括:市场上的商品信息是已知的,消费者能够据其做出最优选择;商业伦理道德能够抑制市场上的不正当行为;银行、法律等基础制度可以辅助商业发展;在竞争的市场中有很多生产者与消费者;等等。

以市场资本主义模式的视角,对企业—政府—社会之间的关系得出以下结论:政府管制应得到限制;市场通过规范个体的经济活动来促进社会福利;利润是衡量公司业绩的恰当指标;管理层的道德责任是提升股东利益。这些市场资本主义的原则,塑造了西方工业化社会的经济价值观。随着市场扩张,其他地方也纷纷仿效这些做法。

资本主义与市场资本主义模式有很多支持者,它的捍卫者坚称资本主义能够创造物质增长,但另一种观点是,资本主义只能以加剧不平等为代价才能创造繁

---

① CHANDLER A D. The emergence of managerial capitalism[J]. Business history review, 1984, 58(4): 473-503.

荣。马克思认为资本家剥削工人，并使用帝国主义的外交政策来扩张市场。还有人认为市场会腐蚀美德，贪婪、自恋、残忍使市场活力四射，但这些基本价值观却将爱与友谊等美德驱逐出去。另一种长期存在的担忧是市场过于强调金钱与物质。例如，罗马教皇约翰·保罗二世曾提醒人们警惕"物质主导人"。批评者认为这些问题是内生于市场的。还有其他的批评认为，市场有些时候不可避免地会出现一些问题和缺陷，如果不加修正，它们可能会滋生出共谋和垄断。另外，利润动机也可能会导致公司污染和过分掠夺地球资源。

所有这些对资本主义的批评都很激烈，但缺乏新意。亚当·斯密本人就有一些保留意见。他担心工厂工人身体状况与道德水准下降，也担心那些可能通过不道德的手段获取财富的富人们被无端地当作偶像。晚年时，他逐渐意识到需要更多政府干预。但是斯密从来没有想过一个仅建立在贪婪和自利基础上的体系，他所预期的是，社会中的贪婪和自利必须与限制和善意并存。

资本主义是否是实现人类福祉的最好办法？这一问题带来无休止的争论，而且争论还要继续下去。下面，我们将讨论转向另一种企业—政府—社会关系的模式，它吸引着很多资本主义模式的批评者。

（二）主导模型

主导模型是考察企业—政府—社会关系的第二种基本途径，它主要代表了企业批评家的观点。在这个模型中，企业和政府主宰着我们社会中的大多数人。这种观点可以表示为金字塔式的、等级制的社会形态。相信这一模型的人认为，公司和一部分有权有势的精英控制了整个系统，这一系统以牺牲多数人的利益为代价，为少数人谋取财富。这样的系统是非民主的，按照民主理论，人民是主人，政府和领导者应该代表人民的利益。

主导模型的拥护者将矛头指向资本主义的缺陷与无效率。他们认为公司游离于促使它们承担责任的各种压力之外，束缚大企业的政府管制软弱无力，市场力量无法确保有道德的经营管理。与其他模型不同，主导模型在描述现状之外并没有提出一个理想诉求。对它的支持者而言，现状应该颠倒过来，这样企业—政府—社会关系就能够符合民主的原则了。

在美国，主导模型在19世纪末赢得了支持，那时像标准石油公司那样的大托

第三章 企业与社会治理的关系研究

拉斯已经出现，他们收买政治家、剥削工人、垄断市场、加剧贫富差距。19世纪70年代，农民和大企业的其他批评者开始反对市场资本主义模式，并在对主导模型所蕴含的关于企业—政府—社会关系进行批判的基础上，建立起号称民粹主义的改革运动。民粹主义是种周期性的现象，受压迫的民众或弱势群体，通过某种方式，力图从那些阻碍公共福利的、占统治地位的精英们手中夺取权力。在美国，民粹主义的浪潮掀起了一场社会政治运动，它是由在经济上备受压迫的农民、矿工、工人们发起的，从19世纪70年代一直持续到19世纪90年代。

那个时代，第一次在一个国家范围内，出现了强大的企业巨头能够左右普通民众命运的现象。有些企业巨头对普通民众不屑一顾，例如，铁路巨头范德比尔特在他的私人豪华车厢里接受记者采访时说："民众该死"。第二天，全美国的报纸刊登了他的言辞，激怒了民众。还有，联合太平洋铁路主席、孤僻而傲慢的爱德华·哈里曼，向害怕改革的工业界大佬们保证说，他能够买通国会，如果需要，他还能买通司法部。罗斯福总统曾经说过："暴富的人在很多情况下完全无法理解国家的状况和需要"，说的就是哈里曼。

美国的民粹主义运动最终没能改革企业—政府—社会之间的关系，以实现民主理想。其他工业化进程中的国家如日本，也有类似的民粹主义运动。作为一种反对工业资本主义的意识形态，马克思主义与这些运动差不多同时在欧洲出现，其中包含的思想与主导模型形成了共鸣。按照马克思的观点，在资本主义社会，资产阶级主导着经济，并统治着社会结构。全世界抨击企业的人中有许多人赞成马克思的理论，主张社会主义改革，因为它能实现权力和财富平等的分配。

在19世纪末的美国，当主导模型首次在概念上指出，世界充斥着各行各类的公司精英，以及公开代表各产业组织的政治家，它可能是当时最正确的。不过，现在它依然很流行。用拉尔夫·奈德的话来说，在过去20年间，大企业支配着我们的政治经济，而且愈演愈烈。由公司控制政府，导致"民主鸿沟"不断扩大。大企业无节制的行为，使我们的民主屈服于企业财阀集团的统治，使他们几乎不受任何限制地将自己的权利渗透到社会的各个领域。

近年来，在全球化的背景下，对跨国公司的担忧使主导模型获得了新生。奈德在2004年竞选总统时，试图将公共权威从大企业的手中解救出来，特别是那些变本加厉、无所不在地取代人民主权的大型跨国公司。

(三) 对抗力量模型

对抗力量模型将企业—政府—社会关系描述为社会中主要要素之间的交互作用。它暗示各要素之间的关系是复杂的，谁也不具有主导性。

这是一个包含多重力量的模型。各种力量随着所发生的事件、竞争各方的不同、感受的强烈程度、领导者的影响力等因素的变化而此消彼长。对抗力量模型反映了具有民主传统的工业化国家的企业—政府—社会关系。它不同于市场资本主义模型，因为它将企业直接放置在非市场力量的影响之下。许多重要的相互作用，在主导模型中是被忽视的。

从这一模型中，可以得出以下重要结论。企业深度的嵌入它所处的环境中，必须对来自环境的经济与非经济力量做出反应。企业无法独立于它所在的社会环境，也不可能始终处于主导地位。企业通过与政府的相互作用，通过生产与营销活动，以及使用新的技术，成为引导社会变化的主要因素。企业获得广泛公众支持的前提来自企业对来自环境各种力量的正确应对，换言之，倘若企业对环境做出的调整是错误或消极的，它可能就会面临失败，这是社会契约在起作用。企业—政府—社会之间的关系，随着社会关系、制度和社会的变化而处于不断地变化之中。

(四) 利益相关者模型

企业处于个人、团体、组织等利益相关者多重关系的中心。利益相关者是指会因企业行为受益或受损的组织或个人。一家大公司会有很多利益相关方，根据它们与公司的关系可以分为主要利益相关者和次要利益相关者两类。但这种划分是相对和不确定的。公司不同或所涉事件不同，可能会使一些利益相关者从一种类型转变为另一种类型。

主要利益相关者是由与企业有直接、连续联系和影响的强大的少数人组成的群体，具体包括股东（所有者）、客户、雇员、社区和政府等，根据公司性质，可能还包括其他的利益相关者，比如供应商和债权人等。

次要利益相关者包括更大范围的个体，他们与公司的关系不那么直接，彼此受益或受损的程度较低，影响力也较小，比如活跃的社会团体、行业协会、学校等。

利益相关者模型的支持者对于"谁是利益相关者"历来争论不休。有人用非常宽泛的概念将诸如大气、海洋、土地、生物等自然实体包括进来，因为公司对它们有影响。其他人则反对这种泛化，认为自然实体已经有环境保护协会等传统意义上的利益相关方做代表了。有些人把竞争者包括进来，因为竞争者虽然并不为企业增益，却有能力影响企业。利益相关者的概念甚至还包括了穷人和子孙后代群体。

利益相关者模型重新界定了管理的优先次序，使之完全不同于市场资本主义模型。在市场资本主义模型中，企业是资本所有者的私人财产，其第一要务是给唯一的利益团体——投资者带来利益。相反，利益相关者模型是一个道德管理理论，每个利益相关者的福利都必须作为目标加以考虑。利益相关者的利益具有内在价值，只增加投资者的财富，并不能给他们带来价值。管理者有责任考虑多个利益相关者的利益。正因如此，股东的利益并不总是最重要的，也不是唯一的。

利益相关者理论强调公司要考虑多个利益相关者，与市场资本主义的"股东利益至上"原则截然不同。公司的管理者必须站在更高的角度去全面看待问题，除了利润还要看到其他价值维度并做出反应。例如，一群学者督促公司采取相应的步骤和行动，对各个利益相关者的关注点与能力保持敏感反应。利益相关者模型旨在重新定义公司，它反对市场资本主义模型中以股东为中心的观点，认为这是在道德上不能接受的。

并非每个人都同意这种观点。利益相关者模型的批评者认为，该模型对企业与其他实体之间的权力关系没有进行现实的评估。它力图用道德责任取代各种力量，从而赋予无权者以权力，这是道德家永远没有结果的追求。此外，它设定的指导方针太过模糊，无法取代对于投资者来说最有效的利润标尺。与诸如资本回报率等传统的标准不同，并没有单一的、清晰的、客观的尺度可以衡量一家公司道德上和经济上的整合绩效。一位批评者说，缺少标准则不可能做出理性的管理决策，因为当存在多重底线时，根本无法在多个不同的项目间做出取舍。再有，利益相关者的利益具有多样性，彼此之间都可能产生冲突。考虑到企业行为，法律和管制自然会保护利益相关者的利益。在法律责任之外设立多余的道德警戒，是不现实也不必要的。

利益相关者的理念中也存在一些令人困惑之处。关于谁或者什么是合法的利益相关者，每个利益相关者的权利是什么，以及管理者应该如何平衡不同利益相关者之间的冲突等问题，该理论未给出清楚的说明。但这一理论的支持者坚持两种观点。第一，信奉利益相关者的企业有更好的绩效。当一家公司获得除股东之外的其他团体的支持时，能更好地发挥创造财富的功能。第二，强大的公司影响利益相关者，利益相关者因而拥有道德权利，只有进行利益相关者管理才是符合伦理的。尽管存在学术上的争论，现实中已经有很多大公司采用相应的方法和步骤来分析各自的利益相关者，并使他们成为公司经营管理的一部分。

"历史是从昨天走到今天再走向明天，历史的联系是不可能割断的，人们总是在继承前人的基础上向前发展的。"[1] 在不同的社会经济发展阶段产生不同的社会治理形式。中国企业参与社会治理的历史过程反映了政府、企业与社会的互动过程，体现了企业与社会治理联系的长期性、复杂性与曲折性。我们要承认政府与市场均不是完美的，适宜的制度是市场、政府与社会互动的产物。市场经济、民主政治和法治社会的现代稳定社会依赖于市场、政府与社会的"嵌入""脱嵌""再嵌入"的动态平衡。

第二节　中国企业与社会治理的历史联系

一、单位与社会治理

企业（市场）、政府与社会三者之间的关系一直是经济学者、社会学者与管理学者争论不休的学术话题。经济学、社会学和政治学对企业关系的研究成果十分丰富，在不同的理论之下，政府、企业与社会三者之间的关系归结于"强政府—强企业—强社会""强政府—弱企业—弱社会""强政府—强企业—弱社会"等八种不同状态，由此形成三者之间的动态调适关系[2]。实质上，企业与社会之间的关系一定程度上是互动式、嵌入式的影响型关系。纵观新中国成立70多年的历史，企业与社会的关系也伴随着经济体制改革的过程不断发生变化，从单位制时期"企

---

[1] 习近平.领导干部要读点历史[J].中共党史研究，2011（10）：5-10.

[2] 肖红军，阳镇.新中国70年企业与社会关系演变：进程、逻辑与前景[J].改革，2019（6）：5-19.

业办社会"的"过度嵌入",到社会主义市场经济体制的改革时期"政企分离"的"脱嵌",再到"经济体制改革全面深入"的"再嵌入"的历史脉络十分清晰。

(一)单位制社会

新中国成立初期,国家内忧外患,整个经济社会资源总量不足。一方面,国内政权刚刚建立,尚未稳定;另一方面,国际社会虎视眈眈,以美国为首的西方世界对中国封锁垄断,想把新中国"扼杀在摇篮里"。一个以农业生产为主的羸弱新中国,要实现对社会的总体控制从而适应国内社会经济环境以及国际政治环境,就必须加快工业化步伐,而重工业的发展是其中的关键一环。为保证重工业的发展,国家决定对经济资源实行集中的配置和管理,实行企业的国有化和人民公社化,我国单一公有制经济为主体的计划经济体制逐步得到确立。

在计划经济体制下,社会被纳入到高度组织化的框架之中,形成了强劲的国家主导能力。政府成为国民经济与社会中的直接管理者,企业作为政府职能延伸的载体,以单位形式存在。这样的情况下,国家对经济以及社会资源全面垄断,管理着社会生活的方方面面。在单位共同体的理想图景下,政府希望国家赶超发展和社会成员福祉提升统合起来,体现在单位制和城市社区相结合方面[①],这样整个社会也被压缩进各个单位里,政府、企业、社会的职能高度重叠,形成了传统意义上的"单位制社会"。

(二)单位制下过度嵌入的企业

单位制社会中,企业实际上是国家"优先发展重工业"这个决定下执行行政命令的资源配置和生产组织方式。作为国家行政部门的附属体,企业的各个方面都在政府的控制和安排之下,并为政府服务。它的主要任务是服从国家指示和部署,以完成计划下的经济目标或政治任务。在政府的控制下,企业不仅承担了经济职能,还承担了许多非经济职能,其非经济职能有时甚至超出了经济职能。企业完成生产确实是经济职能的外在表现,但企业根据国家的计划来制定自身生产经营。计划的目的是要完成国家的计划任务,而不是追求自身的效率与盈利,此时企业的社会责任主要是帮政府实现对社会的有序管理。国家通过管理企业来管

[①] 人民公社制度在农村的导入与单位制在城市的推行本质是相同的。单位制与城市社区相结合,人民公社制度与农村社区相结合,市民属于单位,农民属于公社。

理个人，依据"国家—企业—个人"下的社会资源运转与配置的构架体系，形成了对政治、经济与社会的全方位社会管理体制。作为连接国家和个体的纽带，企业向上承接国家的方针、政策，向下对成员进行分工和资源的配置。

1. 企业是利益调控中介

一方面，国有企业是利益分割和集束的中介，帮助国家成功实现对社会利益的整体调控。首先，企业成为社会资源分配的载体，不同社会成员被分配到不同企业，成员生活的需要乃至个人社会身份的获得都需要以企业为依托，成员的利益只有通过企业才能被关注和被满足。这样，社会成员的利益被分布在不同的组织实体之中，利益分配实现了相对的有序性。其次，国家通过企业实现了利益关系的集束化，企业成员的利益关系是一个整体，其利益表达与利益传递主要通过企业来实现。社会成员的利益诉求被集中限制在一定范围内，避免社会秩序的散乱。

另一方面，企业是社会利益博弈组织化的载体，以此避免社会利益的极端冲突。利益博弈的组织化主要体现在两个方面，一是企业内部自成"社会"，企业办学校、办医院……企业成员的大部分需求在企业内部都能得以解决。二是企业内部难以解决的小部分需求由企业统一出面与政府进行交涉。如此一来，绝大部分的利益冲突与矛盾在企业内部被解决，不至于扩散到社会层面；而且，成员之间的利益冲突不是存在于个人层面，而是存在于组织之间，这种类型的冲突更容易用正式的制度手段来解决，从而避免了极端的利益冲突，有利于保持社会稳定。

2. 企业是社会福利提供者

国家新建，资源不足，难以承担起为全社会提供公共服务的责任，由具有一定资源生产和管理能力的各个企业来承担社会福利与保障成为当时的最佳选择。以企业为依托，政府通过一系列的制度为"企业办社会"提供支撑，如统包统配、定量生活必需品和各种补贴制度、保障制度等。

企业需要为其成员提供包括住房、就业、医疗、教育、娱乐等在内的全方位的生活和福利保障。执行各项福利计划不仅要求每个企业提供基金，还要求它们建设提供这些福利的基础设施，例如养老院、疗养院、学校等，甚至是职工的日常生活需要设施如商店、理发店等。在一定阶段，企业的福利功能膨胀，不仅需要关心在职职工，还必须照顾到职工家属的利益，例如工人家属的医疗报销等。

此外，企业还承担了一部分的教育职能。在我国，当时的义务教育是由中央和地方共同承办，企业一般都设置有自己职工的子弟学校，成为地方办学的主要承办者；一些企业还设置有中专或大专等院校。从包括幼儿园、托儿所等学龄前教育，到小学、初中等学龄教育全面覆盖，这也是企业福利保障的一部分。

3. 企业是社会行为规制者

个人社会地位、生活资源的获得几乎全部来源于所处的企业，对企业的依赖性极高。基于此，国家对个人完全不需要直接控制（当然也不可能直接控制），只需要控制个人所在的企业就能完成对社会的整合和控制，让个人在其设定的行为规范和价值取向范围内行动。换言之，国家将个人放入企业这个集体，国家和政府通过管理企业来管理其中的成员，用行政化的手段对成员个人的生活、思想、行为等进行规范和整合。

企业主要通过制度控制、文化控制、资源控制三个方面来管理和约束自己的成员。首先，企业基于国家的法律建立一定的制度，规范其成员的行为；随着制度的不断完善，行为规范被不断内化到企业成员之中，对员工的思想和行为形成约束。其次，通过将传统、习俗、习惯等非制度化的社会规范纳入企业文化之中，引导成员自觉遵守既定的社会秩序。最后，企业通过对各种短缺社会资源、利益的占有和分配，建立了"包下来"的福利制度，使员工对其产生强烈的依赖性，离开单位许多社会活动无法正常进行（如婚姻登记、户口办理等）。"生于斯，长于斯"的个人只能以服从单位规定和要求作为代价，从而获得尊重与照顾，这种情况下，企业成为个人行为的规制者，完成了对社会整合的任务。

企业具有独特的社会控制和社会动员的功能，政府对社会的管理与控制是通过转嫁到企业来完成的。企业承担了过多的社会责任，失去了作为一个以为利益相关者创造利润为目的的经济组织的意义。一方面，企业作为一个经济主体并没有很好地承担本该承担的经济责任，企业几乎不关注自身的效益情况，导致盈利情况不佳甚至是亏损状态。另一方面，企业承担了诸多能力承受范围之外的本可以不必承担的社会责任。这不仅没有使社会问题得到解决，反而影响了企业自己的生产经营，限制了它们本身的生存和发展，从而增加了社会问题。在计划体制下，国家通过整体协调确实实现了社会动员和有效控制的目标，但同时，这也让整个社会的运转效率处于一个极低的水平。

二、政企分开与社会治理

（一）政企分开的历史背景

计划经济时期，国家以自上而下的行政权力为主导建立了高度集中统一的政权体系。这种社会组织结构在我国历史进程中具有深刻的意义：所有人都被组织起来，集合全国所有资源对社会进行工业化改造，并最终在短时间之内成功实现国家的工业化。在权利结构上，我国实现了前所未有的社会平等。

计划经济终归是不完美的，在缺少充分的信息条件下做出的计划缺陷逐渐暴露，计划经济无法避免宏观上的决策失误。一方面，计划的决策者很多时候并不依据供给和需求做出决策，也不遵循价值规律，导致决策的非理性。另一方面，企业不根据需求制定生产目标，一味地按照上级计划追求产值产量，忽视质量，造成严重的资源囤积和浪费。同时，计划也容易导致"干多干少一个样"，不能带来微观的高效率，企业成员端着"铁饭碗"，生产效率低下。综上所述，计划经济时期企业的生产功能受到极大的限制，扩大企业的自主权、发挥企业的积极性成为社会普遍的呼声。为了实现经济快速发展，提高人民的收入水平，以邓小平为核心的中央领导集体提出了以经济建设为中心的基本路线，对内进行改革，对外实行开放。

1978年，中国正式全面揭开改革开放的序幕，确立了经济体制改革的基本方向，即计划经济与市场经济相结合。具体改革内容是将政府、企业、社会职能分离，打破单位制时期三者融于一体的局面，以此来解放和发展社会生产力。改革初期（1978—1992年）经历了扩大国有企业经营权和向国有企业让利的两方面内容。改革以国有企业为依托，主要采取以"放权让利"为核心的一系列措施，来解决企业过度依附于政府所导致的低效率。1984年，我国开始实行"利改税"，将国有企业上缴利润改为缴纳税金，税后利润归企业所有，这在一定程度上改变了企业和政府的分配关系，企业拥有了更多自主权，生产积极性大幅度提高。传统计划经济体制之下企业、政府、社会三者融合的情况被打破，企业逐渐成为能够独立自主地对自己生产和经营活动作出决策和经营管理，并对自己的经营好坏及盈亏承担相应的经济责任的经济实体。

国企改革的两权分离阶段（1993—2005年）相继采用了承包经营责任制、股份制、产权转让和租赁制等组织经营形式。1993年党在中共十四届三中全会上提出国有企业改革的目标是建立现代企业制度，产权制度改革是其中的核心环节，也是我国企业真正成为市场经济中独立主体的关键一环。为了满足市场经济体制建设的需要，同年我国制定《中华人民共和国公司法》（以下简称《公司法》），正式为现代企业制度提供制度保障，国有企业的市场合法性地位逐步得到确立。同时，在这一时期，国家提倡各种所有制经济"一视同仁"、平等参与市场竞争，这为民营经济的发展提供了公平竞争的环境，民营经济的市场合法性逐步得到确立。

在经过一系列的改革后，一方面，国有企业的自主经营权继续扩大，另一方面，大量的民营企业登上经济舞台，丰富了市场经济成分，增加了市场经济活力。我国大刀阔斧式的政企分离改革使市场在经济舞台上的作用越来越大。市场的转型与开放让许多新的思想与文化得以进入国内，经济环境一片大好。由平均主义走向按劳分配更让人们对利益的追求在此时空前强大。但是，与此相对应的是政府的相关政策并没有及时得到完善和补充，缺乏对企业的合理监督，这让许多企业在单一追求高效益的情况下忽视了自身造成的负效应，给整个社会带来了难以弥补的成本和伤害。

（二）政企分开下"脱嵌"的企业

这个时期企业与社会的关系也随着社会主义市场经济体制的逐步建立而改变。在国有企业产权制度改革及民营企业获得合法地位的背景下，"单位共同体"走向消解，企业、政府和社会三者融合的局面被彻底打破，"国家—企业—个人"的控制局面彻底改变，"企业办社会"的模式退出历史舞台。党的十五届四中全会通过的《中共中央关于国有企业改革和发展若干重大问题的决定》提出：分离企业办社会职能。市场化改革确实将市场经济体制嵌入了原有的社会结构，但也催生一批以利润最大化为根本的唯利是图的企业，加之市场经济制度不完善不健全，它们打着发展"市场经济公平竞争"的幌子，行新自由主义经济谬论之实，片面地承担经济性社会责任，忽视对非经济性社会职能与社会功能的承担，使企业与社会的关系呈现"脱嵌"状态，主要表现如下。

1. 忽视员工权益

企业过度市场化是其从社会中脱嵌的最直接表现，它们将追求利益最大化作为企业的单一原则，通过减少员工权益来实现企业利润的提高。主要表现在企业社会保障不全面、不重视员工生产安全等方面。不少企业在员工社会保险参保方面存在突出问题，例如失业保险、生育保险等参保率低；为减少保险的缴纳，隐瞒职工实际人数等。更有甚者，为减少生产成本，一些黑心企业甚至不为员工配备必要的个人防护用品，不执行劳动合同，压榨员工工资，违法超时加班更是一种普遍现象。甚至有企业提出"三条腿的蛤蟆不好找，两条腿的人到处都是"的错误观点，足见当时对员工权益漠视之严重。

2. 漠视消费者权益

企业为了片面追求高利润，进行欺骗性广告宣传，强迫顾客购买等现象经常发生。部分企业甚至采购质量差、价格低、对人体有害的原材料，生产不合格的产品损害消费者利益，危害消费者生命安全，例如，苏丹红、塑化剂、三聚氰胺、地沟油、膨大剂、化学火锅……企业社会责任问题一次又一次被推到了风口浪尖：1994年四川省宜宾县农民陈××用甲醇勾兑白酒销售，造成数十人中毒，8人死亡，1人双目失明；2003年发生在安徽阜阳的"大头娃娃"事件，破坏了数百个家庭的幸福，造成其中数十个孩子死亡；等等。

3. 缺乏公益意识

企业在慈善方面的自主性和积极性都不高，主要体现在捐赠水平低、参与度低。对企业主来说，实现经济利益最大化是他们的目的，参与慈善只会增加企业的运营成本，与他们的追求不符。据调查显示，1999年浙江省民营企业捐款的原因构成中，"和当地搞好关系"占11.0%，"报效父老乡亲"占18.8%，"答谢政府"占16.3%[①]，这三项选择占比就将近50%，一定程度上说明当时的企业并不把做公益当成企业内在的义务，而是为了做公益而做公益，带有强烈的功利性。

4. 缺失诚信

企业诚信缺失严重。为减轻税收负担，追求更多的利润，许多企业在经营中

---

① 浙江省工商联非公有制经济情况调研课题组.浙江省1999年私营企业抽样调查数据及分析[J].浙江学刊，2000（5）：68-74.

"上有政策，下有对策"，不惜走在法律边缘偷税漏税；虚假宣传、造假贩假的现象也频繁发生，甚至滋生了许多专门帮助企业弄虚作假的中介机构，让整个市场鱼龙混杂，秩序被严重破坏。2002年3月中国企业联合会理事长张彦宁在参加福建企业家活动时透露，中国每年由诚信缺失造成的损失高达3 855亿元。

5. 环境污染

一些地方与企业不重视自身外部效应，无视社区居民的利益，无视社会大环境的美化，没有严格执行环保法规和标准，超标排污，造成严重的环境污染问题，将企业产生的成本转嫁给了社会。企业排污、百姓受害、政府买单的现象普遍存在。人们针对水污染编了一道顺口溜：50年代淘米洗菜，60年代洗衣灌溉，70年代水质变坏，80年代鱼虾绝代，90年代身心受害。

三、新时代社会治理中的企业身份转换

以上一系列问题是由于企业和社会的"脱嵌"引发的，企业利益和社会利益的矛盾也越来越尖锐。对社会发展质量的追求使社会对企业承担社会责任提出了更高的要求和期望。中国的首要任务也由改革开放初期的发展生产力、追求生产的高效率到追求社会公平，2003年党提出科学发展以及构建社会主义和谐社会，是对企业承担社会责任的进一步期待。随着社会主义市场经济日渐成熟，内外部的压力也使得企业的经营理念从原先的追求短期利益、股东利益转变为追求企业的长远利益、利益相关者利益。

2006年修订的《公司法》对企业承担社会责任有了更为明确的规定，意味着我国在制度层面上开始推进企业与社会的相互嵌入，由此开启企业与社会和谐共生、相互嵌入的新征程。2008年国务院国资委首次就中央企业社会责任工作发布专项文件《关于中央企业履行社会责任的指导意见》，为中央企业履行社会责任提供了方向，提出企业要履行包括诚信、保护环境、安全生产、保护员工权益在内的一系列社会责任内容。2011年发布的《中央企业"十二五"和谐发展战略实施纲要》提出建设诚信央企、绿色央企、平安央企、活力央企和责任央企，对企业社会责任提出更高要求，国有企业由"脱嵌"向"再嵌入"转变。2013年在十八届三中全会通过的《中共中央关于全面深化改革若干重大问题的决定》进一步推进了企业与社会的深入融合。

伴随着企业与社会的融合，我国的治理模式也从政府一元化治理走向多元化治理，企业在社会治理中承担的角色与作用机制也在逐步发生改变。新时代社会中的企业角色，不仅是经济活动的主体、物质商品的生产者、社会财富的创造者，更是技术创新的承担者、时尚文化的引领者、社会进步的推动者。

（一）作为员工培育的主体

企业是人员使用更是人员培养的主体。企业对人员的培养，一方面是为了促进自身的发展，另一方面，在一定程度上担负为社会培养人才的使命。在员工发展方面，企业除满足员工生存、安全和环境基本需求外，还要为员工制定培养规划、建立员工培养梯度，形成职工正常成长通道，努力为员工创造实现自我价值的平台，让员工的个人才能与价值得以展示、释放和体现。通过企业的内部教育，为社会培养高素质、优技能的人才。

负责任的企业对员工的态度和行为也会产生积极影响。这种影响主要通过四种途径产生，并最终引导员工做出有利于社会的行为。一是通过社会交换的途径。当企业员工感知到企业在主动承担社会责任，他们也会产生主动回报组织的动力。如海底捞主动承担包括以顾客为中心的双赢政策、自觉遵纪守法、公平优待员工和主动关爱社会在内的企业社会责任，其员工也会拥有更高的敬业度，在热情主动、耐劳负责、细致用心和娴熟高效四个维度表现得更为出色[1]。二是通过社会认同的途径。研究表明当企业主动承担社会责任时，其外在的利益相关者也会对企业的善举给予正面的评价，提升企业的声誉，此时内嵌于良好口碑企业的员工会增强组织自豪感，产生高度的组织认同感继而促使自己在社会生活中更愿意帮助他人，以实现个人目标和组织利益目标一致性[2]。三是通过社会学习的途径。企业的文化和行为可以通过培训等途径影响员工。当企业员工认识到其所在企业的行为是对社会有益的、值得赞许的，那么他在之后的行动中就会倾向去模仿这些行为，从而产生有利社会的行为。四是通过对组织公平的感知。社会责任的履行会

---

[1] 马苓，陈昕，赵曙明，等.企业社会责任促使员工敬业的内在机制：基于海底捞的案例分析 [J].管理案例研究与评论，2020，13（3）：274-286.

[2] 刘德军，张志鑫，张辉.员工企业社会责任归因对其帮助行为的影响：一个链式中介模型 [J].经济经纬，2020，37（4）：108-115.

正向影响企业员工内心对组织公平的感知，进而增加员工的组织公民行为。

（二）作为提升社会治理的主体

过去的实践表明，只有政府或市场的单一力量是不可能实现资源的最优配置，只有将政府的宏观调控和市场的自发调节机制优势互补，也就是人们常说的"有形的手"和"无形的手"一起行动，才能在市场经济中更好地扬长避短，发挥优势。我国企业一直在促进社会就业、增加财政收入、推动技术创新等方面发挥着巨大的社会作用。尤其是改革开放后，企业更是在推动国民经济发展、市场繁荣、改善民生及维护社会稳定等方面发挥着巨大的作用，显然，企业已成为社会治理的重要参与主体，企业社会责任成为新时代构建社会治理共同体的重要治理能力来源。

1. 技术赋能

企业是技术创新的主体，并通过技术创新赋能社会治理。一方面，技术创新降低了公共问题中的信息不对称问题，信息平台的搭建和信息传播的低成本让更多人能有效获取信息，有利于社会治理的多元参与；另一方面，企业在对某些社会问题的识别和分析上更具有技术优势，可以为政府的决策提供支持，形成更有效的解决方案。除了对治理主体互动关系的改变，技术创新还有利于构建新型的治理结构，真正实现治理现代化[①]。

2020年初，中国在短短两个月内就遏制住了极具感染性的新冠肺炎大规模感染，这绝不仅仅是政府的努力，也是各大企业"各显神通"的成果。微信、支付宝推出健康码，政府利用这个小程序和背后的大数据分析，精准高效地进行疫情防控和前期预警；达摩院的最新AI算法诊断技术，在20秒内就能鉴别新冠肺炎和普通肺炎的影像，识别准确率可达96%，大幅度提升了诊断效率、缓解了医护人员的压力。在便利生活方面，腾讯会议、钉钉软件免费使用，保障了复工、复产、复学进度；京东研发新的物流机器人投放药品、食物和其他物资，解决了最后一公里问题。

2. 市场赋能

随着人们生活水平的提高，人民群众的需求逐渐从低层次的需求上升到高层

---

① 关婷，薛澜，赵静. 技术赋能的治理创新：基于中国环境领域的实践案例[J]. 中国行政管理，2019（4）：58-65.

次的需求，其中，对精神文化的需求大幅度提升。面对新的市场需求，企业也逐渐参与到养老、扶贫、助残、环保等社会问题的解决之中。在解决社会问题的同时，实现企业自身的发展，从而实现了参与社会治理的"市场赋能"。

在养老领域，企业的关注重点开始从偏重经济效益的养老地产向关注老人健康生活的社区服务转移，着力探索中国社会化养老新路。比如"荣华乐养"通过分层级搭建大中心小散点的网格化布局模式，依托照护型机构的后台支持及辐射站点的延伸，为老人提供一站式多维度养老服务，成为老人家门口的养老服务提供者。许多企业研究的核心技术得到突破，并在智慧养老产业得到应用，如中星测控的"孝为先"跌倒报警器，可实时监测老人身体姿态；瑞泉公司智能机器人具备养老秘书和家庭医生功能。

在扶贫领域，国有企业积极投入到对口扶贫工作中，同时设立了贫困地区产业投资基金；民营企业开展了"万企帮万村"行动，部分民企甚至实施了包县扶贫战略。全国工商联的数据显示，截至2020年6月底，民营企业通过"万企帮万村"行动共帮扶12.71万个村，其中建档立卡贫困村6.89万个，通过产业、就业、公益、商贸等途径，带动和惠及1 564.52万建档立卡贫困人口。

环保方面，越来越多的企业不仅将环保要求纳入生产、销售过程，还纷纷设立相关的环保公益项目。一方面，企业采用创新的方式开展了广泛的环保教育引导工作。如玛氏箭牌的"垃圾投进趣"环保公益项目以生动有趣的方式，在社交媒体及公众社区进行传播，在线上引起网民对环保的关注。另一方面，企业通过物资回收等项目实现了资源的循环利用。如中食安泓开展的绿色回收可再生公益项目回收客户的废旧衣物，打造了旧衣回收生态产业链，并且通过线上线下的宣传，让更多人认识到赋予废旧衣物新生的价值。

3．公益赋能

公益是企业参与社会治理的一种直接方式。随着企业社会责任意识的觉醒，越来越多的企业通过各种形式参与到扶贫助困、抗震救灾等社会问题的解决中。除传统式捐款外，许多企业还依托自身的高新技术与供应链，参与到各种公益活动之中，满足人民群众对美好生活的需求，实现社会治理的"公益赋能"。

就2020年伊始爆发的新冠疫情而言，根据网络数据表明，截至2020年1月30日，全国800家企业的捐款已经达到了130亿。网易、通用、阿里巴巴都在第一时间分别捐出了超过1亿元的抗疫捐款。除了金钱援助外，各大企业还依靠自身的技术与特点采用不同的方式为灾区贡献力量。拼多多、美团依靠自身的物流优势，为医院的医生、病人提供免费的送菜和送餐服务。比亚迪、格力、柳州五菱等企业，利用自身的生产线资源生产口罩。网易除捐款与物资援助外，还利用自身平台提供寒假线上课程，解决广大学生的上课问题等。各个企业"八仙过海，各显神通"，在社会的方方面面，利用自身的能力，为社会做出力所能及的贡献。

（三）作为推动制度变革的主体

传统的观点认为企业是制度的被动接受者，只有当企业选择服从制度时，才能获得自身的合法性。新时代推动多元主体共治的背景下，不仅政府是推进制度变革的主体，企业也可以在党和政府的领导下作为制度变革的推动者存在，推动我国的制度环境改善。

企业影响制度改革的渠道主要有三个。第一，通过工商联组织及时与政府沟通，对企业或行业存在的问题、要求提出反馈或建议，进而推动制度变革。同时企业可以通过工商联组织直接参政议政，进而与政府共同提升制度环境。第二，通过行业协会影响制度变革，企业可以通过行业协会将本行业的利益诉求集中表达于政府；或通过本行业的研究调研报告向政府建言献策，帮助政府更好地了解行业现状，从而影响制度的制定。同时，企业加入行业协会寻求协会在集体行动意义上的代表性、自律与协调等职能，从而加强与政府的联系和沟通，在一定程度上对公权力形成制约。第三，企业可以通过基层党组织这一信息桥梁向上与政府沟通，将企业自身发展与党和政府的发展需求联系起来，推动政策的有效制定。

以上是企业对政治制度的直接影响，除此之外，企业可以通过影响政府来间接推动制度变革。从某种角度来说，也就是企业影响政府使其成为更好的政府，实现更好的政府治理。政府与企业各有各的优势，比如政府在政策管理、制度制定、保障公平、保障服务和保持社会凝聚力等方面更胜一筹；企业在创新、完成经济任务、迅速适应变化等方面更胜一筹。企业会自发地将资源转移到生产率更高的地方，用有限的资源获得更高的收益，以实现资源的最优配置。政府和企业的优势并非是不能结合的，政府可以通过一定的调节实现"企业式政府"，也就是兼顾效率与公平的政府。一方面，政府保持自身在资源筹集、以社会需要为导向的民主决策优势；另一方面，政府应向企业学习，摆脱传统式思维，结合市场的力量提高自身的资源利用效率和效用，以更高的效率为社会共同利益服务。

第三节　企业社会责任与社会治理的关系

一、企业社会责任的要求

企业参与社会治理的基本方式和基本内容是履行社会责任。企业社会责任包含了名词和动词的丰富内涵。从名词角度分析，企业社会责任是企业行为的内容。从动词角度分析，企业社会责任即履行企业社会责任。企业社会责任与社会治理二者之间是紧密联系的，它们都包含了政治属性、经济属性和文化属性。纵观企业与社会关系的历史，企业社会责任是企业与生俱来的，只是在不同历史阶段表现出不同的内容和要求而已。如今，企业对经济和社会的影响力越来越大，企业的形态复杂多样，企业的规模总体上不断扩张，社会发展对企业社会责任的期望和要求日益提高，负责任的企业才能算作合格的社会治理主体，负责任的企业才会积极参与公共物品的提供。

（一）企业社会责任是社会治理对企业的客观要求

社会治理体系现代化依赖于各类社会治理主体作用的发挥。企业是社会建设的主体，社会治理不但要求企业在发展过程中进行自我管理，还要求企业要以更加主动的姿态参与社会治理。在社会经济的发展过程中暴露出的一些社会问题，企业作为一个"社会人"无法置身事外，这就促使企业与其他主体沟通、协商，进而制订出共同参与、共同推进的约定、规范和规则，使企业以社会责任的履行实现对内外部利益相关者要求的回应，使企业发展和社会发展迈向同心同向同行、共享共荣共赢之路，从而最终实现"善治"之目标。

社会责任本身包含企业在商业营运和与利益相关者互动过程中自觉兼顾社会和环境效益的要求。积极的企业社会回应是促进企业内部环境和谐稳定的前提。劳资关系是社会运行中的基本关系之一，是企业社会回应的重要内容，劳资关系的和谐有利于提高员工的劳动积极性和企业劳动生产效率,有利于提高企业的民主参与程度和民主管理,是维护社会稳定和经济发展的坚强基石。党和国家对企业的劳资关系管理提出了具体要求,党的十六届六中全会、党的十七大以及党的十七届五中全会均明确要求企业构建和谐劳资关系。

不仅如此,企业对外部利益相关者的回应对于企业和社会的可持续发展同样十分重要。社会的开放性,企业的无边界化,使企业、社会、政府等利益相关者之间的"互嵌"性增强,这对企业的"外交"①能力提出了新要求。企业"外交"的最高目标就是通过企业与社会的协调发展,促进企业的成长、社会的和谐、人类的进步。企业应积极改善与地方政府、社会媒体、社会组织和人民群众的关系,积极参与有利于民生发展的社会项目,争取最广泛的支持,从而塑造良好的企业形象,赢得社会尊重和赞誉,提高与社会协调一致、与环境相容共生的能力。

(二)企业社会责任是创新社会治理体制的应有之义

企业生产经营的活动必然受到来自社会环境的约束和限制。企业的行为越来越超出了自身的范围,企业的影响越来越扩展到各个层面,企业与自然环境、公民权益、公共利益、法律制度以及社会文化的联系更加紧密,甚至可以通过上述联系拓展发展空间。企业经济行为从不同方面和程度上给社会发展带来越来越多的影响,企业生产经营活动受到社会各要素的约束与限制,企业的经济行为需要向社会行为转变。企业要发展必须获得社会的理解、信任和支持,承担社会责任是企业无法回避的客观现实。

经济发展产生的一系列新问题需要全社会共同努力才能解决。人与人的问题、人与自然的问题、人与社会的问题;贫困问题、教育问题、能源问题和伦理道德问题……均是复杂性社会问题,涉及的主体多样,表现形式多样,社会影响复杂。根据阿什比的"必要的多样性"定律,"只有多样性才能吸收、融合多样性"。社会问题的复杂性需要与解决社会问题主体的复杂性相适应。从政府的单一治理主体到企业、政府和社会多元主体,合作治理是解决复杂社会治理问题的有效途径。企业作为主体中的一员必须释放自身活力,履行社会责任,最大限度地增加和谐

---

① 企业外交是建立并维护企业与外部利益相关者的关系,并以向这些利益相关者传递价值的方式,帮助他们满足最大需求、实现最大目标的高级能力。

因素，进而增强社会发展活力[①]。

社会治理体制的创新首先是理念上的创新，即多元共治。社会治理创新要创新主体结构，利用各主体的比较优势，建立主体间的共生关系，发挥社会治理的主体功能扩散作用。企业作为社会经营活动的主体，直接影响到社会资源优化配置，直接影响到社会经济运行的效率，直接影响到社会运行的稳定与健康。企业作为社会治理的参与者，与政府、社会形成最重要的共生关系架构，应该以更加符合良知和道义的原则去回馈社会、贡献社会，用良好的社会责任作为行动指南去指导企业的经济和社会行为。

（三）企业履行社会责任是企业参与社会治理的重要途径

企业是公共产品的付费人，也同样是社会公共产品的提供者。企业为社会提供合格的产品和服务，极大地丰富了人民群众的生活需要，提升了人民群众的生活质量。企业为政府提供财政税收，为国家公共事业提供财力支持。企业提供公共产品在某种程度上可以弥补政府提供公共产品不足的问题，在一定程度上解决"公共的悲剧"。越来越多的企业开始积极寻找与政府和社会合作的机会，进行社会投资，致力于消除贫困、社区发展、教育促进、社会服务和合作经济项目，有效促进了社会治理主体间联动机制的形成。

企业履行社会责任是新时期的最佳选择。企业具有盈利和融资能力，可以保障提供公共产品的资金来源；企业具有良好的运行能力，保证公共产品的供给效率；企业具有人力技术资源，保证公共产品提供的专业性。企业提供公共产品是惠泽大众的益事，人们因此享受公共产品带来的福利。企业在向社会提供公共产品的过程中自身的能力和境界也会不断攀升，对社会贡献越大，影响力越大，知名度越大。企业提供公共产品为企业提供了新的发展思路，不仅为社会治理做出了贡献，同样提升了自身的价值，企业"履行社会责任"成为企业发展的新"蓝海"。

二、企业社会责任能量在社会中释放

企业作为社会最为重要的经济组织，始终面临着两个基本的问题：一是如何

[①] 肖巍，钱箭星. 公平的发展：2015后议程之"钥"[J]. 复旦学报（社会科学版），2015，57（5）：131-138.

去面对市场,二是如何去面对社会。就第一个问题而言,企业如何面对市场,是企业生存和发展首要和最基本的问题。这一问题的解决迫使企业必须应对市场变化的要求,以经济人的立场和行为去追随市场的指引和变化,通过市场的竞争和企业的经营去获取企业的经济利益目标,实现企业利润的最大化。在这一过程中,产品和服务的价格、成本、技术、品质、数量、规格、款式、利润、市场份额是企业所关注的永恒内容,因为这些内容决定和支配着企业的资源选择和配置方式,支配着企业技术和管理应用和发展的方向,支配着企业组织制度的创新及其变化,支配着企业对风险的理解和对风险的控制,支配着企业对产业、行业、市场的进入与退出选择,支配着企业资本流动的流向和流量,支配着企业规模的扩张和缩减,支配着企业对人力资本需求的数量和结构变动方向,支配着企业联合、兼并、收购、重组的内容及方式的选择。企业作为营利性经济组织的定位和功能,决定了企业与市场之间这种关系架构的本质。就第二个问题而言,企业如何面对社会,同样存在两种截然不同的做法,"行善赚钱"(to do good to do well)抑或"赚钱行善"(to do well to do good),前者是企业对社会做什么事情,后者是企业为社会做什么事,不管是有意而为还是无意造成,企业都应对其造成的社会影响负责。在自由市场和道德重建之间,如何融入是企业维系生命、有序发展的重大问题。

企业从社会中获取资源,又从社会中获得资源配置及财富创造的权力。它的生存依赖于社会提供良好的政治、经济、文化等制度性环境及条件,需要社会给予承认、支持、理解、信任与合作,需要社会为企业的活动提供健康完善的市场体系和市场的竞争规则、交易规则及进入与退出的规则,需要社会为企业的产权和收益提供法律与政策上的确认与维护,需要社会为企业内部的矛盾和冲突、企业之间的矛盾与冲突、企业与公民个人之间的矛盾与冲突做出公正、合理的仲裁与协调,需要社会为企业的经营创造提供良好的社会信用体系,也需要社会为企业生产经营提供持续增长的市场需求。

企业如何面对社会的问题,它的解决依赖于在企业的经济属性与社会属性之间建立起相互协调与相互平衡的关系架构。只有这样,才能推进企业在追逐和实现经济利益的同时与社会建立起良性互动,促进企业主动地履行社会责任,关注社会问题的解决,合理地创造和分配财富并与社会共同分享利益,增进社会福利,促进社会进步与繁荣,改变和提高人们社会生活品质,实现企业的发展与自然的协调、与社会的协调、与人的发展的协调。

企业是社会经济组织，且永远是整个社会最为重要的资源配置主体。企业的这种永恒的能量，体现在企业是居民、家庭、市场、社会、政府、各种利益关系架构的支撑者，是社会技术进步与创新的发动机，是吸纳社会就业最广阔的空间，是唤起社会经济变革和进步发展的创导者。企业的这种能量也形成了其对社会发展多方面巨大的影响力和冲击力。企业的这种能量不但使企业自身在实现其经济属性方面有着强大的自我蜕变力量，也通过企业社会属性的凸显及演变，对社会产生出越来越大的作用力量。

企业社会责任能量的释放，既符合企业对经济利益最大化的追求，也会使企业获得与社会利益的再协调与平衡，增进社会的福利，促进社会的进步与繁荣。企业财富的创造源于社会，又回归于社会。它不是"脱离现实的妖魔鬼怪，不像左派和右派所想象的那般狰狞"[1]，企业内部的每一个要素及企业经济活动的每一个方面，都与社会发生着新的相互促进、相互制约、利益共享、利益协调。

企业既是经济人，同时也是社会人。现在，企业与社会的关系融入了更多对社会有意义的事物，如企业责任范围的扩大，解决社会问题的主动参与，企业的良知，社会的平等和正义，社会共同分享利益，个人及社会的权利获得尊重，自然与生态环境得到保护，社会的弱者得到救助和关爱，财富向社会合理地转移与奉献，就业与经济的增长，企业与社会关系的和谐，企业与社会的矛盾和冲突的消除，企业目标与社会发展目标之间的协调与平衡。企业最终演变为承担推动社会生产力发展和维护社会利益需要双重责任的力量。企业与社会之间相互依存、促进和保障，从而使企业获得了新的生命价值，拥有更高的发展目标。

---

[1] 迪尔德丽·N.麦克洛斯基.企业家的尊严[M].沈路，陈舒畅，孙一梁，译.北京：中国社会科学出版社，2018.

第四章 多主体合作治理的理论分析

20世纪70年代后,重构社会治理体系的价值、机制和知识基础成为全球政府治理改革的主题。但公共行政范式民主化、市场化重构在真正意义上并没有解决原有社会治理体系的本质问题。20世纪八九十年代至今,围绕"新的治理"不断有新的理论学派和实践方案涌现出来,如新公共管理理论、治理理论、新联邦主义、新制度理论、新合作主义、地方治理、社群自治、结社革命等,它们都持有一个共同的逻辑,即公共事务主体多元化。多主体合作治理越来越成为全球性政府治理或社会治理改革的共识。

第一节 社会治理体系

一、社会治理的目标

复杂科学提出,目标是一个稳定的、均衡的、完整的体系。一般来说,一个项目是由多个目标构成的"系统工程",在目标系统中,目标的设定应该综合考虑多方因素,低层次的目标内蕴于高层次的目标中,并协同服务于最终目标。此外,目标需要根据外部环境的变化做出动态调整和修正,以保持革新性和先进性。总之,目标的特征可归纳为具有完整性、均衡性、一致性、动态性。因此,需要遵循这样一种观念,即要加强全局观,从宏观和微观视角考虑目标的设定,在多重目标中寻求动态平衡,聚焦总目标和长远目标,以提升目标实现的效率化和价值化。

党的十九大报告指出,要"形成有效的社会治理、良好的社会秩序,使人民获得感、幸福感、安全感更加充实、更有保障、更可持续"。把人民的幸福感和获得感确立为中国社会治理的根本目标，充分反映了社会治理的本质与规律，显现了社会治理坚持以人民为中心的根本立场。其和谐有序、平等合作的基准设定，暗含着更深层次的含义——社会治理主客体之间边界逐渐模糊，社会治理多主体之间相互协调、平等合作。

二、社会治理的主体

治理主体指参与社会治理的行为主体及其在一定的规则下形成的职能职责定位和网络关系结构[①]。在社会治理结构中，治理主体包括了参与社会治理的多元主体，以及各主体间通过权力、义务分配形成的权责关系和协作关系。从经济学视角来看，可分解的业务都可以通过分工协作来完成，社会分工精细化导致个性化生产不断取代社会规模化生产；从社会学视角来看，系统的建构为了减少复杂却又加剧了复杂，社会构成要素以及他们之间的关系越来越复杂；从政治学视角来看，多元化的利益要求和多元化的组织形式已经打破了"唯政府论"的框架，合作治理理念成为社会治理的趋势；从文化视角来看，在全球化背景下，多元文化并存，甚至国家内部也存在多样性的文化族群。这些都驱动着社会共同体即多元主体共生共存的社会活动状态的"诞生"。因此，在这样的社会情境中，社会治理也必须呈现多元化治理模式，以多元治理来应对社会多元化的需求，以多元主体治理多元化的社会。

多元主体共嵌是新时期中国社会治理体系的首要构成要素和基本属性。治理主体的多元化要求社会治理结构必须具有广泛的包容性[②]，既能够把多样性的社会治理对象纳入到社会治理内容中来，创造多元主体参与机制，也能够根据社会治理内容的多样性和差异性而实现充分的治理，让多元化的治理主体之间通过功能性的合作和互补实现善治目标。同时，治理主体的多元化要求社会治理结构必须

[①] 姜晓萍，阿海曲洛. 社会治理体系的要素构成与治理效能转化 [J]. 理论探讨，2020（3）：142-148，2.

[②] 包容性治理通过社会资源和决策过程向社会各个主体开放，打破了传统管理和统治的单中心模式，以多中心、多主体的参与重构了社会决策和集体行动的法则，体现出显著的"包容性""共享性"，其目标是在追求效率与公平中实现社会的"善治"。

具备高度的灵活性[①]，确保治理主体既能服务于自身，又能服务于治理对象，从而能够真正转化为责任主体，从而使整个社会治理体系能够根除贝克（Beck）所提出的一种"有组织的不负责任"的风险社会状况。

三、社会治理的机制

治理机制是治理主体在遵循治理规律和法则的前提下实现主体协同的一系列方式方法，主要体现社会治理的功效理性。关于社会治理结构的运行机制学术界存在多视角的探讨。曾维和与贺连辉认为，全面深化改革的决定对社会治理的运行机制进行了创造性的理论设计[②]。社会治理整体由内核层、保障层和任务层构成。其中，内核层包括"政府、社会、居民"三种社会治理力量形成的社会治理机制，政府保障公共利益最大化，社会进行自我调节，居民嵌入基层民主自治。保障层主要包括道德和法治两种力量，保障层机制要求社会治理主体要不断提高思想道德水平，增强道德责任意识，并运用法治思维和法制手段解决社会问题，化解社会矛盾，促进社会和谐。任务层即社会治理体制创新的基本任务：不断促进社会治理主体的发展壮大和促进社会治理问题的有效解决。总体而言，社会治理体系中的治理机制具有多元主体参与的共建共治共享特征。从需要解决的问题来看，包括资源配置机制、利益分配机制、矛盾化解机制、公共安全体制机制等；从不同主体部门来看，包括多元主体培育机制、权责分配机制、公众需求表达机制、激励考核机制等。

以上三个层次的相互联系共同构成了社会治理体系的系统性结构框架，各层次之间存在严密的内在逻辑。这三个层次分别从主体维度、机制维度（包括规则维度）、价值维度揭示了社会治理现代化效能的提升路径和测量维度，回应了如何从社会治理体系的主体要素、运行方式和规范、价值目标这些重要层面来提升社会治理现代化效能。治理目标既是社会治理体系的目标要素，也是测量治理效能的标准，体现了社会治理体系的价值问题，回答了"治理成什么样"的问题，包括社会稳定、和谐、有序等内容；治理主体是形成社会治理体系的行为主体，多

[①] 组织灵活性，即要摒弃治理主体各司其职的状态，转向各尽所能，各尽其用。
[②] 曾维和，贺连辉. 社会治理体制创新：主体结构及其运行机制 [J]. 理论探索，2015（5）：82-87.

元主体合作治理的主体同时也是治理的客体,回答了社会事务"谁来治理"和"为谁治理"的问题,具体主要包括党委、政府、社会和公众四个主体构成的内容及其关系结构;治理机制是治理主体的行为方式与协同机理,主要解决的是"如何治理"的问题,具体包括治理主体的权利义务和制约关系、治理方式和方法、价值诉求表达与标准,解决了社会治理体系"为谁治理"的问题,是社会治理体系的处理策略。

第二节 社会治理的重构

一、社会治理重构的背景

当代社会的开放性特征决定了一切社会治理的变革与制度安排都应该拥有开放性视角,那种现代性的通过划定边界而去开展社会治理和实施组织管理的方式正在遭遇挑战。需要从现代性的视野中和立场上走出来,转换到一个新的"频道",这种转换是一个面向未来的开放性问题。不认真处理这个问题,或者处理不好这个问题,人类走向未来的道路就会荆棘丛生。

"合作"的本能可以驱动人类创造更大的价值,在社会治理过程中同样如此。单靠政府提供公共物品,容易导致公共物品供给总量的短缺和失衡,出现"政府失灵";单靠市场机制难以遏制"自私的基因",难以使企业和个人的不良行为变为符合公共利益行为,容易出现"市场失灵"。社会治理要求采用合作的方式进行,一方面,政府要在其中发挥核心引导作用,保证公共服务朝着正确的方向前进;另一方面,多元主体要"有所作为"积极主动参与,在公共管理领域政府通过服务外包、业务分担等市场化方式,极大提升了服务效率和质量。这意味着公共服务"提供"和"生产"功能可以进行适度的分离,公共服务提供可以通过公私合作、官民互动来实现[1]。

---

[1] 曹爱军.论公共服务的"合作治理"[J].理论探讨,2016(2):153-157.

二、我国社会治理变革原因

（一）健全社会运行系统的必然要求

政府、市场和非营利组织是现代社会运行的三大支点。三者自身的运行机制各不相同，一般来说，政府以科层制运行，市场依靠市场机制，而非营利组织需要政府与市场的互相协调。国家、市场与社会的良性互动、均衡发展，是国家经济发展、社会稳定和国家善治的基础。从宏观层面来看，现代社会组织体系主要包括三个部分，即以行政机构为主体的国家政府组织，依靠行政权力机制，为社会有效运行提供良好的政治秩序；以企业为主体的市场组织，依赖市场机制，为社会有效运行提供良好的经济秩序；以非营利组织为主体的社会组织，则依赖社会自治机制，为社会有效运行提供良好的社会秩序。现代社会的稳定良好运行，有赖于培育和发展成熟的包括政党组织、政府组织、市场组织、社会组织和公民在内的多元治理主体，尤其需要建设一个成熟的，与现代政府、市场相匹配的，自主、自治、自律的公民社会，而且各类治理主体必须在良好的法治框架内相互制衡、良性运行，进而促使"国家—市场—社会"良性互动、协调发展。这既是目前我国社会体制改革的目标要求，也是现代社会健康有效运行的基础保障。

（二）创新社会治理体制的题中之意

党的十八届三中全会提出创新社会治理体制的重大战略任务，并强调创新社会治理体制必须坚持系统治理，加强党委领导，发挥政府主导作用，鼓励和支持社会力量参与治理实践，实现政府治理和社会自我调节、居民自治良性互动。这是我党对社会发展规律和把握的又一次新飞跃，是中国特色社会主义制度的又一次完善，实现了中国社会建设理论和实践的又一次与时俱进。

社会治理是社会建设的一项重大任务，是国家治理体系的重要组成部分。我国语境中"国家治理"是指在中国共产党的领导下，按照科学、民主、法治和有效性来优化和创新国家制度体系和执政体制机制，实现"民主与法治的共融、国家与社会的共通、政府与公民的共治"。因此，创新社会治理在推进国家治理体系和治理能力现代化过程中，必须在党总揽全局、统筹各方的领导体制下，坚持发展和完善党委领导、政府负责、民主协商、社会协同、公众参与、法治保障、科技支撑的社会治理体系，打造共建共治共享的社会治理共同体。具体而言，创新社会治理是社会各界力量参与共治的社会治理体系，着眼于基层和个体，体现了社会治理中各个组织和个体的共同参与、共同治理，促进政府权力机制、市场运行机制与社会自治机制的良性互动、相互制衡和有效运行，相辅相成、相得益彰，化解社会矛盾和利益冲突，推动社会和谐有序发展，构筑"中国之治"的社会治理共同体。

（三）实现社会良善治理的根本前提

中国特色社会主义进入新时代，中国社会结构变迁步入新阶段。社会结构的转型引发社会原子化和碎片化问题，社会内部矛盾和冲突加剧，社会治理陷入"碎片化"。全能型政府、单一治理主体的传统社会治理模式逻辑日渐式微，多元化的社会治理模式是解决当前社会治理困境的有效途径。多元治理要求政府摆脱"家长式"的管制方式，更多地扮演设计师和中介者的角色，对合作治理机制进行顶层设计、制定其他社会治理主体的行为规则、激发其他主体的有序参与，为公共产品的提供和公共事务的治理创造良好的政治条件和环境条件，确保国家长治久安和持续繁荣，这是我国社会治理实现良善治理的前提和关键。

多元化社会治理的优势在于可以充分利用各组织的特点和优势，在治理过程中取长补短、优势互补、充分合作，构建一条多元合作、灵活弹性的公共利益实现路径。如政府是公共治理实践的主导者、引领者和维护者，是公共服务的提供者，保障公共治理；市场主体通过市场机制在资源配置中的决定作用，能实现资源的优化配置和公共服务的专业化、多样化需求；社会组织则广泛渗透到人民群众中，与社会公众"无缝链接"，能准确、全面了解和反映公众需求；等等。因此，实现社会的良善治理，一方面依赖于治理主体的多元化，要加强培育与我国社会治理实况和需求相匹配的多元化治理结构，充分激发各主体的社会力量，才能构建共建共治共享的多元治理格局。另一方面依赖于多元治理主体的优质化，即更注重治理主体能力素养的优质以及治理主体结构及其运行机制的优化。这既是提升社会治理能力和治理绩效的重要前提，也是实现合作治理的重要保障。

三、社会治理变革的过程与方向

随着国家的产生、经济社会的发展、历史文化的传承，中国社会治理活动与时俱进，具有鲜明的时代特征。从农业社会时期的以权力关系为基础的统治型社

第四章 多主体合作治理的理论分析

会治理结构，到工业社会时期的以权力关系和法律关系二元统一为基础的管理型社会治理结构，再到后工业社会时期的以权力关系、法律关系和伦理关系三元相互统一为基础的服务型社会治理结构的演进，中国的社会治理的发展经历了"权治模式""法治模式"和"伦理模式（善治）"的历史形态的演变[①]。

农业社会时期，以权力为基础的传统社会治理范式中，政府是唯一的治理主体，强制性地把各种社会构成因素纳入到同一性的框架中，表现出高度集中的政治体制下对社会和人民的生产生活的高度管控。社会公共物品均由政府提供，企事业单位、社区组织均在政府的指令下进行作业。这种高度集权化的社会管理模式对于社会稳定与恢复经济活力有一定的积极作用，但同时，也引致一系列社会问题，如造成宏观层面的经济结构畸形，中观层面的资源配置效率低下，微观层面生产效率的低下，社会缺乏活力，等等。传统型的政府治理模式因其弊端而陷入困境，社会的发展和转型呼唤新型社会治理范式的诞生。

农业社会向工业社会的转变，社会结构、价值系统、行为模式等都发生巨大变迁。社会治理模式由"权治"过渡为"法治"，与之相伴随的是法制的逐渐确立，法律的力量在社会治理的各个领域凸显，依法治国、依法行政成为政府运作的基本要求。简言之，工业社会以法律和政策作为最基本的社会治理工具，在广义的法律概念下，社会治理体系内的一切事务都被纳入到制度化轨道上，同时追求民主、重视公平、强调规范和制约行政权力。市场化是农业社会向工业社会转型的最为根本的变革，如果说农业社会治理以统治秩序为最高价值，那么工业社会治理则把生产效率作为最高价值。然而，以经济建设为中心的社会建设目标、以法律为基本工具的社会治理模式，映射出的是工业社会不惜剔除多样性社会构成，试图从差异性事物中追求同一性，根据对普遍性的把握而在不同事物之间建立形式上的同一性框架。工业社会阶段，意识形态、个人权威等理念逐渐被"稳定"、体制化、法治化等所取代，其社会治理模式是一种试图把多样性和多元化的社会因素加以简单化处理的做法，很大程度上减少甚至消除了社会治理行动中的主观随意性，本质上是追求社会公平、社会效率、社会活力等的制约性做法，效果却与其"初心"适得其反。因此，管理型社会治理结构仍无法满足社会发展的整体

---

① 张康之. 公共管理伦理学 [M]. 北京：中国人民大学出版社，2003.

需求和价值追求，社会治理结构仍需要进一步创新发展。

进入到后工业化进程之中，社会呈现出高度复杂性和高度不确定性。这既是对工业社会的否定，也是整个工业社会阶段发展的结果。后工业化所开启的是人类历史的一个新阶段，既不把基于血缘凝聚力的和谐共存作为理想境界，也不把对个人权利的保障作为善治的标准，而是为了人的共生共存去开展一切活动。如果说从农业社会向工业社会转变造就了工业文明，那么，以工业化为标志的变革，创新成为时代的基本主题，面对社会治理过程中所遇到的全新问题，需要在创新中去改革社会治理。

后工业社会，社会分化进一步加深，社会自治力量的兴起打破了"唯政府论"的治理模式。社会分化是社会功能的分化，更是社会利益的分化，一切争夺利益的行动都应该被看作是由陈旧观念引发的行为。后工业化时期，日益凸显的事实是：在这个行星上，我们都依赖他人，我们的所作所为都与他人的命运联系在一起。从伦理学的观点看，这使我们每一个人都要对他人负责[1]。社会公共利益是社会治理的最终价值追求。所以，在高度复杂性和高度不确定性的条件下，所要追求的是社会治理模式的积极性而不是去维护法治秩序的消极行动，包括行动目标的前瞻性，响应机制的灵活性，方式方法的多样性，等等，都是社会治理获得积极性特征的重要途径。然而，最为根本的还是与行动者的合作，把拥有各自利益追求的行动者纳入到一个合作体系中，通过合作整合行动者的力量，实现自身利益与整体利益最大化。当合作成为社会治理的基本内容和行动模式时，也就自然会显现出社会治理的积极特征。

高度复杂性和高度不确定性的社会，承认差异、尊重差异并包容差异是不得不为之的选择，而工业社会寻求同一性的分析性思维恰恰是与之相悖的，以至于必须用相似性的思维去取代分析性思维，建立相似性的思维习惯，以与差异共处。差异恰恰是造就和谐社会的前提，之间正是因为存在着差异，才能和谐相处、才能共生共在，才能以合作的方式开展行动。

---

[1] 齐格蒙特·鲍曼.被围困的社会[M].郇建立，译.南京：江苏人民出版社，2006.

第三节 多主体合作治理的生成逻辑

一、公共物品及属性

（一）公共物品的定义

所谓公共物品，是指那些能够被所有人得到的物品或服务。它与私人物品相对，私人物品则是指那些通过市场选择而被个人消费的物品，只有付费才对其拥有支配权。经济学家保罗·萨缪尔森认为，公共物品常常要求有集体行动，其对人产生的外部消费效果是不可分割的。即公共物品是面向所有人的，它主要特征表现为不可分割性、不具排他性[1]。斯蒂格利茨总结出公共物品具有消费的非竞争性和受益的非排他性两个特征。消费的非竞争性指任何人对公共产品或服务的享用，不妨碍其他任何人对其同时享用；受益的非排他性指任何人都无法将不喜欢的公共产品或服务排除在其享用范围内，否则将耗巨大成本[2]。同样，世界银行《1997年世界发展报告》中也指出，公共物品具有非竞争性和非排他性等属性[3]。以上分析显现出不同学者对公共物品的定义和理解大同小异，其中，"同"主要体现为他们均认为公共物品具有非竞争性和非排他性等特征。这也就导致私人或私人部门缺乏提供公共物品的积极性，公共物品一般由政府或其他公共部门提供。

学术界从不同视角对公共物品进行了分类。第一种划分方式是纯公共物品和准公共物品，其中，纯公共物品具有完全的非排他性和非竞争性，准公共物品具有局部的非排他性和有限的非竞争性；第二种划分方式是物质性公共物品和制度性公共物品；第三种划分方式是全国性公共物品和地方性、社群性公共物品等。

---

[1] 保罗·A. 萨缪尔森，威廉·D. 诺德豪斯. 经济学：第12版 [M]. 高鸿业，等译. 北京：中国发展出版社，1992.

[2] 斯蒂格利茨. 经济学 [M]. 姚开健，等译. 北京：中国人民大学出版社，1997.

[3] 世界银行《1997年世界发展报告》编写组.1997年世界发展报告：变革世界中的政府 [M]. 蔡秋生，译. 北京：中国财政经济出版社，1997.

（二）公共物品的属性

1. 物的属性

公共物品的属性决定了公共事务的治理具有三种政策模式："利维坦"模型；"私有化"模型；"多中心"模型。在公共治理变革实践中，公共物品的特性决定了其生产与提供的政策领域呈现多样化的特点，具体包括以提高政府和公营部门内部管理与经营的效率为目标的准商业化和内部市场化方式；以签约外包、服务购买契约、投标招标、特许经营协议和税收规制激励等公司伙伴形式，组织公共物品的生产；以委托、授权的形式，将一部分公共物品的提供交由社会中的其他组织具体负责，例如慈善募捐项目等；通过解除管制和民营化，将市场组织形式和市场竞争机制直接引入公共物品的提供和生产之中；等等。

2. 制度属性

对公共物品官僚制供给方式的批判为公共物品的多主体性制度安排提供了可行性。公共物品的多元化供给已经成为社会的基本共识，政府不再是公共物品的唯一承担者，而是要联合社会组织、企业等主体协同参与公共物品供给的实践。

对于公共物品的制度属性而言，需要考虑两个方面。其一是政府、企业和社会组织职能的范围和方式的合理边界。边界的设定可以让组织提供最适合的公共物品，既能避免资源的浪费，又能提高提供公共物品的效率。其二是政府、企业和社会的关系重构。公共物品的多主体提供，意味着地方要根据自身特征，自主选择不同的治理模式，实现资源配置的有效性。正如奥斯特罗姆和迪勃特指出的，在任何自主治理体制中隐含着地方公共服务的选择，都预设公共组织的模式以及在一个大城市地区不同地方社群中提供的公益物品在实际上是多种多样的，地方自治模式和自治规则构成了多中心体制的实质性承诺。

3. 文化属性

公共物品的认知层面蕴含着"公共的善"，是关切社会公平正义的问题。公共物品的人文属性是"公共的善"的话语表达与实践，同时划定了其在社会治理结构中对垄断的否定。

对公共产品物的认知已经超越了纯粹物的范畴，它是物的属性、制度属性和文化属性逻辑的统一。因此，公共物品的提供既要求按照生产、供给和消费的过

·第四章 多主体合作治理的理论分析·

程进行配置,又要求不同主体遵循公平正义原则设计其运作规则,同时还强调其他主体要以合理的形式满足公众的复杂需求。公共物品的三重属性决定了社会治理的主体和运行机制安排。

二、集体行动的安排

(一)集体行动

当公共理性在价值上获取对权力意志和工具理性的支配性优势之后,其建构社会公共生活的规划或"公域之治",就必须有效解决集体行动的制度安排。

关于集体行动的理论命题可以追溯到亚里士多德"认识天生的政治动物"中对群体动物的认识。社会学对集体行动的考察伊始于古典时期,这一阶段的集体行动是指社会运动中的群体聚合。塔德和勒庞认为,许多社会学家探索社会运动、集体行动领域发展的源头,均来自法国大革命。当下,集体行动则是指现代社会结构下的社会共同行动。根据塔罗的研究成果,集体行动的诠释被划分为马克思主义和非马克思主义两个维度。

马克思主义的集体行动理论认为,现代社会集体行动的根源在于社会的阶级结构,阶级矛盾发展到一定阶段,集体行动就会发生。关于集体行动的组织领导存在不同的认识,马克思、恩格斯认为集体行动的组织领导源于工人阶级,列宁认为其源于职业的革命家精英组织,葛兰西则提出要加强工人的自觉意识,构建和形成"集体认同"理论。

非马克思主义的集体行动理论认为,马克思主义集体行动理论中强调社会运动是社会正常机制之外的社会现象,是集体行动结构中的一部分。其中,一部分社会学家认为集体行动是部分社会"失范"个体,借助社会运动来重新寻求集体认同。另一部分社会学家认为集体行动是社会功能紊乱导致的不同利益群体的不同集体行动。总之,他们认为集体行动不是像马克思主义阶级理论所强调的具有特定的社会主体,集体行动不存在特定的社会主体。奥尔森指出,集体行动就是如何聚合一群人基于集体利益而参加行动的问题[1]。约翰·麦卡锡(John D.McCathy)和梅耶·扎尔德(Mayer N.Zald)指出,集体行动是行动者获取资源

---

[1] 曼瑟·奥尔森.集体行动的逻辑:公共物品和集团理论[M].陈郁,郭宇峰,李崇新,译.上海:格致出版社,上海人民出版社,2018.

可利用的手段。本尼迪克特·安德森（Benedict Richard O'Gorman Anderson）指出"意义建构是集体行动的基本功能"。

（二）集体行动与社会治理

社会治理知识体系的建构离不开对集体行动问题的关切，简单地将已有的集体行动理论资源用于多中心的社会治理研究中，并不是十分恰当，而需要对已有的理论做出相应调整，首先要以其概念为切入点。集体行动包含于社会治理大环境下，社会治理模式和集体行动既是相互缠绕、相互建构的复杂关系，又是一一对应的关系。不同的社会发展阶段存在着不同的社会治理模式，当然，回应社会问题的集体行动类型也大相径庭。

集体行动的类型与社会治理的历史类型密切相关，不同的集体行动逻辑对应不同的社会治理模式，否则会呈现出方枘圆凿的服务行政运作现象。集体行动的类型经历了从命令—服从型集体行动，到纪律—协作型集体行动再到商议—合作型集体行动的形态[①]，这是人类社会治理结构运动的必然规律。

1. 命令—服从型集体行动

它是统治型社会治理模式（权治）下的产物，维护统治阶级的统治秩序是该模式的根本追求。统治地位压倒一切，命令—服从型集体行动的社会治理主要是统治集团甚至是统治者个人权力意志的表达，其目标在于管理维护统治地位的政治事务，如重要的军事设施、修建庙宇等。在统治型社会治理模式中形成的集体行动，并非像理性选择理论所认为的，集体行动是按照有程序有公式的方式在交易中进行并完成的，以理性计算规则为基础，追求集体利益最大化为目标，而是与暴力、压迫、不平等密切关联的集体行动，遵守命令—服从的组织逻辑，强制性要求个体参与集体行动，这成为政府手中最有力量的治理工具。

2. 纪律—协作型集体行动

伴随工业文明社会人类实践的发展，借权力意志表达的社会治理模式走向崩溃，以理性官僚制为典型组织形式的现代管理行政产生。工业文明时期的社会治理直接面向社会需要，供给丰富多样的公共物品。集体行动是"科学管理"的理

---

① 孔繁斌.公共性的再生产：多中心治理的合作机制建构[M].南京：江苏人民出版社，2012.

性结果。工业文明社会人类实践的典型问题是人与世界的关系。科学管理理论的主要精神是对协作实现机制的研究，福柯等社会学家对纪律权力的论述弥合了科学管理中理性规则和人的行动互动层面的不足。工业文明社会中的集体行动主体为理性官僚机构，纪律—协作构成集体行动的组织逻辑，保证了集体行动的稳定性和持续性。

3. 商议—合作型集体行动

以服务为中心的后工业化社会的人际交往的原则是合作和互惠。如果说，集体行动与社会治理结构历史性变迁相适配，那么后工业社会的集体行动应该是"商议—合作型"，即以权力关系（权治）、法律关系（法治）和伦理关系（善治）的统一互动为基础的集体行动。后工业时期，多中心的社会治理结构要求"商议—合作型"集体行动必须将自由、平等、流动、相互性充分的多元治理主体纳入其行动框架中，以承认、信任、合作精神等公共伦理因素构建集体行动。

三、多主体间的互嵌

（一）嵌入与互嵌

企业、政府与社会的共生，表现为它们之间的多重嵌入关系。理解嵌入性理论的历史发展路径对于分析企业参与社会治理的必要性、可行性和操作性具有重要的理论意义和实践意义。通常认为嵌入性理论的演化发展是由波兰尼、怀特、格兰诺维特、伯特以及泽利泽尔等学者共同推动的。

波兰尼首先提出了经济行为是嵌入社会关系中的观点。他在《大变革》（1944）中分别阐述了市场经济和非市场经济情境下的经济生活与社会生活的关系，指出在19世纪前的非市场经济中，以互惠和再分配为主要方式的经济生活与社会生活息息相关，经济行为嵌入在社会关系中；在19世纪后的市场经济中，经济活动遵循金钱、利益最大化原则，其从社会关系中脱离出来，独立于社会关系，不再受社会、制度和文化结构的影响，经济逻辑"殖民"社会逻辑[1]，即社会关系要用经济关系来界定[2]。波兰尼"提供了迄今为止对主张市场自发调节的市场自由主义最

---

[1] 黄中伟，王宇露. 关于经济行为的社会嵌入理论研究述评[J]. 外国经济与管理，2007（12）：1-8.

[2] 李培林. 村落终结的社会逻辑：羊城村的故事[J]. 江苏社会科学，2004（1）：1-10.

强有力的批判",他认为,以理性算计、自利和效用最大化为原则的经济学从社会关系中脱嵌出来,严重扭曲了经济和市场的本质特征,"脱嵌式"(Disembedded)经济是一种特殊状态,是一种乌托邦想象;"嵌入式"(Embedded)经济才是常态,是人类历史的本质和普遍逻辑[①]。

波兰尼提出的"嵌入性"概念,注重非经济因素对经济行为的影响,主张经济从属于社会,与政治制度、宗教制度等社会因素紧密相连,即经济是嵌入在制度之中的。他依据经济是嵌入并缠结在经济和非经济制度之中的分析思路,认为市场经济行为是由各种非经济因素所导致的,而不止是谋利有利于经济上及社会上的附属系统。波兰尼的嵌入性思想对于理解经济行为的社会条件以及经济行动中社会因素的影响和作用有着引领意义。但是,作为一种思想它主要是从宏观层面探索经济与社会的嵌入关系,并没有深入研究具体的嵌入过程和规则。

随着学者们对人和组织所处的社会关系网络的深入研究,波兰尼所提出的嵌入性思想在社会关系中继续演化。20世纪80年代初,怀特(1981)用社会学观点来解释市场,提出市场是社会网络并且首先是社会关系,应该站在行为主体(角色)所处的社会关系的视角来分析经济行为,市场制度是企业网络相互交往产生的暗示、信任和规则的反应。在怀特的研究基础上,格兰诺维特进一步发展了嵌入性思想,他批判了经济学(斯密、萨缪尔森)主张行为主体(角色)像原子一样完全游离于社会结构之外的"低度社会化"观点,也批判了社会学(罗恩、帕森斯等)主张行为主体(角色)像奴隶一样完全依附于社会赋予的角色的"过度社会化"观点,主张两者相互支持与互相融合,认为企业或个人的经济行动既是自主的,也是嵌入在真实的、运作的社会关系之中。他认为嵌入性是指市场上的行为主体(角色)所做的各种经济活动受到以信任等要素为基础的持续性社会关系和社会结构的限定,主张经济行为嵌入在行为主体(角色)的社会关系网络中。

格兰诺维特的观点被称为社会嵌入性,重视行动者社会关系对其经济行为的影响。他批判地继承、发展了"嵌入"思想,把波兰尼宏观、抽象的嵌入性思想微观化、可操作化、普适化,使得嵌入性理论更方便地应用于对个体行为及组织

[①] 符平."嵌入性":两种取向及其分歧[J].社会学研究,2009,24(5):141-164,245.

第四章 多主体合作治理的理论分析

行为的分析[①]。同时,格兰诺维特的嵌入性理论把行为主体的选择置入既定的社会关系和社会结构之中,不仅揭开了"经济人"假设的个人主义方法论的缺陷,而且也指出西方主流经济学方法论的"唯心主义"要害[②]。20世纪80年代中期,嵌入性理论的研究取得突破性进展,在新经济社会学、管理学中继续演化。格兰诺维特改变了"社会学只见社会不见人,经济学只见模型人不见现实人"的缺陷[③],在经济学科和社会学科的研究中获得认同并被广泛使用,引发了新产业区理论、企业网络等领域的学者对"经济行为嵌入社会结构"这一命题的浓厚兴趣,深化和扩展了嵌入性理论的内涵和应用,嵌入性理论进入了快速发展的丰富成熟时期。

笔者在梳理中外嵌入性理论研究文献过程中,发现学术界关于嵌入性理论的研究主要从两条路径进行展开。一是丰富扩展了嵌入性内涵,从嵌入的主客体入手细分嵌入层次,从主体间的关联视角拓展嵌入方法,从主体间的互依互适丰富嵌入性内涵。二是拓展了嵌入性理论的具体应用,将嵌入性理论与社会网络理论、结构洞理论等理论融合,把嵌入性理论运用于社会科学的多个领域,真正意义上实现了知行合一。

嵌入性的内涵不断丰富,其内容和层次也更加多元。嵌入性的内容和层次是嵌入思想的核心,是理解行为主体经济行为的关键。在深化理解嵌入性内容和层次的过程中,社会学、人类学等领域的学者侧重于解构嵌入客体社会关系,嵌入性的内涵从单个行为主体扩大到了两个或两个以上的行为主体间的互依和互适。嵌入性是相互联系的公司间的网络关联,是企业与各种网络建立的关系及其对已建立的关系网络的依赖,分为组织间嵌入性和双边嵌入性。

我们十分认同王思斌教授对嵌入性的理解,"嵌入是一事物进入到另一事物中的过程和结果"[④]。嵌入的整个过程主要包含四个要素:嵌入的前提、嵌入的过程、嵌入的机制以及嵌入后的状态。首先,嵌入的前提意为至少有两个被指认的事物。

---

① 张哲. 新创企业声誉的影响因素研究:嵌入性视角下的文献综述[J]. 财经理论研究,2019(1):25-33.

② 赵磊. 西方主流经济学方法论危机分析[J]. 中国经济问题,2004(3):10-15.

③ 刘巍. "嵌入性"理论及其在中国研究中的发展[J]. 淮阴师范学院学报(哲学社会科学版),2010,32(4):507-511,560.

④ 王思斌. 中国社会工作的嵌入性发展[J]. 社会科学战线,2011(2):206-222.

其次，嵌入的过程意为一事物进入另一事物中。而波兰尼弱化嵌入的过程强调其结构性。第三，嵌入的机制意为一事物是如何进入另一事物中的。第四，嵌入后的状态意为进入之后双方的关系如何，这是嵌入的结果。从嵌入的向度对其进行分类，则嵌入可以分为单向嵌入和互相嵌入（一般指双向嵌入），单向嵌入是主体对客体单方面的渗入或嵌入，"互嵌"是指"主体客体化""客体主体化"的双向深入互动。

（二）社会治理主体间互嵌

每个社会都包括以某种独特方式互动的三个领域，即国家、市场和社会领域。世界是复杂的，而人的认知是有限的，为了便于认知社会，人们往往将复杂的世界简单化、可操作化，将社会整体拆解为国家、市场、社会这三个方面，试图揭示复杂的世界本质。但如何把握三者之间的关系，这将直接影响对社会的认知结果。在社会转型的历史进程中，社会主义市场经济体制的确立从根本上打破了国家对资源垄断地位，市场逐渐发展成为资源配置与利益分配的主要机制之一，伴随着市场的逐渐发育，社会力量也开始萌发。总体性社会开始瓦解，社会分化程度不断加深。中国的社会分化与那些传统的市场经济国家不同，不仅是功能的分化，在很大程度上更是利益的分化。中国社会学家教授李强曾指出，功能的分化有利于形成涂尔干（Durkheim）所言的有机团结，换言之，功能分化本身蕴含着社会整合功能；而利益分化则易造成社会的分裂，成为影响社会失序的主要诱发因素。在此背景下，只有以社会建设为目标，调整国家政府、市场企业与社会组织三者的比例与相互关系，才能从根本上铲除社会冲突与社会失范等危及社会运行的不安因素，解决社会利益失衡的问题，维护社会和谐和实现人民幸福。

利益的主体是人，人是一种社会性的存在，因此利益是镶嵌于社会关系中的，即社会关系成为利益的载体。企业、政府与社会组织是推进社会运行的三大组织，是构建和谐社会关系的三大支柱。企业、政府与社会的平衡发展（平衡交换）和协同合作是保障社会发展的活力和保障公共秩序的关键，是整合社会各界力量致力于社会进步与成长的驱动力。因此，企业、政府与社会的互嵌即"嵌入—吸纳"是三者产生互依互赖、共生共存关系的中枢，唯有此才能营造良好的社会关系，扎实推进社会建设。共同利益是企业、政府与社会彼此互嵌的前提和最终价值追

第四章 多主体合作治理的理论分析

求。三者相互结合是实现共同利益最大化的作用机制。整合企业、政府与社会的力量，有助于创造更多的社会财富，满足社会对产品和服务的多样化需求，提高社会整体福利水平，不断满足人民日益增长的美好生活的需求，扩大社会各主体、各层级、各领域对财富的拥有和支配的数量，强化企业、政府和社会共同解决社会问题与自然问题的能力，提升企业、政府与社会的相互合作与相互支持的意愿，深化企业、政府与社会的彼此嵌入和友爱形式，促进整体经济效益与社会效益的实现。

企业、政府与社会间的互嵌是动态过程，需要放入该行为发生的具体环境中分析和理解。企业是从事生产、流通、服务等经济活动的，是以营利为目的的经济组织。企业是社会发展的重要力量，企业在发展过程中要求在管理者与被管理者之间、人与物之间、目的与手段之间、过程与结果之间、主观与客观之间、理想与现实之间、企业与自然之间、企业与社会之间建立起有机联系，尽可能实现相互之间的有机统一，并取得经济活动的最佳结果。面对上述众多而复杂的关系，企业如何通过管理活动实现关系的协调，这是一个伴随企业发展和成长的永续过程。不同的企业、不同的市场环境、不同的社会需求、不同的时间和空间、不同的社会经济政治文化环境，实现这些关系的有机统一及其内容与方式也迥然不同。企业管理活动过程具有复杂性与矛盾性、可控性与不可控性、易干扰性，市场评价的客观性、易变性，定性要求与定量要求的并存，制度权威与伦理道德约束的并存，经济性与非经济性（欲望、情感、责任、心理）的并存，企业内部矛盾与企业外部矛盾的并存，企业利益与社会利益的并存，主观期望与客观现实矛盾的并存。企业是承载在内部要素与外部关系的载体，这一结论是认识和把握企业管理问题极为重要的基石和出发点。

企业的管理过程实质上是协调和解决其与利益相关者的矛盾和冲突，促进实现效益最大化的过程。企业管理面临着企业与政府、企业与社会、企业与自然环境等具有复杂性不确定性的多维度的困难与障碍。这一过程中，企业自身的状况和市场、政府政策、社会环境等外部条件的变化也是影响企业管理实践的重要因素，它们错综复杂地交织在一起，更是对企业管理原有的理论和原则提出了十分严峻且无法回避的挑战。

正确处理"看得见的手"（即国家有形之手）和"看不见的手"（即市场无形

之手）的关系，从国家和市场的角度审视政府与企业，有效克服国家干预过度和市场失灵所带来的各种问题是中国经济社会不断持续发展的重要议题[①]。社会结构的变迁导致社会事务复杂性和多变性增强，人们的认知能力也逐渐提升，稀缺资源下的利益协调机制问题不能依靠市场或国家中的单一因素来解释，而是要在国家与市场这两种协调机制间寻求一种相互制约的机制。理解中国组织与制度变迁，除了明确政府与市场是制度变迁的主要动力之外，同时也要认识二者的互动演化关系。

企业置身社会网络之中，企业的发展离不开外部环境的影响，尤其是政府对其影响，但同时企业的经营活动也对政府产生影响。一方面，政府所具备的政治权力和权威，对企业依法经营和长远发展具有重要作用。政府是市场规则的制定者，其政策规划体系建设是约束和引导企业理性发展的风向标，决定企业发展的外部环境、影响企业经营的合法权益，企业的发展离不开政府的大力支持和政策扶持。企业要求政府尊重和维护企业合法的利益，企业的合法权益是企业得以维系正常经营活动所必需的，任何对企业合法权益的侵犯或限制都会形成企业经营活动巨大的障碍，甚至难以进行。企业要求政府制定合理的税赋，以保证和促进企业的活力和效率。企业要求政府的各项法律及政策应具有良好的公开性和透明性，吸纳广泛的企业参与相关法律和政策的制定及修订，促进企业与政府在相关领域的合作与互信。企业要求政府消除行政垄断，消除政府对企业、对市场不合理的控制，为企业经营创造和提供自由发展的空间和制度性的条件。

另一方面，企业拥有资源选择及配置的权利，这是企业作为生产要素的组织者和产品服务的提供者所不可缺少的重要权利。企业可以通过产品和服务的生产销售，来制约和影响社会需求利益满足的范围和程度；企业创造财富和获得利润的能力直接决定和影响到政府的财政税收、影响政府和国家的经济实力；企业投资及生产经营活动的内容和范围，决定和制约着整个社会资源转化为产品和服务的能力，影响政府的产业政策、投资政策、货币政策、财政政策、就业政策的制定和调整；企业的生产经营及产品服务的数量、质量及价格决定和影响着社会经济发展的结构、质量、速度和总体效益的状况，决定着一国政府及国民财富的总

---

① 李汉林，魏钦恭. 嵌入过程中的主体与结构 [M]. 北京：中国社会科学出版社，2014.

量和分配的状况；企业的经济活动总量和水平也决定着政府对就业的规模、结构和增长状况的判断；企业的进出口贸易与投资服务活动决定着政府外汇储备及国际收支平衡的状况，影响着政府汇率及利率政策的制定和调整变动；企业产品和服务的价格水平变动状况，制约和影响着政府维护物价总水平基本稳定目标的实施和实现。企业通过对技术的需求、选择、创新、开发和应用，影响到政府技术的进步、变革和发展的政策选择；企业还通过各种途径改变政府环境与资源开发和利用的政策；企业还通过各种途径和手段对自然环境和社会环境施加自己的影响；企业还通过利益的输送和转移、利益的追求与保护来影响政府的政策和法律的制定与变更；企业通过自己的经济活动影响政府教育事业、社会保障事业、慈善事业和公益事业的发展；企业的经济活动还影响到人们对职业和收入的选择；企业的经济活动还会影响到政府在国际事务许多方面立场及政策的选择。

第四节　多主体合作治理的运作规则

一、权力与规则

治理需要在规则框架下进行，规则可以给予治理一定的支持与保障。当权力行使与权力意志相统一的时候，对规则的要求相对要弱一些，当权力行使与权力意志相分离的时候，就表现出了对规则的较强要求，这可以说是权力与规则关系的一般原理。合作治理在某种意义上会更加突出人的共同行动的价值，而共同行动如果得不到权力的整合，则是不可想象的。换句话说，在全球化、后工业化背景下，社会呈现出发展方向不确定性和结构的复杂化特点，个人是无法解决所涌现出来的社会问题的，需要集中力量，以合力去面对未知的挑战。

在合力的过程中，不仅需要个体之间的协同与合作，还需要合理的权利分配和规则设置。在这过程中可能是软约束（比如道德约束、伦理约束等）发挥作用，使他们努力协调合作去达成共同的目标，但是仍然需要硬约束去具体保障行动的落实，这时候，合理的权利分配和规则设置就显得尤为重要。特别是在共同行动的每一项具体的运行环节中，在人的每一个具体行为的配合上，都需要求助于权力的整合功能。就合作治理和正在建构中的社会治理模式而言，仍然会存在着权力和规则。而且，应当把权力和规则作为合作治理体系的基本构成要素来看待。

在社会治理过程中，每个主体都希望个人所有行为都是理性的，排斥一切非理性行为的发生。所以，在协同行动时，各主体都会想办法消除引起非理性行为的因素。规则对于排除非理性而形成理性的行动是十分重要的，它使得行动变得系统化，各主体按部就班地参与进来。规则本身就是理性的产物。那么，遵守规则的组织，其行为也就是理性的。

合作治理不仅仅需要规则的约束，还需要合理的权力分配。权力是建立在有一定能力的基础上的，与专业性息息相关。有些社会问题需要很强的专业性才能解决，比方说基建设施的完善等，这时候，若没有足够的专业性，也就无法掌握和运用权力。然而，在开放的社会中，每次行动都会出现新的性质和特征，因此，在多主体合作治理的过程中，需要规则以原则性规定形式呈现，需要规则具有很强的弹性，给行动者留足发挥的空间。环境变化方向的不确定性和环境结构的复杂性的合作治理更考验合作方的动态应变能力，具体表现为策略上的灵活性、行为选择上的随机性等。合作者的这种变通看似没有严格遵守规则，但实质上其正是处于规则允许的发挥空间之内。

二、相互承认的法权

像当代德国著名社会学理论家、法兰克福大学社会研究所所长阿克塞尔·霍耐特所强调的那样，要说明社会变迁过程，就必须采用相互承认关系内部所固有的规范要求。这一思想与黑格尔法权思想中提出的平等政治原则——"相互承认的法权"，为处于"多元化"的今天理解和解释历史主体性、为社会治理中的交往合作提供了深厚的政治理论资源，而且也为国家、市场与社会关系构建提供了具体的阐述路径和衡量标尺。在公共领域，平等承认的政治发挥越来越大的作用。哈贝马斯甚至提出权利自己界定的共同体。

合作治理的有效运作，是政府、社会和公民群体之间取得"共意"前提下才能获得合法性基础的集体行为。在人类社会治理历史上，占据主导地位的往往是源自社会等级的交往模式，"中心—边缘"式的结构是无法获得相互承认的治理主体地位的。多中心治理模式的生成，使得其与相互承认的政治之间形成了相互建构的关系。第一，相互承认的法权理论为合作治理主体的行为确立了游戏规则。

民主治理理论十分强调理性、公正、宽容、自由的原初价值和基础性意义。事实上，对于利益多元化、治理主体分散化、社群共同体复杂化的当今公共治理而言，相互承认的原则是最根本的价值规范[①]。相互承认原则的存在，意味着各主体之间的互相尊重、互相信任，社会各方更容易达成合作。第二，不论是政府治理主体还是社会治理主体，拥有的是性质均等的"治理权"，政府的责任在于"元治理"，即对良好的合作治理秩序负责，但多元治理主体之间按照"相互承认的法权"建构的治理共同体，同时也是社会治理多中心性成长的伦理机制预设。在社会治理的历史类型中，相互承认的法权作为一种合作治理的政治伦理，反映的是以平等权利为依据的治理公共事务的观念。

三、相互承诺的信任

社会治理中无处不在的权利让信任被挤压得几乎失去了落脚之地。就算信任缺失，权力仍然能用自身的权威为社会治理及行为的再生产提供动力。社会治理体系内人的行为受到了各种事无巨细的规定与限制，信任丧失了它应有的重要性——内部关系被细致的程序化，成员的行为不确定性也同时被规定限制了[②]。但这并不代表信任已经失去了它的价值，相反，权力的控制需要被减弱，与人际关系的情况一样，相互信任才是社会治理的一种理想状态。

传统信任是基于个人或组织之间多次的博弈而建立起来的，是一个缓慢的过程。但在如今这个以开放性和流动性为时代特点的社会里，现代组织在朝向临时化的方向上取得了进一步的发展。临时系统中，人们并不具备多次博弈的条件，为了提高组织效率，人们只能通过假定组织成员是值得信任的来"预支"信任，从而建立"快速信任"。这种信任反映了对集体行动之必然性的一种共同理解，这种理解消除了因为临时性而使个人陷入的不确定性，从而使临时系统中的组织信任成为可能。

只要临时系统是用正确的方式建立起来的，即在以制度为保障的前提下，保证加入系统的每一位成员完成系统任务的期望都是一致的，那么，系统成员会更

[①] 孔繁斌. 多中心治理诠释：基于承认政治的视角[J]. 南京大学学报（哲学·人文科学·社会科学版），2007（6）：31-37.

[②] 卢曼. 信任：一个社会复杂性的简化机制[M]. 上海：上海人民出版社，2005.

偏向选择互相信任。这样一种组织化信任的建立，其最基本的保障是制度，也就是说，只要建立起能够使人员的个人目标与组织目标相符的制度，谁进入这一制度体系则是无关紧要的。

建立信任关系的核心在于信息和制度。在信息不发达与信任制度不健全的传统社会，社会流动性极低，人们对彼此的信任建立在相互熟识上。随着信息技术的不断提升，信任制度逐渐完善，人们逐渐从小的交往圈层中走出来。互联网的普及让人们即使相隔千山万水，也能互相联系，人们所接触的范围变大且大部分都是陌生人。此时，传统的信任建立机制显然是不能适用的，这就需要更为科学合理的信任制度体系作保障。人们社交网络的扩大使交易也变得愈加复杂化，对企业而言，要建立与利益相关者之间的信任，难度也极度加大，企业需要投入更多资源来建立更为合理有效的信任保障制度。此外，对于处在不同发展阶段的企业，其对信任关系的需求也不同，企业投入的资源也不一样。

四、相互平衡的规则

规则需要大家的共同遵循，是一种硬性要求，是以一种可持续、可预测的方式运用信息的系统性决策程序。制度是规则体系，多主体合作治理是一项集体行动，需要依据一定的准则和规范来开展，集体行动理论中的一个关键论点是通过制度设计来塑造互动动态，从而在参与者之间建立互信互惠的关系[1]。规则是硬性约束，规定了投入社会治理的各种要素责、权、利，具体的内容包含了正式的法律法规，各主体间相互的协议书与合同等。正式规则体系是公共治理制度框架的核心。张康之教授认为"社会治理可以还原为制定规则和维护规则的过程，规则也是社会治理赖以展开的前提和基础"[2]。治理规则是社会治理体系运行应遵循的规律和法则。它是治理主体达成共识并依照其内容行事的一系列制度准则和行为规范，通过建立起外部的客观规则网络和内在的主观价值观来约束和引导治理主体的行为边界及方式，使社会治理的各主体可以以正确的方式参与到社会治理中并承担相应的责任。

协商是建立规则的手段。多主体治理网络中，主体之间在目标、地位、权力

---

[1] 邓穗欣. 制度分析与公共治理[M]. 上海：复旦大学出版社，2019.

[2] 张康之. 论社会治理目标对规则的要求[J]. 行政科学论坛，2015，2（5）：17-25.

上是有差异的，因此，在构建多主体合作的规则方面要"求同存异"，寻找合作空间。哈贝马斯认为，从以熟人网络为主的传统社会进入现代化的多元社会后，人们的社交范围超出了他们所处的生活世界，无法继续依靠统一的传统世界观来协调人们的行为。此时，人们若想以非暴力方法协调互相的行动，解决彼此的冲突，交往和商谈是唯一的方法。在协商过程中，由于主体间信息的不对称，必须建立相应的规则。

建立相互平衡的激励和约束规则对于多元主体参与社会治理尤为重要。激励和约束是对立统一的关系，一方面，激励是以正面的刺激鼓励行动者，约束是以负面的刺激限制行动者。另一方面，它们都是为了促进人们共同实现某个社会目标，从某种程度上讲，约束也是激励的一种。激励与约束相互依存、相互渗透、相互制约、不可分割，不管是重激励轻约束，还是重约束轻激励，都是不合理的。研究激励与约束机制构建问题，就是要研究如何使行动者的利己行为符合社会目标的要求。

在社会治理中，政府是规则的制定者，是制度供给的主体。由政府建立和执行规则可以相对有效地解决"搭便车"问题。例如，政府可以通过制定强制性规则、意识形态控制等手段来完成个人因获利机会减少而不愿承担的制度变迁。政府的外在制度约束可以缓解"公共地悲剧"社会。非正式约束就不足以抑制对公共地的过度使用，唯有政府进行强制性干预，才有可能阻止"公共地悲剧"上演。政府可以促成集体行动并提高集体行动的效率。集体行动优于私人行动的一个原因在于"囚徒困境"。合作在大多数情况下确实能比单打独斗产生更好的效益，但这也是建立在一定的制度保障之下的，制度使合作变得充分可靠。由于企业中机会主义的存在使得建立和完善相互平衡的激励和约束的规则尤为重要。泽利泽尔提出"相互联系的生活"观，她相信，更好的制度安排能使经济领域与情感领域之间实现公正的、令人愉悦的和增进生活质量的结合。

第五章　企业、政府与社会共生关系的构建

后工业社会具有高度复杂性、高度不确定性和风险性激增的特征，现实社会中的制度体系、规范系统、行动准则等受到知识的反思性作用，深刻影响并改变着公共治理的既有形态和交互模式。传统的社会管理模式受到冲击，其滞后性导致社会治理陷入"碎片化"与"断裂化"。时代的变化和社会的转型呼唤后工业社会创新社会治理模式，传统的社会管理"中心—边缘"结构得到根本性的解构与重塑。其一，新时代背景下，社会治理呈现出风险性、开放性与流动性特征，公共事务明显表征出繁杂性、非线性与集中性的叠加，社会问题、社会矛盾与利益冲突剧增，由政府垄断的社会治理逻辑，已然失去了权威性和有效性。其二，现代性视阈中，政府、社会和市场间原有的从属关系被打破，公共治理多元主体间的依赖性与制约性增强。其三，政府之外的社会主体开始获取参与治理的意识、机会与能力，要求与政府分享治权并形成治理合力，形成多元化社会治理模式。

第一节　文献回顾

打造共建、共治、共享的合作治理格局已是当前社会治理体制创新的基本共识。作为创新社会治理的新理念、新举措和新发展趋势，这既是推进国家治道变革的内在逻辑，也是顺应社会转型背景的客观诉求，亦是实现公共治理善治目标的应有之义。由于社会治理本身具有多元化特征以及我国二十多年社会治理改革与创新发展需要，习近平总书记提出打造人人有责、人人尽责的社会治理共同体，合作治理与中国互助合作的思想以及和谐善治的价值追求相契合。合作治理是当前社会治理领域中的强势话语，并被赋予"化解公共事务治理悲剧"的崇高使命与深切厚望。

合作治理这一研究范式产生于西方的话语体系，这是社会发展产生的公共管理新的实际对治理范式的呼唤，面对诸多的社会治理中的现实难题，合作治理逐渐成为国外公共管理领域的新取向。并且，西方国家对于合作治理的研究比较早，探索时间比较长，在诸多方面已经取得了丰硕成果。

一是合作治理内涵。Rosemary、Emersom 等认为，合作治理模式能够跨越府际沟通障碍，他们把合作治理视为一种能够有效控制和促进政府部门、市场企业力量以及非政府组织和公民团体等多元主体协商共治的机制，从而达成公共治理目标[1][2]。Ansell 等认为，合作治理是政府主体与非政府力量协同参与并解决社会公共问题的动态合作过程，即合作治理是多元行动主体共同参与公共政策决策及管理的过程和程序[3]。从利益相关者视角出发，合作治理是指为解决公共问题和追求公共利益最大化而构建的协作性行动框架。二是合作治理主体。国外学者对于参与合作治理主体的观点莫衷一是。有些学者认为合作主体包括公共的、私人的和社会的组织部门。有些学者指出政府部门之间也属于合作主体，也有学者认为合作治理主体包括公共部门和私人部门[4]。三是合作治理方式。学者们大都认为合作治理模式需要通过正式或非正式的参与、协商来构建。Henry（1992）提出了公私合作小组、经济联盟、政府间服务合约、联合服务合约、政府间转移等合作方式。Sullivan 则提出了契约、伙伴关系及网络三种合作形式[5]。Pierre 和 Peters 对国家与社会之间的关系进行了重新定义，他认为国家与社会应该是合作伙伴关系。四是合作治理过程。Thomson 和 James 从结构性维度、社会资本维度、机构维度三个

---

[1] ROSEMARY. Introduction to symposium on collaborative public management[J]. Public administration review, 2006, 66: 44-55.

[2] EMERSON, NABATCHI. An integrative framework for collaborative governance[J]. Journal of public administration reserch & theory, 2012, 22(1): 1-29.

[3] ANSELL C, GASH A. Collaborative governance in theory and practice[J]. Journal of public administration research and theory: J-PART, 2008, 18(4): 543-571.

[4] ROSEMARY. Introduction to symposium on collaborative public management[J]. Public administration review, 2006, 66: 44-55.

[5] SULLIVAN H, SKELEHER C. Working across boundaries: collaboration in public services[J]. Health & social care in the community, 2003, 11(2): 185.

维度研究了合作过程[1]。Ring 和 Andrew 等认为合作过程包括协商、承诺和兑现三个阶段[2]。Taehyon 和 Robertson 研究了合作治理的协商和决策过程[3]。

随着我国改革开放的不断深入，社会发展程度不断提升，在国家治理体系和治理能力现代化的过程中，如何处理好社会治理主体间的关系，实现权力与权利的均衡，成为我国面临的重要现实问题。跟随国外学者研究步伐的深入，国内学者也纷纷开始对合作治理进行研究。张康之认为，合作治理的观念是一种新思路，合作治理是指社会运行过程中的政府与社会、公司部门之间的合作共享[4]。基于"相互承认"的理论，孔繁斌认为，公共服务的提供不再只囿于政府，而是参与社会治理的所有主体的共同任务，他们之间进行的合作是一种公共性的再生产[5]。燕继荣则指出，国家的任务在于实现良善治理。他指出要达到善治，政府与社会是不可分割的，它们之间要实现有益互动、协同治理。协同治理中包含着向合作治理转变的要素，比如责任共担[6]。

合作治理模式已经成为国内外学术界的基本共识，是未来社会治理的发展趋势。基于以上对国内外关于合作治理研究的梳理和总结，发现：国外学者的研究更加注重合作治理的内涵和框架，理论成果也比较丰富，如动态论、循环论、协作论等理论模型；国内学者主要通过借鉴和引用国外的理论，分析社会治理中各治理主体间的关系、政府职能的转变、社会组织参与的机制等。总体上，现有的国内外关于合作治理的研究还比较零碎，且合作治理的实践仍未取得实质性突破。现实表明，

---

[1] THOMSON A M, PERRY J L. Collaboration processes: inside the black box[J]. Public administration review, 2006, 66: 20-32.

[2] RING P S, VAN DE VEN A H. Structuring cooperative relationships between organizations[J]. Strategic management journal, 1992, 13(7): 483-498.

[3] ROBERTSON P J, CHOI T. Ecological governance: organizing principles for an emerging era[J]. Public administration review, 2010, 70(1): 89-99.

[4] 张康之. 为了人的共生共在[M]. 北京：人民出版社，2016.

[5] 孔繁斌. 公共性的再生产：多中心治理的合作机制建构[M]. 南京：江苏人民出版社，2008.

[6] 燕继荣. 协同治理：社会管理创新之道：基于国家与社会关系的理论思考[J]. 中国行政管理，2013（2）：58-61.

当前，中国的社会治理仍处于初级阶段，新时期的社会情境下公共事务越来越复杂多变，理论预设和实践愿景中的合作治理，映射到公共治理过程中并未释放出应有的善治潜力，出现治理低效、权力寻租、职责泛化和主体失衡等诸多尴尬境遇，致使合作治理面临理论失效与实践鸿沟的双重误读。如何实现有效的合作治理，深入探寻合作治理的动力矢量、触发机制和运行逻辑，成为创新社会治理的症结所在。因此，在理论层面，仍需寻找对社会治理已有研究的整合性框架，推进合作治理的相关理论研究与实践突破，提升中国现代化社会治理水平。

根据以上内容，借鉴 Rosemary 对合作治理的研究，本研究认为合作治理是指政府公共部门、市场企业力量、非政府组织和公民团体等具有互赖关系的、参与者组成的、可共享决策权力和共担决策责任，以合作共识和彼此信任为前提基础、以正式协商和资源交换为基本方式，旨在处理公共问题和增进公共利益的行动体系及制度安排。实质上，合作治理实践是对参与治理主体对权力、资源等"所有权"的重塑过程，目的是实现政府、社会和企业的良性交叉互动，营造和谐的社会网络环境，优化公共服务的供给方式和实现路径。然而，中国的社会治理并未充分利用好政府、社会和企业三大组织的功能形成协同治理，尤其对于企业社会职能的利用，这是由于我国社会治理在很多方面缺乏共识。企业首先是"经济人"的特性决定了企业与生俱来的最终价值追求固然是逐利，企业创造的经济效益大于社会效益。企业在法律框架下追求利益最大化无可厚非，但是，社会发展中的企业同时扮演"经济人"和"社会人"的角色，作为社会治理主体之一，企业也要承担社会责任，积极参与社会治理，这对于企业的可持续发展是有利的。因此，面对中国社会治理理论与实践的不匹配，在创新社会治理背景下，作为社会三大组织之一的企业要摒弃主流经济学纯粹经济人的假设，平衡其在社会关系网络中的角色功能，追求协同均衡价值。此外，国内社会治理领域在实践层面也明确提出企业要参与社会治理，企业社会责任的基本功能是社会治理[①]。企业履行社会责任对于创新社会治理体制的构建有积极意义，企业的良性运行和发展直接关系到社会治理水平的高低，创新社会治理体制构想的实现需要包括企业在内的各社会主体广泛参与和共同努力。因此，企业要充分发挥其作为"经济人"和"社会人"

---

① 李文祥. 企业社会责任的社会治理功能研究[J]. 社会科学战线，2015（1）：209-214.

角色的功能，深度嵌入社会治理结构中，促进企业可持续竞争力提升的同时，考虑各相关利益主体的利益诉求，形成良好的企业社会关系网络，通过创新体制机制打造社会治理共同体，实现政府、社会和企业的共生共存，协同提高社会治理的综合能力和整体实力。

合作治理要求政府、社会和企业之间在特定驱动力的驱使下进行合作，通过沟通、协商、平等参与等形式来共同实现公共目标，享有平等地位，权力和资源共享，责任共担。合作治理网络以平等协商、理性对话的方式加以设计，合作收益与治理风险也是由多元行动主体共同担负。因此，面对当前中国社会治理的困境，要更加重视对非政府主体成长的社会变迁予以回应，尤其是企业这一社会经济发展的驱动力和社会治理的重要力量，企业与政府的、社会的"相互扶持"是解决社会治理实践困境的有效路径。社会治理是社会建设的重要内容，社会治理创新是推进社会建设的重要手段。因此，企业深度参与社会治理，构建政府、企业、社会协同治理关系显得尤其重要。那么，如何实现社会治理主体的共生关系？本研究将以企业视角为出发点，通过分析企业嵌入社会治理的动态行为，深入探讨社会治理中企业共生关系的构建机制，并上升到理论层面。

第二节 研 究 设 计

一、预设模型

与西方的社会治理不同，中国的社会治理产生于国情和时代背景，也受影响于中国现行的经济、政治和文化体制，具有鲜明的中国特色。因而社会治理主体共生关系的形成受很多因素的影响，比如市场因素（产业集中度、市场结构、市场竞争程度）、经济因素（资产专用型、交易频率、不确定性）、社会因素（制度环境、文化环境、网络结构）等。但作者只关注政府、社会和企业共生关系形成的影响因素，通过建立研究模型，用定性和定量研究的方法，探讨社会因素如何构建社会治理主体的共生关系。

随着社会变迁导致社会结构的改变，此时的多元社会治理趋势强调社会的每一个主体都能参与社会共治，因此作者试图以企业为切入点，试图分析社会因素的变化是如何为企业参与社会治理并与政府、社会形成共生关系提供契机的。主要有以下几个因素：

一是制度环境在变化。中国实施市场经济的初始，各项法律法规不健全。随着市场经济快速发展，社会治理结构不断变化，国家的有关政策也相对完善，此时社会治理主体多元化的时代趋势要求企业承担起社会治理的责任，发挥社会治理的功能，提高我国社会治理水平。企业社会责任的功能由经济效益向社会治理复位，已经成为当今时代社会治理的客观需要。

二是文化环境在变化。其一是传统观念认为企业仅仅是营利性的社会组织，企业的责任在于经济责任而非社会责任。企业以赚钱为目的，看重眼前利益，而不是企业的长远发展。但是，在企业追求利润最大化的过程中，导致社会遭遇劳工问题、贫困问题、环境问题等负面影响。因此，为了顺应社会发展和政策规定，企业除了要考虑自身利益，还要考虑社会利益，企业只有与社会形成利益共同体，实现互惠互利，才能应对市场的激烈竞争，实现企业的长久发展。其二是我国区域文化的差异性较大，如广东文化、江浙文化、潮汕文化等，这种区域文化使企业文化产生差异性，从而影响企业与社会的关系。

三是企业与政府、社会之间形成的网络结构也在变化。社会治理中，企业与政府、社会所形成的网络结构主要取决于三者在该网络中所处的位置。纵观社会的发展演化史，其对应着三种社会结构的变迁：从总体性社会结构到过渡转型期社会结构，再到三元分立（政府、市场、社会）社会结构的转变。早期的政府与社会治理主体之间的关系，实质上是管理与被管理、控制与被控制、领导与被领导的关系。新时期，面对不断释放的社会需求和不断变化的社会事务，政府的社会治理能力日渐式微，政府与其他治理主体之间的社会关系出现了从管理到合作，从一元到多元的变化。因此，创新社会治理需要社会各主体的协同参与，需要各主体发挥自身的优势和功能进而提升社会治理水平。这一过程中，政府、企业与社会必须相互依赖、相互扶持，达成平衡和整合，形成多元共治的局面，三者必将在社会地位越来越对等的基础上实现共生。

据以上初步的定性分析，社会治理中的企业共生关系是嵌入在社会网络关系中的，是被社会构建的，受制度、文化、网络结构等因素的制约。同时，主体间在沟通、交往中相互影响、相互制约，在交往中随着时间投入更多的精力，彼此

·第五章 企业、政府与社会共生关系的构建·

间分享共同价值观，逐渐建立起更密切的互动关系，增强信任，促进共生关系的形成。因此，作者将进一步通过定量研究探讨社会治理主体共生关系的社会构建。由于合作治理是以正式协商和权力对等为基础，而信任是简化合作成本的重要手段和简化合作治理复杂性的重要机制。所以，本研究的预设模型在吸收新经济社会学基本假设的基础上，引入"信任"这一变量，将企业共生关系放在更大的社会背景中研究（见图5-1）。本研究将网络结构、文化背景和文化行动作为自变量，将人际交往、知识交往和信任作为中介变量，深入探讨社会治理中企业共生关系的社会构建。

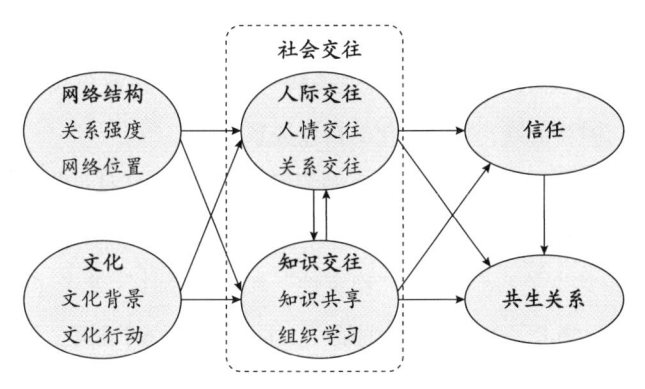

图5-1 社会治理中企业共生关系的社会构建模型（预设模型）

二、变量定义与测量

（一）共生关系

共生的概念由德国生物学家 Anton Debary 首次提出，他将共生定义为不同种属的生物生活在一起的行为。共生最早应用于生物领域，直到20世纪中期，共生的研究开始应用于社会领域。Boons 和 Baas 在一些学者的研究基础上，对生物共生与组织共生进行了深入研究，他们认为组织共生更多的是一种依存的关系，在这种关系中既有相互之间的协作，也有激烈的竞争，这种关系是基于组织之间不对称的比较优势所推动的[1]。为了与外部环境相适应，当环境发生变化时，组织的共生关系也会随之表现出不同的特性，同时组织还会对自己的共生对象进行调整，从而实现共生体的协调发展。国内学者袁纯清指出共生关系是共生单元之间在一

---

[1] BOONS F A A, BAAS L W. Types of industrial ecology: the problem of coordination[J]. Journal of cleaner production, 1997, 5(1): 79-86.

定的共生环境中按照某种共生模式所形成的关系[1]。吴飞驰将企业共生关系按照内外部来划分，内部共生关系主要是指企业与员工之间以及与投资者之间的共生关系，外部共生关系主要是指企业与上下游企业、竞争对手企业以及政府等其他机构之间的共生关系[2]。胡守钧直接借用生物学中的概念，将共生定义为不同成员之间密切地生活在一起，他认为共生关系广泛存在于社会系统中[3]。李思强将共生定义为事物之间或单元之间形成的一种系统和谐、共生共荣的命运关系[4]。总之，共生关系是一种特殊的合作关系。合作可以是暂时的、不稳定的、单方面的，而共生是长期的、稳定的、互惠的、互赖的合作关系。社会治理中的企业共生关系反映了企业与政府、社会之间合作的"稳定性"、"互赖性"和"互惠性"，协同进化是企业共生关系的核心。本书将"共生关系"定义为"企业与政府、社会之间紧密的、稳定的、相互依赖、共同进化的合作关系"。

本研究参考陈秋伶对企业共生关系的测量[5]，结合上文对企业共生关系的定义及定性研究，本书从企业嵌入社会网络的"稳定性""互赖性"和"互惠性"三个维度来测量企业共生关系。其中，"稳定性"和"互赖性"参考了Anderson等的测量[6]；"互惠性"参考了Keith等的测量[7]。本书发展了6个测项，从企业角度去测量社会治理主体的共生关系，其中前两项测量共生关系的"稳定性"，中间两项测量共生关系的"互赖性"，最后两项测量共生关系的"互惠性"。

（1）公司与政府：公司积极主动遵守政府的相关政策；公司与政府之间建立了良好的外部关系；政府为公司发展提供了必要的制度保障；政府颁布的相关政策需要公司的积极配合；公司承担社会责任，帮助政府解决了一些公共服务问题；

---

[1] 袁纯清.共生理论：兼论小型经济[M].北京：经济科学出版社，1998.

[2] 吴飞驰.企业的共生理论：我看见了看不见的手[M].北京：人民出版社，2002.

[3] 胡守钧.社会共生论[J].湖北社会科学，2000（3）：11-12.

[4] 李思强.共生构建说：论纲[M].北京：中国社会科学出版社，2004.

[5] 陈秋伶.《弗兰肯斯坦》的恐惧心理解读[J].长江师范学院学报，2007（5）：88-91.

[6] Anderson J C, Narus J A. A model of distributor firm and manufacturer firm working partnerships[J]. Journal of marketing, 1990, 54(1): 42-58.

[7] KEITH G, FRED L, MAREK S. An exploratory study of "close" supplier-manufacturer relationships[J]. Journal of operations management, 2006, 24: 189-209.

公司因获得政府的信任而获得政府项目或者优惠支持。

（2）公司与社区：公司经常与社区进行沟通交流；公司与社区之间的关系紧密、和谐；公司在一定程度上解决了社区成员的就业问题；公司支持并参与社区的公益事业，促进社区的发展；与社区保持积极的合作关系，有利于公司树立良好形象；与公司保持积极的合作关系，有利于缓解社区治理负担过重问题。

（二）网络结构

网络结构是行动者在网络行动中发生的系列活动在空间层面的反映，体现了网络中的行动者在空间中的位置、关联、相互作用等，以及网络结构的形成、发展和运动。在网络中各行动者的位置、角色、功能各异，通过互动产生社会联系，由于各行动者对网络中有价值的资源的控制力和获得性是不同的，导致他们之间的关系存在差异。结构位置越高，占据者越少，其占有和控制的重要资源越丰富。社会治理主体之间的关系网络中存在着强关系与弱关系，这就造成了各主体间关系的差异性，进而影响到他们之间的关系质量与合作质量。本研究用关系强度来测量企业与政府、社会的关系质量，用网络位置测量企业在社会治理网络中的位置。

1. 关系强度

社会关系指个人与他人之间通过交流的频率和方式而形成的联结。社会网络分析中，对社会关系的测量方法有很多，最普遍的是关系强度。关系强度通常被理解为两个个体之间关系联结的特征，指焦点企业与其他网络主体联系频率的高低程度以及组织间对关系的承诺度，反映了企业与网络中其他主体的合作互动关系。格兰诺维特最先提出关系强度的概念，学者们对关系强度的关注也始于此，关系强度是社会科学研究领域的一个重要概念。如今，国内外包括社会学、管理学等领域的学者们都开始关注关系强度理论。格兰诺维特通过互动频率、感情强度、亲密程度和互惠交换程度来定义关系强度[1]。组织行为学者 Krackhardt 从互动频率、情感深度、以及交往持续时间三个维度描述个体间关系的强弱。国内学者对于关系强度的研究多是在格兰诺维特和 Krackhardt 研究基础上的进一步修改与

---

[1] GRANOVETTER M. Economic action and social structure: the problem of embeddednes[J]. American journal of sociology, 1985, 91(3): 481-510.

完善。如，学者潘松挺和蔡宁在测量企业创新网络中关系强度时，从接触时间（包括接触的频率和持久性）、企业对创新活动投入的资源（代替格兰诺维特提出的情感深度）、企业与创新伙伴交流合作的范围（代替格兰诺维特提出的亲密程度）、互惠性四个测量指标进行展开[①]。学者秦英（2009）在研究网络社会网中关系强度时，从情感、咨询（社会支持）、情感、信任、互动五个维度，测量社会网络关系。

社会治理行动者形成治理体系中的行动者网络，不同行动者是网络中制度和规则的承载者，他们扮演各种角色，其拥有的资源与机会是不均等的，这不仅决定了他们在不断变动的情境中的相对权力，也决定了他们影响未来发展的差异性。合作治理过程中，政府、社会和企业分别占据不同位置，主导不同领域，各行动者拥有充分的自主性、能动性、创造性。创新社会治理要求政府、社会和企业理应形成协同共治、互惠互利的网络关系。社会网络中，企业参与社会治理活动的过程在一定程度上反映出企业与政府、社会的关系质量。因此，本书将"关系强度"定义为企业与政府、社会的关系质量。

参考格兰诺维特对关系强度的测量，本书列举了3个测项来测量企业与政府、社会之间的关系强度：公司与所在社区保持密切的关系；公司与当地政府之间的联系频繁；公司、政府、社区之间互惠互利。

2. 企业位置

社会网络中，结构位置主要指企业在该网络中所处的位置，越占据重要结构位置的企业所获取的社会资源就越多。博特的"结构洞"理论中描述，一个人占据了交换资源的良好位置，则其拥有的资源就较多，它称之为"洞效应"。实际上，"社会资本"也可以理解为个人在社会网络中的结构位置上所拥有的资源，这种资源可以转化为经济资源，并为个人带来好处。科尔曼将社会资本定义为一种产生于社会结构中的特性，其能促进并形成更多的合作关系，进而丰富个体拥有的资源。因此，不管从社会网络还是社会资本的观念来看，个体行动者成功的关键不仅在于行动者的属性，更重要的是行动者在社会网络中的位置。

本书中，"企业位置"是指一个企业嵌入在社会网络中的特定位置，这取决

[①] 潘松挺，蔡宁.企业创新网络中关系强度的测量研究[J].中国软科学，2010（5）：108-115.

于企业自身的重要性、企业对外部利益相关者的社会责任贡献程度等。本书参考 Blau 和伯特关于结构位置的研究，列举了3个测项来测量企业的位置：公司在社会中拥有较大的影响力；公司对于政府、社区提高社会治理成效有重要意义；与公司保持合作关系，能为政府、社区发展带来特殊资源。

（三）文化因素

文化是一个非常宽泛的概念，不同学者对其定义不同。Hofstede 认为，文化是生存在同一个环境中的具有相同的教育和生活经验的人所共有的心理程序[①]。Stern 从狭义到广义谈文化，他认为狭义文化是指在一定的物质生产方式的基础上发生和发展的社会精神生活形式的总和，而广义文化包括由物化知识力量构成的物态文化层、由社会制度规范构成的制度文化层、由民族生活习俗构成的行为文化层、由人类道德价值观念构成的心态文化层[②]。古典社会学家韦伯分别从意义结构、价值观、伦理三方面使用文化。根据学者们对文化的相关研究，本书将文化分为"文化背景"和"文化行动"。

1. 文化背景

多数学者把文化看作"文化背景"，即文化提供一套行为规范。本书中，"文化背景"主要指各治理主体所处网络的社会规范，即社会文化、企业营商环境等，文化背景对企业嵌入社会治理有着重要的约束作用。借鉴韦伯等对文化背景的定义[③]，本书从社会文化、营商环境等对企业的社会嵌入等方面测量文化背景，发展了3个测项：中国当前的社会文化更加提倡协同合作；当前的社会文化提升了公司主动履行社会责任的意愿；当前的营商环境有利于公司履行社会责任。

2. 文化行动

"文化行动"是作为行动的文化，是经济行为的实践和行动的内容，是微

---

① HOFSTEDE G. Culture and organizations[J]. International studies of management & organization, 1980, 10(4): 15-41.

② STERN H H. Issues and options in language teaching[M]. Oxford: Oxford University Press, 1992.

③ COOLEY C H. The Institutional Character of Pecuniary Valuation[J]. American Journal of Sociology, 1913, 18: 543-555.

观层面的共同价值观。文化行动指的是社会治理主体之间所达成的共同理解和共同认识。古典社会学家注重对宏观层面的共同价值观的探讨，强调共同价值观的规范和社会整合作用。涂尔干（Durkheim）强调共同价值观是一种道德的共识。Parsons将共同价值观等同于文化[1]。Blau强调共同价值观是一套共同的标准、一种内化了的文化价值[2]。

借鉴Morgan等对共同价值观的研究，本书的共同价值观是指现代社会学家所关注微观层面的共同价值观，即行动者之间拥有的共同理解和共同认识[3]。Morgan等认为，共同价值观是合作关系中的一方对另一方的行动、目标、政策等的认可，相互认可程度越高，合作伙伴的满意度越高，合作过程越顺畅。Lee等认为，合作双方的相同的组织文化是共同价值观，相同的组织文化更容易增强合作伙伴间的信任，最终提高合作成效。综合对文化行动的相关分析，本书将"文化行动"定义为企业对创新社会治理要求和理念的认同，即企业在文化背景的长期影响下而形成的文化观念，进而做出的实际行动。本书在Morgan等人对共同价值观测量的基础上做进一步修改，共发展了3个测项来测量共同价值观：履行社会责任与公司的经营理念相符；履行社会责任与公司的企业文化相符；参与非经济社会活动与经营活动并不矛盾。

（四）社会交往

1. 人际交往

交往是人与人之间的信息交流和情感沟通，交往是传递信息和共享情感的有效途径。翟学伟将中国的传统人际交往模式归纳为"三位一体"，即人情、人伦和人缘，这种人际交往模式是在中国深厚的文化基础上形成，包括天命观、儒家伦理、家族主义等，该模式与中国人的日常交往相契合[4]。在这种人际交往模式中，

---

[1] 塔尔科特·帕森斯. 社会行动的结构[M]. 张明德，夏遇南，彭刚，译. 南京：译林出版社，2008.

[2] 彼德·布劳. 社会生活中的交换与权力[M]. 孙非，张黎勤，译. 北京：华夏出版社，1988.

[3] MORGAN R M, HUNT S D. The commitment-trust theory of relationship marketing[J]. Journal of marketing, 1994, 58(3): 20-38.

[4] 翟学伟. 中国人行动的逻辑[M]. 北京：社会科学文献出版社，2001.

人情是核心，人伦是规范，人缘用来解释人际交往。本书将"人际交往"定义为组织间所建立的一种社会关系，是基于情感、关系的联系。人际交往主要测量组织间的密切程度。本书列举了3个测项来测量人际交往：公司经常与政府官员一起参加社交活动；公司经常与社区相关领导人进行工作以外的互动交流；公司经常参与社会活动有助于扩展社会关系。

2. 知识交往

知识交往指的是社会治理实践中企业与政府、社会之间相互获取的认识与经验。知识是以人为载体而存在的经验、方法论、技能、见解等，知识是有价值的无形资源，可以回答"怎么样、为什么"的问题，知识能够帮助企业更为准确地预测外部环境变化和新机会，有助于企业更为准确地做出管理决策。一方面，知识共享能够促进组织内部之间的交流学习的提升。另一方面，知识共享有利于形成企业与外部利益相关者的"共享场"，"共享场"有利于企业获取外部新的知识和资源，通过与现有知识的整合，推动采用新观点重新理解因果链与现有认知结构，解释现有能力中存在的缺陷，从而做出更科学的决策。知识共享机制包含知识转化与交换两个过程。知识转化是个体的知识转化为可以被其他个体理解、吸收、使用的过程。知识交换是个体与他人共享相关信息、观点、建议、专长；是关于交换知识或帮助他人的一组行为；是个体间相互交换显性和隐性知识并联合创造新知识的过程。

本研究关注的是组织的外部知识共享，是组织间在互动过程中的知识溢出基础上的知识共享，参考相关学者对知识交往的测量[1]，本书列举了3个测项对知识交往进行测量：与政府互动的过程中，公司熟悉了政府工作的方式方法；与社区互动的过程中，公司更加了解社区发展的诉求和方向；企业、政府、社区在促进社会发展中共享知识、资源、经验。

（五）信任

学术界对于信任概念的内涵理解十分丰富，从不同的基础出发，对信任的理解

---

[1] LEE J N. The impact of knowledge sharing, organizational capability and partnership quality on IS outsourcing success[J]. Information & management, 2001, 38(5): 323-335.

是不一样的。Fukuyama 认为信任是一方对另一方诚实和合作行为的期望[①]。Doney 和 Cannon 把信任划分为理性信任和情感信任，信任是指合作伙伴间真诚互信[②]，接近福山（Fukuyama）对信任的定义。Das 和 Teng 将信任划分为信誉信任和能力信任，并认为信任是以一种积极的态度、以最有利于对方的方式去规划的行动，而不是去试图影响或改变对方的行动[③]。Luhmann 将信任区分为人际信任和制度信任，前者以人与人交往中建立起的情感联系为基础，后者以人与人交往中所受到的规范、准则、法纪制度的管束制约为基础[④]。Free 把信任分为信任行为、个体或组织间的信任和系统信任、信任度[⑤]。本书借鉴 Morgan 等对信任的测量，从能力信任和信誉信任两个维度测量信任[⑥]，共列举了5个测项：公司相信政府及社区领导人做出的承诺；公司相信积极承担社会责任有助于提升企业绩效；政府相信公司可以为社会发展作出贡献；社区相信公司解决社区事务的能力；企业与政府、社区能够真诚相待，互惠互信。

三、理论基础与研究假设

（一）假设一：网络结构及理论支持

古典经济学家假定行动者是纯理性的，而社会学家认为，行动者虽然是理性的，但是行动却受他们所处的社会网络的影响，因此，社会学家认真考察了社会网络对个体行动的影响。波兰尼（1944）最早提出"嵌入性"一词，并认为"经

[①] 弗朗西斯·福山.信任：社会美德与创造经济繁荣[M].彭志华，译.海口：海南出版社，2001.

[②] DONEY P M, CANNON J P. An examination of the nature of trust in buyer-seller relationships [J]. Journal of marketing, 1997, 61(4): 35-51.

[③] DAS T K, TENG B. Between trust and control: developing confidence in partner cooperation in alliance[J]. The academy of management review, 1998, 3: 491-512.

[④] LUHMANN J G, FRIESEN L M. A simple model of the magnetosphere[J]. Journal of geophysical research: space physics, 1979, 84(8): 4405-4408.

[⑤] FREE C. Walking the talk? Supply chain accounting and trust among UK supermarkets and suppliers[J]. Accounting, organizations and society, 2008, 33(6): 629-662.

[⑥] MORGAN R M, HUNT S D. The commitment-trust theory of relationship marketing[J]. Journal of marketing, 1994, 58(3): 20-38.

第五章 企业、政府与社会共生关系的构建

济行为是社会行为的一部分，经济动机是嵌入在社会关系里的"，这表明经济行为嵌入在社会关系网络之中，也暗含着经济行为受网络结构的制约[①]。格兰诺维特直接从"关系嵌入"和"结构嵌入"两个方面描述嵌入性。其中，"关系嵌入"指单个行动者的经济行动嵌入其所处的关系网络之中，这种持续性的人际关系网络中的内含的规则性期望、对相互赞同的渴求、互惠性原则等会对经济行动产生重要影响。"结构嵌入"指行动者及其与他人所形成的网络嵌入在其所构成的社会结构中，并受社会结构的文化、价值等因素的影响。伯特和Powell均认为经济交换是在社会结构网络中进行的，经济行为受特定社会网络的影响[②]。综上可知，社会学家研究经济行为时，通常把经济行为与社会结构环境相结合，经济行为是与社会活动相联系的社会交换。实证研究也支持网络结构与经济行为的正相关系。

关系强度被认为是企业与其他网络主体间建立合作交流关系的重要特征变量，与网络成员获取网络资源的能力及资源质量具有很强的关联性[③]。根据格兰诺维特的观点，社会网络的关系强度分为强联结关系和弱联结关系。强关系通常会构成联系紧密、深度互动但范围较狭窄、涉及节点较少的关系网络，而弱关系通常构成松散型网络，在网络规模及网络信息量方面范围更大。强联系理论认为，合作主体间拥有的强联结关系能促进高质量的信息和隐默知识的交换，加强组织间的信任和长期合作愿景，减少机会主义威胁。此外，拥有较多强联结关系的企业更容易发现网络中的机会和能力，更好地应对外部环境的变化。但是，由于强关系主体之间的知识结构、经验、背景等比较相似，频繁互动带来的资源与信息大部分是冗余的。弱联系观点认为，弱联结关系的主体间存在较大差异性，所以传递和共享的信息和资源更具新颖性和价值性。因此，弱联系能够保持并增加组织灵活性，拥有多元化特征。

社会网络中的行动主体的行为受其网络位置的影响。网络位置一般用网络中

---

① 卡尔·波兰尼.大转型：我们时代的政治与经济起源[M].冯钢，刘阳，译.杭州：浙江人民出版社，2007.

② 沃尔特·W. 鲍威尔，保罗·J. 迪马吉奥.组织分析的新制度主义[M].姚伟，译.上海：上海人民出版社，2008.

③ 潘松挺，蔡宁.企业创新网络中关系强度的测量研究[J].中国软科学，2010（5）：108-115.

心度表示，反映企业在网络中占据战略位置的重要程度。根据资源流逻辑，高中心度能够增加企业的合作机会，通过提高资源容量和流动速度，更好地获取外部非对称知识、技术、信息等以提高企业优势并获益，更有利于企业发挥能动性，创造经济效益和社会效益。因此，网络的中心行动者能更快地接受新信息，适应新变化，做出新调整，更好地构建网络关系。

信任是企业与其主体构建网络关系的重要管理机制。Levin 和 Cross 发现，基于能力的信任和基于仁慈的信任是人际关系和知识资源获取之间联系的中介[①]。社会治理关系网络中，政府、社会和企业既相对独立、各负其责，又是相互依存、协同合作的关系；既要发挥各自优势，又要形成合力。综上，本书提出假设：社会治理主体的关系强度以及企业在社会网络中的位置影响企业的社会交往和信任，进一步影响共生关系。

H1a：关系强度对人际交往有正向直接影响，对共生关系有正向间接影响。

H1b：关系强度对知识交往有正向直接影响，对共生关系有正向间接影响。

H1c：企业位置对人际交往有正向直接影响，对共生关系有正向间接影响。

H1d：企业位置对知识交往有正向直接影响，对共生关系有正向间接影响。

（二）假设二：文化背景约束论

文化是影响社会、政治和经济行为的重要因素，文化的社会功能是多方面、多层次、多维度的。作为非正式制度的重要表现形式之一，文化对个人的思想方式和行为方式产生潜移默化的影响，继而影响中国的社会结构和制度变迁。20世纪以来，文化的重要性逐渐受到社会不同领域、不同层面的关注与重视。在此背景下，治理理论被应用到文化领域。

企业参与社会治理既是经济行为又是社会行为，是经济行为嵌入社会网络的过程。中国的法律法规是在计划经济时代基础上发展起来的，复杂性不断提升的社会环境透视出中国正式制度的漏洞与缺陷，导致越来越不能满足企业发展的需要。非正式制度有助于形成一种良性的经济和社会环境。因此，企业的发展需要非正式制度的制约作用。格兰诺维特认为，经济行为是嵌入在社会环境中的，经

---

① LEVIN D Z, CROSS R. The strength of weak ties you can trust: the mediating role of trust in effective knowledge transfer[J]. Management science, 2004, 50(11): 1477-1490.

济行为受其所嵌入的社会制度的约束，特别是社会关系网络中的非正式制度的约束[①]。布劳（Blau）早就认识到文化对于社会科学研究的重要性。布劳将交换理论上升到社会层次层面做进一步分析，他发现社会层次的人个体之间很少存在直接的社会交往，所以必须通过其他的机制来调节社会关系，这种机制就是社会的规范与价值，即文化背景。行动者效用最大化的追求受文化传统、风俗习惯的影响，社会规范为行动者的选择提供了约束框架[②]。

文化背景是企业与政府、社会合作关系的直接影响因素，文化背景对政府、社会和企业间建立信任存在限定作用，能够改变企业参与社会治理的方式和态度。新时代，正式制度设计的弊端导致组织间的合作缺乏一个良好的文化背景，从而导致只会治理主体的关系和信任产生变化，政府、社会和企业三者难以形成长期合作关系，最终影响社会治理水平。信任与文化背景存在明确的互动关系，信任本身也是嵌入在文化背景中的一种功能化的社会机制。Hagen 和 Choe 的研究表明，文化背景推动了组织间的协作[③]。Macaulay 认为，非正式的规范、准则、管理、习俗、伦理道德和价值观是基于人际交往关系的重要基点，是保证组织间合作满意度的基础[④]。综上，本书提出假设：文化背景影响企业的社会交往和信任，进一步影响共生关系。

H2a：文化背景对人际交往有正向直接影响，对共生关系有正向间接影响。

H2b：文化背景对知识交往有正向直接影响，对共生关系有正向间接影响。

（三）假设三：文化行动影响论

文化行动指的是合作者之间的共同价值观，即政府、社会和企业对社会治理的共同认识和共同理解。企业参与社会治理过程必须由某些机制来调节，除了正

---

① GRANOVETTER M. Economic action and social structure: the problem of embeddedness[J]. American journal of sociology, 1985, 3: 481-510.

② 甄志宏. 从网络嵌入性到制度嵌入性：新经济社会学制度研究前沿[J]. 江苏社会科学, 2006（3）: 97-100.

③ HAGEN J M, CHOE S. Trust in Japanese interfirm relations: institutional sanctions matter[J]. Academy of management review, 1998, 23(3): 589-600.

④ MACAULAY S. Non-contractual relations in business: a preliminary study[J]. American sociological review, 1963: 55-67.

式制度和非正式的文化背景外，在微观领域还包括本研究所指的文化行动，即政府、社会和企业之间的共同价值观。共同价值观制约着企业在社会治理关系网络中的实践。企业的价值观影响企业与其他合作伙伴之间关系质量，是企业与合作伙伴间建立、保持和发展长期合作关系的重要影响因素。Morgan 和 Hunt 认为企业的价值观是企业行动的标准和规范，对企业与合作伙伴的关系产生一种承诺[1]。Henderson 认为维持长期合作关系的要领之一就是建立共同目标以及承诺。此外，共同价值观对信任有很大的贡献，共同价值观影响合作伙伴间的信任程度[2][3]。综上，本书提出假设：文化行动影响企业的社会交往和信任，进一步影响共生关系。

H3a：文化行动对人际交往有正向直接影响，对共生关系有正向间接影响。

H3b：文化行动对知识交往有正向直接影响，对共生关系有正向间接影响。

（四）假设四：二元交往论

社会治理主体间不是简单的互动关系，它必须以资源的交换和正式的沟通为基础，即合作治理不仅仅是利益相关者之间互相咨询建议，也意味着各机构之间和利益相关者之间的多向交流、相互影响以及资源交换的实质发生。从主体要素来看，合作治理是多中心的行动网络，政府、市场与社会层面的各类主体共同构成了合作治理的行动框架，彼此之间是共生互赖、共生互利与共生互助的合作关系。从运行逻辑来看，合作治理是政府、市场和社会组织等多元行动主体通过权力共有、资源共享、协商共治以及责任共担等方式，共同参与公共事务治理、维护并增进公共利益的治理过程。多元化的合作治理体系中存在频繁的互动交流，权力、资源等要素在各主体间传递、共享，互通有无。本书将分别从人际交往与知识交往来分析其与信任、共生之间的关系。

---

[1] MORGAN R M, HUNT S D. The commitment-trust theory of relationship marketing[J]. Journal of marketing, 1994, 58(3): 20-38.

[2] DWYER F R, SCHURR P H, OH S. Developing buyer-seller relationships[J]. Journal of marketing, 1987, 51(2): 11-27.

[3] MORGAN R M, HUNT S D. The commitment-trust theory of relationship marketing[J]. Journal of marketing, 1994, 58(3): 20-38.

· 第五章　企业、政府与社会共生关系的构建 ·

1. **人际交往与信任、共生关系**

人际交往是一种基于人情、关系的感性交往，关系运作是建立人际交往的重要机制。人际关系是指社会人因交往而构成的相互依存、相互联系和相互影响的社会关系，强调的是社会中人与人之间的交往。社会治理的行动主体是由自然人或法人组合而成，因此，人与人之间的沟通交流会对政府、社会和企业之间的互动产生重要影响。契约的执行是建立在契约的非契约性（关系）基础上的。因此，人际交往是帮助建立多元治理主体间的稳定合作关系的重要基础。

合作者间的有效协调和沟通是建立信任的基础，信任能够推动更加详细、敏感和整合性信息的传递，增强合作者的开放程度及互动频次，促进组织之间更加深度地利用对方的互补性资源，有利于合作网络的整体发展。韦伯和福山研究发现，中国情境下，人们对于血缘家族关系外的其他人是普遍的不信任。但近年来，有学者发现中国人能够通过套近乎、做人情等多种方式，将先天注定的血缘关系进一步泛化、扩展和延伸到与没有血缘联系的其他人的交往关系之中，最终形成了费孝通所说的差序格局，即中国人既信任血缘家族内部的个人，也信任那些与自己有亲密交往关系的个人。因此，人际交往可以增强信任。

在中国，由于制度和文化背景的不完善，建立在人际关系基础上的关系在组织间合作过程中扮演着非常重要的作用，关系中的互惠性能制约机会主义行为，关系是行动主体间的润滑剂，良好的人际关系会缩小主体间的社会距离，信任水平会随着人主体间社会距离的缩小而提高，即良好的人际关系可以增强彼此间的信任。政府、社会和企业之间的良性的结构性互动主要靠的是信任。信任在长期的交往过程中产生由初级人际信任到义利共存的升华，暗含人际交往与信任和共生关系间的相互作用。因此，人际交往、信任、共生关系存在正向相关关系。

2. **知识交往与信任、共生关系**

知识交往是一种基于知识互动的理性交往，是主体间共享相关信息、观点、建议、专长的过程。知识共享机制是网络结构中的一个重要机制，知识共享在网络层面主要表现为知识溢出。区域网络能够有效地传递和扩散各类知识。

资源依赖理论是合作治理的一个重要理论基础。该理论认为所有的组织都处于复杂的社会环境中，任何组织不可能实现自给自足，只有相互间进行资源交换和信息共享才能推动组织自身的发展。组织与外部环境进行交换过程中产生的依赖关系是资源依赖性的本质。McCutcheou 和 Stuac 认为，资源依赖与互补是促进利益相关者参与合作的内在因素，也是合作形成的客观条件与重要前提[①]。理论上认为，每个组织都具有保持自主权并避免合作的原始动因，但是，资源依赖视阈下产生的特定的资源依赖关系会萌发组织的合作意愿及积极性，频繁的互动有利于增强多元主体间的情感认同和行为认同，有利于实现长期的合作关系，进而增进彼此间的信任关系。当然，也有研究者指出不平衡的资源互依将会对合作治理产生负面影响，依赖性有可能加大差距而不是实现资源的共享，合作过程很有可能被强势的合作主体操纵。不过，Ansell 和 Gash 认为，只要保持合理的资源依赖结构或将不平衡置于可控水平，合作治理主体的关系依赖性仍是形成合作关系的良好条件[②]。

总体而言，知识经济时代，任何社会组织仅利用内部资源都无法满足自身发展。时代背景和社会结构的变化导致政府、社会以及企业相互之间必须进行资源交换，通过个体间或组织间的交往，各治理主体获得新的具有差异性的外部知识、信息、技能等，进一步加强合作关系，由此推动社会治理的产嬗变和发展，最终实现合作治理。综上，本书提出假设：社会交往与社会治理主体的共生关系是正相关关系。

H4a：人际交往对信任有正向直接影响，对共生关系有正向间接影响。

H4b：知识交往对信任有正向直接影响，对共生关系有正向间接影响。

H4c：人际交往对共生关系有正向直接影响。

H4d：知识交往对共生关系有正向直接影响。

H4e：知识交往对信任的影响力大于人际交往对信任的影响力。

H4f：知识交往对共生关系的影响力大于人际交往对共生关系的影响力。

H4g：人际交往与知识交往产生互动效应。

---

① MCCUTCHEON D, STUART F I. Issues in the choice of supplier alliance partners[J]. Journal of operations management, 2000, 18(3): 279-301.

② ANSELL C, GASH A. Collaborative governance in theory and practice[J]. Journal of public administration research and theory, 2008, 18(4): 543-571.

（五）假设五：信任影响论

从嵌入性视角来看，合作治理实质上是社会主体互嵌的过程，这一社会过程既包括关系嵌入，也包括结构嵌入。格兰诺维特认为，这一社会过程中，个人或组织趋向于和那些声誉好、在以往交往中表现积极的伙伴合作，信任是形成合作关系的基础，也是降低合作成本的重要因素[①]。在推动政府与非政府主体合作的因素中，信任是最重要的。

从价值追求来看，合作治理源自人类共生共存的社会性诉求，多中心的合作治理就是为了构建维护命运共同体的合作秩序。不同的社会发展阶段，合作秩序都蕴含信任元素，社会合作秩序的建构的关键核心是信任，信任是趋向合作治理的动力源。稳定的信任关系能够削弱机会主义和利己主义带来的不确定性与易变性，创造稳定的合作关系。

从维系机制来看，合作治理需要通过信任关系的建构来达成实质性的行动目标。持续的信任关系构成了合作治理的枢纽机制，其有助于激发多元治理主体的合作意愿与动能，构筑合作治理的网络关系和网络结构，疏通合作治理的运行过程。故而，信任关系的建构对于合作治理而言至关重要，是合作善治目标能否达成的软性支撑。

合作治理是超越权威体制、资本契约和技治主义的逻辑进路，是公共治理的整体性变革。信任是一种特殊的隐性资本与社会品性，并贯穿于合作治理的全过程，信任关系则构成了社会治理的价值基础与合作治理的社会潜网，为实现共治共享的社会治理格局提供了软性契约保障。信任关系内嵌于一切人类社会合作交往活动。共生关系是一种特殊的合作关系，因此信任也是共生关系的重要测量变量，信任影响共生关系的形成。综上，本书提出假设：信任影响共生关系。

H5a：信任对共生关系产生正向直接影响。

---

① GRANOVETTER M. Economic action and social structure: the problem of embeddedness[J]. American journal of sociology, 1985, 91(3): 481-510.

第三节 数据收集及分析

一、数据收集

本书以中国企业为研究对象，采取结构性问卷来获取对社会治理中企业共生关系的社会构建的认知，以问卷回收结果作为数据来源。首先，本研究选取30家企业进行问卷预调查，问卷各题项采用 Likert 5级量表法。调查过程中，研究人员与相关政府部门、社区以及企业进行深入访谈，依据预调研过程中调查对象或访谈对象提出的问题和建议，对初测问卷的题项进行修改和完善，最终形成正式调查问卷。由于本研究的测量问卷涉及企业社会责任、社会治理等复杂、重要信息，因此，此研究要求被访者需以企业的中、高层领导或管理者为主，力求准确反映企业的社会治理实践的真实情况，以期提高本研究结果的准确性。正式调查过程中，本研究主要采用电子问卷方式进行，电子问卷主要通过 Credamo 在线问卷调查平台，让企业配合填写问卷，然后通过 E-mail 回收问卷并进行数据收集。本次调查共发放了500份问卷，共计回收493份，问卷回收率为98.6%。在剔除不合格问卷和无效重复问卷，样本最终保留391份，实际回收率为78.2%。

二、数据分析工具和分析方法

（一）数据分析工具

结构方程模型十分适合于本书中验证关系强度、企业位置、文化背景等与共生关系之间的内容。因为本研究中的这些变量只能用多个观察指标间接测量，且无法通过指标对潜变量进行完全地解释，会存在变量误差。因此，本书采用结构方程模型来揭示多变量之间的关系以及涉及潜变量的复杂关系。相较于简单的回归分析，其可以探究各变量之间的路径关系；相较于传统的路径分析，其可以同时考虑多个测项对潜变量的影响和潜变量之间的结构关系，而且可以做多个模型的拟合优度比较。本研究采用 AMOS 25.0软件作为结构方程模型分析的工具，其优点是与 SPSS 格式的数据对接上显得比较方便，且提供观测变量即路径调整的建议。

（二）数据分析方法

本研究采用的分析方法和步骤简要概括如下：

（1）描述性统计分析。本书主要是针对被访者学历、企业所在地、企业年龄、企业性质、企业所属行业的基本情况等方面进行描述性统计，以判断所回收样本是否具有代表性，是否符合预期要求。

（2）因子分析。为验证文中所选测量指标能否合成拟定变量，本书将对问卷所包含的选项进行因子分析，通过因子分析结果检验问卷设计的合理性以及样本选择的有效性。

（3）验证性因子分析。在结构方程的分析过程中，验证性因子分析通常也称为测量模型的验证，测量潜变量与观察变量之间的关系或二阶因子潜变量与其测量指标潜变量之间的关系。

（4）信度和效度分析。对本问卷的量表进行内部一致性分析，以信度系数值来衡量同变量下各个测量指标的一致性，并检验各变量和量表的信度。效度分析是研究构思的重要环节。本书将针对区别效度和收敛效度两个方面考察问卷设计和实证分析的有效性。

（5）结构方程分析。根据本书的构思，在进行因子分析、信度和效度分析、验证性因子分析的基础上，对文中所提出的理论模型通过构建结构方程模型进行检验分析，验证模型拟合度的同时，也检验研究假设的可行性。

第四节 实证分析与假设检验

一、实证分析

（一）样本特征描述

本次研究主要从被访者学历、企业所在地、企业年龄、企业规模、企业性质以及企业所属行业等方面对391份有效样本的情况作基本描述性分析，具体数据如表5-1~表5-6所示。

表5-1 被访者学历描述性统计

基本特性	分类	样本数量（n=391）	百分比（%）
被访者学历	初中	2	0.5
	普高/中专/技校/职高	9	2.3
	专科	29	7.4
	本科	308	78.8
	硕士	41	10.5
	博士	2	0.5

表5-2 企业所在地描述性统计

基本特性	分类	样本数量（n=391）	百分比（%）	基本特性	分类	样本数量（n=391）	百分比（%）
企业所在地	广东	62	15.9	企业所在地	湖北	15	3.8
	上海	38	9.7		河北	13	3.3
	北京	33	8.4		福建	12	3.1
	江苏	31	7.9		天津	10	2.6
	浙江	28	7.2		重庆	9	2.3
	山东	28	7.2		黑龙江	9	2.3
	湖南	16	4.2		辽宁	8	2.0
	河南	17	4.3		其他	46	11.8
	四川	16	4.1				

表5-3 企业年龄描述性统计

基本特性	分类	样本数量（n=391）	百分比（%）
企业年龄	小于3年	11	2.8
	3~5年	58	14.8
	5~10年	122	31.2
	10~15年	100	25.6
	15年以上	100	25.6

第五章　企业、政府与社会共生关系的构建

表5-4　企业性质描述性统计

基本特性	分类	样本数量（n=391）	百分比（%）
企业性质	国有企业	110	28.1
	合资企业	17	4.3
	集体企业	27	6.9
	民营企业	211	54.0
	外资企业	26	6.6

表5-5　企业所属行业描述性统计

基本特性	分类	样本数量（n=391）	百分比（%）
企业所属行业	A 农、林、牧、渔业	9	2.3
	B 采矿业	6	1.5
	C 制造业	110	28.1
	D 建筑业	50	12.8
	E 电力、燃气及水的生产和供应业	35	9.0
	F 批发和零售业	30	7.7
	G 租赁和商务服务业	34	8.7
	H 餐饮业	17	4.3
	I 科学研究、技术服务和地址勘查业	63	16.1
	J 水利、环境和公共设施管理业	13	3.3
	K 其他行业	24	6.1

表5-6　企业规模描述性统计

基本特性	分类	样本数量（n=391）	百分比（%）
企业规模	微型企业	9	2.3
	小型企业	101	25.8
	中型企业	208	53.2
	规模以上企业	73	18.7

从以上表中看出，样本企业的区域分布合理，多属于大、中型企业，50%以上的企业年龄是10年以上，80%以上的企业年龄是5年以上。由于本书研究的是社

会治理主体中的企业共生关系，则越成熟的企业对于企业参与社会治理的评价越真实、客观，因此，样本数据具有普遍性和代表性，本调查具有较好的可信性。

（二）各潜变量的测项与探测分析

1. 各潜变量的测项（见表5-7）

表5-7 正式调查中各潜变量的测项

潜变量	测项	所代表的内容
关系强度	AA1	公司与所在社区保持密切的关系
	AA2	公司与当地政府之间的联系频繁
	AA3	公司、政府、社区之间互利互惠
企业位置	AA4	公司在社会中拥有较大的影响力
	AA5	公司对于政府、社区提高社会治理成效有重要意义
	AA6	与公司保持合作关系，能为政府、社区发展带来特殊资源
文化背景	AA7	中国当前的社会文化更加提倡协同合作
	AA8	当前的社会文化提升了公司主动履行社会责任的意愿
	AA9	当前的营商环境有利于公司履行社会责任
文化行动	AA10	履行社会责任与公司的经营理念相符
	AA11	履行社会责任与公司的企业文化相符
	AA12	参与非经济社会活动与经营活动并不矛盾
人际交往	B1	公司经常与政府官员一起参加社交活动
	B2	公司经常与社区相关领导人进行工作以外的互动交流
	B3	公司经常参与社会活动有助于扩展社会关系
知识交往	C1	与政府互动的过程中，公司熟悉了政府工作的方式方法
	C2	与社区互动的过程中，公司更加了解社区发展的诉求和方向
	C3	企业、政府、社区在促进社会发展中共享知识、资源、经验
信任	D1	公司相信政府及社区领导人做出的承诺
	D2	公司相信积极承担社会责任有助于提升企业绩效
	D3	政府相信公司可以为社会发展做出贡献
	D4	社区相信公司解决社区事务的能力
	D5	企业与政府、社区能够真诚相待，互惠互信

表5-7（续）

潜变量	测项	所代表的内容
共生关系	F1	公司积极主动遵守政府的相关政策
	F2	公司与政府之间建立了良好的外部关系
	F3	政府为公司发展提供了必要的制度保障
	F4	政府颁布的相关政策需要公司的积极配合
	F5	公司承担社会责任，帮助政府解决了一些公共服务问题
	F6	公司获得政府的信任从而获得政府项目或者优惠支持
	F7	公司经常与社区进行沟通交流
	F8	公司与社区之间的关系紧密、和谐
	F9	公司一定程度上解决了社区成员的就业问题
	F10	公司支持并参与社区的公益事业，促进社区的发展
	F11	与社区保持积极的合作关系，有利于公司树立良好形象
	F12	与公司保持积极合作关系，有利于缓解社区治理负担过重问题

2．数据探测分析

数据探测性分析是正式分析之前的变量的初步分析，探测性分析的工作包括检查各测项的测量结果，检验数据的正态分布特征等。

首先对各测项的测量结果进行探测分析。SPSS 25.0所计算的描述性统计结果显示，所有测项的测量标准一样，均是5分尺度。平均值统计结果显示，均值标准差在0.07之内，样本标准差在1.148之内，表明各测项的离散程度在可接受范围内，见表5-8。

表5-8 测量变量的描述性统计结果

测量变量	样本量 N	最小值 Min	最大值 Max	平均值 Mean	均值标准误 S.E	样本标准差 S.D	方差 Variance
AA1	391	1	5	1.67	0.056	1.110	1.232
AA2	391	1	5	1.86	0.056	1.103	1.217
AA3	391	1	5	1.83	0.056	1.100	1.209
AA4	391	1	5	1.79	0.058	1.147	1.315
AA5	391	1	5	1.90	0.055	1.095	1.200
AA6	391	1	5	1.95	0.053	1.055	1.112

表5-8（续）

测量变量	样本量 N	最小值 Min	最大值 Max	平均值 Mean	均值标准误 S.E	样本标准差 S.D	方差 Variance
AA7	391	1	5	2.21	0.056	1.103	1.217
AA8	391	1	5	2.17	0.054	1.067	1.139
AA9	391	1	5	2.04	0.055	1.078	1.163
AA10	391	1	5	2.07	0.058	1.148	1.319
AA11	391	1	5	1.86	0.056	1.105	1.220
AA12	391	1	5	2.03	0.054	1.077	1.161
B1	391	1	5	2.09	0.052	1.020	1.041
B2	391	1	5	2.14	0.055	1.080	1.165
B3	391	1	5	1.94	0.057	1.124	1.263
C1	391	1	5	2.30	0.052	1.038	1.077
C2	391	1	5	2.10	0.053	1.040	1.082
C3	391	1	5	2.17	0.052	1.027	1.055
D1	391	1	5	1.79	0.056	1.102	1.215
D2	391	1	5	1.90	0.054	1.071	1.146
D3	391	1	5	1.97	0.055	1.080	1.166
D4	391	1	5	1.92	0.054	1.072	1.149
D5	391	1	5	1.87	0.054	1.060	1.124
F1	391	1	5	2.00	0.055	1.087	1.182
F2	391	1	5	2.54	0.054	1.061	1.126
F3	391	1	5	2.44	0.055	1.082	1.170
F4	391	1	5	2.03	0.053	1.047	1.096
F5	391	1	5	2.10	0.051	1.006	1.012
F6	391	1	5	2.01	0.051	1.009	1.018
F7	391	1	5	1.89	0.053	1.048	1.098
F8	391	1	5	1.95	0.053	1.056	1.116
F9	391	1	5	1.92	0.054	1.059	1.121
F10	391	1	5	1.91	0.054	1.061	1.125
F11	391	1	5	2.07	0.051	1.013	1.026
F12	391	1	5	1.81	0.055	1.092	1.192

·第五章 企业、政府与社会共生关系的构建·

其次，借助AMOS 25.0对样本数据进行正态分布检验。若样本数据的正态分布的检验结果中偏度系数（skew）和峰度系数（kurtosis）均为0，则其呈正态分布。若偏度系数和峰度系数均大或小于0，则其呈偏态分布。本研究的正态分布检验结果（见表5-9）表明，观测变量样本数据的偏度系数均大于0，为右偏分布，且多数峰度系数也大于0，因此不能通过正态分布的检验。这一检验结果与多数企业调研呈现的结果偏离正态分布的情形是相似的。

表5-9 正态分布检验

测量变量	偏度系数 skew	偏度关键比 c.r.	峰度系数 kurtosis	峰度关键比 c.r.
AA1	1.068	8.623	0.796	3.213
AA2	0.899	10.700	0.176	0.712
AA3	1.326	10.675	1.099	4.437
AA4	0.536	4.330	−0.405	−1.634
AA5	1.054	8.512	0.678	2.736
AA6	0.847	8.623	0.180	0.725
AA7	1.559	12.583	1.642	6.628
AA8	1.366	11.028	1.320	5.329
AA9	1.243	10.033	0.959	3.871
AA10	1.306	10543	1.0784	4.352
AA11	1.347	10.877	1.213	4.896
AA12	1.134	9.151	0.641	2.589
B1	0.386	3.115	−0.460	−1.855
B2	0.569	4.593	−0.390	−1.575
B3	1.133	9.145	0.779	3.144
C1	1.030	8.313	0.699	2.819
C2	1.025	8.271	0.553	2.231
C3	1.372	11.073	1.401	5.653
D1	1.163	9.392	0.768	3.099
D2	1.331	10.748	1.267	5.116
D3	1.307	10.554	1.111	4.484
D4	1.067	8.612	0.750	3.026

表5-9（续）

测量变量	偏度系数 skew	偏度关键比 c.r.	峰度系数 kurtosis	峰度关键比 c.r.
D5	1.384	11.169	1.098	4.434
F1	1.747	14.106	2.008	8.107
F2	1.434	11.576	1.358	5.480
F3	1.478	11.932	1.453	5.866
F4	1.570	12.677	1.537	6.205
F5	1.399	11.292	1.357	5.477
F6	1.197	9.661	0.849	3.426
F7	0.817	6.598	−0.032	−0.130
F8	0.819	6.610	−0.021	−0.085
F9	0.924	7.459	0.083	0.337
F10	1.050	8.476	0.032	1.220
F11	1.435	11.588	1.392	5.617
F12	1.164	9.393	0.875	3.533

根据观测变量样本数据的探测结果，本研究最终采用最大似然法（ML）进行模型估计。非正态数据是研究中最常见的情况之一，在社会学领域中更是如此。目前，常用的处理非正态分布的数据的方法有一般加权最小二乘法（WLS）和最大似然法（ML）等。理论上，WLS 估计尽在简单模型、大样本时（n＞1 000）表现尚可，在其他情况下无法得到合理的估计值，如参数估计、检验统计量和标准误不精确等问题。介于本研究的样本数据远小于1 000，则不予考虑 WLS 估计。数据呈现多元正态分布是 ML 估计的前提条件之一，显然，一般社会学研究中很难满足该条件。但是，不少学者发现，在样本数据呈非正态分布的情况下，ML 估计也是稳健的。因此，本研究仍然采用最大似然法进行模型参数估计，模型参数估计的数据分析采用协方差矩阵进行。

（三）探索性与验证性因子分析

1. 探索性因子分析

在进行探索性因子分析前，首先要判断数据是否具备因子分析的条件。本研究通过 SPSS 25.0进行因子分析检验，结果显示（见表5-10），各因子分析的 KMO

的最小值为0.691，符合Bartlett's球形检验标准（$p<0.000$）。因此，适合进行因子分析。

表5-10 因子分析检验结果

	KMO值	Bartlett's球形检验标准
社会变量	0.866	0.000
人际交往	0.691	0.000
知识交往	0.741	0.000
信任	0.911	0.000
共生关系	0.966	0.000

本研究借助SPSS 25.0来进行探索性因子分析，分别从外生变量、内生变量和共生变量三个方面分析。一般情况下，探索性因子分析采用主成分分析法提取公因子，以方差最大法正交旋转并解释因子。本书按照理论假设来截取因子个数，而不以"初始本征根值不低于1"作为初始标准来截取因子。外生变量截取4个因子，内生变量截取2个因子，共生变量截取1个因子。结果显示，因子分析结果与理论假设基本吻合。

外生变量的因子分析结果见表5-11。从表中可以看出，累计方差解释的83.401%，解释力较强，说明测项的因子归属与理论假设相符合。

表5-11 外生变量的因子分析矩阵

	因子			
	1	2	3	4
AA1	0.727	0.229	0.081	0.415
AA2	0.331	0.242	0.813	0.319
AA3	0.674	0.398	0.428	0.102
AA4	0.294	0.246	0.285	0.846
AA5	0.483	0.557	0.299	0.432
AA6	0.398	0.802	0.241	0.253
AA7	0.739	0.334	0.340	0.150
AA8	0.794	0.311	0.189	0.245
AA9	0.723	0.423	0.150	0.253

表5-11（续）

	因子			
	1	2	3	4
AA10	0.764	0.242	0.361	0.248
AA11	0.774	0.229	0.318	0.285
AA12	0.695	0.268	0.378	0.228
方差解释%	41.129	15.466	13.536	13.270
累计方差解释%	41.129	56.575	70.138	83.401

内生变量的因子分析结果见表5-12。从表中可以看出，累计方差解释的81.172%解释力较强，说明测项的因子归属与理论假设相符合。

表5-12 内生变量的因子分析矩阵

	因子		
	1	2	3
B1	0.257	0.233	0.909
B2	0.246	0.732	0.541
B3	0.644	0.588	0.189
C1	0.645	0.454	0.296
C2	0.727	0.457	0.151
C3	0.785	0.372	0.086
D1	0.811	0.167	0.329
D2	0.841	0.207	0.250
D3	0.859	0.194	0.258
D4	0.772	0.383	0.166
D5	0.859	0.233	0.228
方差解释%	50.361	16.360	14.451
累计方差解释%	50.361	66.721	81.172

共生变量的因子分析结果见表5-13。从表中可以看出，累计方差解释的74.288%解释力一般。这可能是因为是按照理论假设只提去了一个因子，而牺牲了部分解释力。

表5-13 共生变量的因子分析矩阵

	因子 1 共生关系		因子 1 共生关系
H1	0.860	H8	0.848
H2	0.891	H9	0.809
H3	0.880	H10	0.868
H4	0.875	H12	0.839
H5	0.867	H12	0.858
H6	0.852	方差解释 %	74.288
H7	0.839	累计方差解释 %	74.288

2. 验证性因子分析

验证性因子分析实际是测量模型的检验过程，往往根据先验的理论框架对变量的潜在结构进行证实，同时分析因子之间的相关性。验证性因子分析的步骤主要包括四个部分：一是潜变量的界定及操作化定义；二是潜变量的测项明确；三是测量同一潜变量的指标须具有一致性，测量不同潜变量的指标须具有区别性；四是测项对潜变量的测量是否符合真实情况。其中，第一步和第二步已经在前面研究中完成，第三步和第四步将在以下研究中进行。

验证性因子分析的检验标准主要包括测项的标准因子负载值和因子标准载荷的显著性。首先，判断潜变量的测项标准因子负载值是否大于0.5；其次，判断测项的标准化负载系数是否显著，即 T 值（AMOS 中以 C.R. 值显示）是否大于显著的临界值（置信度为90%时应大于1.96）来判断。满足上述条件则表明通过验证性因子分析。

模型拟合优度的检验指标有：

（1）卡方指数（χ^2）。一般，χ^2值高于0.5认为在假设模型和观测数据之间的拟合度较好。但值得注意的是，χ^2值很容易受样本数量的影响，样本数量越大，χ^2值越容易显著。因此，学者认为评价指数可采用χ^2/df指标，$\chi^2/df<2$时，模型拟合为优；$\chi^2/df<5$时，模型拟合可接受。此外，由于χ^2值对样本量的敏感性，模型拟合度的水平不仅仅取决于χ^2/df值，还要综合其他指标进行判断。

（2）近似误差指数 SRMR（标准化残差均方根）、RMSEA（近似误差均方根）。RMSEA≤0.05表示适配很好，RMSEA≤0.08，表示适配度不错，RMSEA≤0.1是中度适配，RMSEA≥0.1，表示不良适配。

（3）相对拟合指数 CFI、NFI。当 CFI≥0.9，NFI≥0.9时，被认为拟合为优。

（4）拟合优度指数 GFI。GFI≥0.9被认为拟合为优。

若模型拟合指标中的多数指标达到标准，个别指标未达到标准，而是接近标准的情况，模型仍是可以接受的。

本研究的验证性因子分析检验结果见表5-14。具体显示：拟合优度 χ^2/df = 3.176，RMSEA=0.075，SRMR=0.033，GFI=0.945，CFI=0.805，NFI=0.923。因此，整体上拟合指标通过了适合度检验，而且各测项的标准的因子载荷也都大于0.5，达到效度检验的标准。

表5-14 所有变量的验证性因子分析

	标准负载（Estimate）	标准误差（S.E.）	T值（C.R.）	显著水平（P）
社会因素				
A1	0.922			
A2	0.862	0.033	27.337	0.000
A3	0.934	0.031	34.787	0.000
A4	0.933	0.031	34.669	0.000
人际交往				
B3	0.835			
B2	0.638	0.055	14.248	0.000
B1	0.561	0.056	12.140	0.000
知识交往				
C3	0.844			
C2	0.837	0.045	21.141	0.000
C1	0.814	0.046	20.142	0.000
信任				
D2	0.885			
D1	0.847	0.040	23.762	0.000
D3	0.885	0.038	26.710	0.000

·第五章 企业、政府与社会共生关系的构建·

表5-14（续）

	标准负载 （Estimate）	标准误差 （S.E.）	T值 （C.R.）	显著水平 （P）
D4	0.894	0.038	24.612	0.000
D5	0.905	0.038	27.467	0.000
共生关系				
F7	0.802			
F1	0.855	0.053	20.287	0.000
F2	0.886	0.052	21.434	0.000
F3	0.874	0.052	20.975	0.000
F4	0.868	0.054	20.756	0.000
F5	0.860	0.052	20.495	0.000
F6	0.843	0.050	19.941	0.000
F8	0.817	0.051	19.178	0.000
F9	0.781	0.053	17.934	0.000
F10	0.845	0.055	20.043	0.000
F11	0.885	0.052	21.406	0.000
F12	0.850	0.051	20.169	0.000
拟合优度	$\chi^2(317)=1\,006.865$，$p=0.000$， $\chi^2/df=3.176$， RMSEA=0.075，SRMR=0.033，GFI=0.805，CFI=0.945，NFI=0.923			

（四）信度和效度检验

为了确保所有变量的测项在其所属因子当中均具有高度的一致性，本研究进行了信度分析。信度分析是一种度量综合评价体系是否具有一定的稳定性和可靠性的有效分析方法。信度系数越大，表明测量的可信程度越大。测量量表中，往往一组问题用来集中测量某一方面或某一维度的信息，此时信度分析应当按测量的维度来进行，即测量同一维度的一组问题间信度如何，而不是直接测量整个量表的信度。因此，本研究分别对各测量模型进行信度分析，使用SPSS 25.0软件计算获得Cronbach's α系数和项目总体相关系数（Corrected Item-Total Correction，CITC）。SPSS 25.0所计算的研究结果显示，各潜变量的Cronbach's α系数均大于0.7，则所有变量通过了信度检验。

结构方程模型用来判断潜变量效度的方法主要有区别效度、收敛效度和模型的拟合优度指数三种。因为模型的拟合优度指数在验证性因子分析部分已经通过检验，在此主要检验收敛效度和区别效度。收敛效度表示同类同一变量上的指标的收敛程度，区别效度则表示指标与其他指标的差异程度。这项测量可以用因子分析中的因子负荷值衡量，一般而言，因子负荷值越大，表示该因子解释相关观测变量的程度越高，反过来说表示该观测变量测量到该因子结构的程度，问卷的题项的因子负荷值越高，表示该因子具有结构效度。

1. 社会变量的信度和效度检验

首先，通过二阶验证性因子分析检验社会变量量表的信度和效度。对量表信度的评价主要通过测量题项的内部一致性检验来评价的。表5-15中显示，各维度的Cronbach's α系数介于0.843~0.916之间，均超过了0.7的标准，因此量表具有较高的信度。关系强度、企业位置、文化背景和文化行动测项的CITC最小值为0.693，超过了建议的首选值0.5，各维度的平均方差提取值AVE介于0.600~0.766之间，均超过了0.5的标准，组合信度值C.R.介于0.818~0.907之间，均超过了0.7的标准。同时，社会变量的AVE值为0.838，组合信度C.R.值为0.954，均超过了相应的建议标准。综上描述，社会变量量表的收敛效度和判别效度较好。另外，结果中还显示各测项一阶载荷系数介于0.696~0.893之间，测量维度的二阶载荷系数介于0.867~0.941之间，均大于0.5的标准。

表5-15 社会变量的二阶验证性因子分析和信度分析结果

维度	测项	一阶载荷	二阶载荷	CITC	Cronbach's α	AVE	C.R.
关系强度	公司与所在社区保持密切的关系	0.794	0.913	0.779	0.843	0.634	0.838
	公司与当地政府之间的联系频繁	0.736		0.732			
	公司、政府、社区之间互利互惠	0.855		0.836			
企业位置	公司在社会中拥有较大的影响力	0.696	0.867	0.693	0.861	0.600	0.818
	公司对于政府、社区提高社会治理成效有重要意义	0.838		0.834			
	与公司保持合作关系，能为政府、社区发展带来特殊资源	0.784		0.780			

第五章　企业、政府与社会共生关系的构建

表5-15（续）

维度	测项	一阶载荷	二阶载荷	CITC	Cronbach's α	AVE	C.R.
文化背景	中国当前的社会文化更加提倡协同合作	0.866	0.939	0.841	0.904	0.746	0.898
	当前的社会文化提升了公司主动履行社会责任的意愿	0.874		0.850			
	当前的营商环境有利于公司履行社会责任	0.851		0.831			
文化行动	履行社会责任与公司的经营理念相符	0.893	0.941	0.869	0.916	0.766	0.907
	履行社会责任与公司的企业文化相符	0.891		0.867			
	参与非经济社会活动与经营活动并不矛盾	0.840		0.821			

2. 共生关系的信度和效度检验

运用一阶验证性因子分析来评价共生关系的信度和效度。如表5-16所示，共生关系量表的Cronbach's α系数为0.968，量表的信度较高。各测项的CITC值介于0.774~0.870之间，处于0.5以上，组合信度C.R.为0.968，超过了0.7的标准，AVE值为0.716，也超过了0.5的标准。因此，共生关系量表的收敛效度和判别效度较为理想。且各测量项的一阶载荷系数介于0.783~0.884之间，均大于0.5。

表5-16　共生关系的验证性因子分析和信度分析结果

维度	测项	一阶载荷	CITC	Cronbach's α	AVE	C.R.
共生关系	公司积极主动遵守政府的相关政策	0.853	0.831	0.968	0.716	0.968
	公司与政府之间建立了良好的外部关系	0.884	0.866			
	政府为公司发展提供了必要的制度保障	0.873	0.854			
	政府颁布的相关政策需要公司的积极配合	0.868	0.848			
	公司承担社会责任，帮助政府解决了一些公共服务问题	0.857	0.838			
	公司获得政府的信任从而获得政府项目或者优惠支持	0.838	0.822			
	公司经常与社区进行沟通交流	0.812	0.807			
	公司与社区之间的关系紧密、和谐	0.824	0.819			
	公司一定程度上解决了社区成员的就业问题	0.783	0.774			
	公司支持并参与社区的公益事业，促进社区的发展	0.851	0.841			
	与社区保持积极的合作关系，有利于公司树立良好形象	0.884	0.870			
	与公司保持积极合作关系，有利于缓解社区治理负担过重问题	0.843	0.830			

3. 其他变量的信度和效度检验

运用一阶验证性因子分析分别评价人际交往、知识交往以及信任的信度和效度，见表5-17至5-19。首先，各变量量表的 Cronbach's α 系数介于0.817~0.944之间，则量表的信度较为理想。其次，各量表中的测项的 CITC 值介于0.621~0.874之间，均大于0.5的标准，组合信度 C.R. 在0.823~0.944之间，通过了0.7的标准检验，AVE 的最小值为0.610，超过了0.5的标准。因次，人际交往、知识交往以及信任量表的收敛效度和判别效度均比较好。各测项的标准化载荷系数介于0.691~0.909之间，大于0.5的标准。

表5-17 人际交往的验证性因子分析和信度分析结果

维度	测项	一阶载荷	CITC	Cronbach's α	AVE	C.R.
人际交往	公司经常与政府官员一起参加社交活动	0.737	0.652	0.817	0.610	0.823
	公司经常与社区相关领导人进行工作以外的互动交流	0.900	0.740			
	公司经常参与社会活动有助于扩展社会关系	0.691	0.621			

表5-18 知识交往的验证性因子分析和信度分析结果

维度	测项	一阶载荷	CITC	Cronbach's α	AVE	C.R.
知识交往	与政府互动的过程中，公司熟悉了政府工作的方式方法	0.809	0.737	0.871	0.694	0.872
	与社区互动的过程中，公司更加了解社区发展的诉求和方向	0.880	0.783			
	企业、政府、社区在促进社会发展中共享知识、资源、经验	0.809	0.738			

表5-19 信任的验证性因子分析和信度分析结果

维度	测项	一阶载荷	CITC	Cronbach's α	AVE	C.R.
信任	公司相信政府及社区领导人做出的承诺	0.846	0.819	0.944	0.771	0.944
	公司相信积极承担社会责任有助于提升企业绩效	0.878	0.850			
	政府相信公司可以为社会发展做出贡献	0.906	0.871			
	社区相信公司解决社区事务的能力	0.850	0.821			
	企业与政府、社区能够真诚相待，互惠互信	0.909	0.874			

二、模型拟合与研究假设检验

（一）预设模型拟合

根据本书所提出的理论模型，构建预设模型，如图5-2所示，本研究拟通过测量外生潜变量与内生显变量之间的关系来验证上文所提的研究假设。由于此研究数据主要是通过调查问卷获得，难免存在一定的误差，因此要使所有的指标值都符合模型几乎是不可能的，为了验证假设条件和证明理论模型，本书引入残余变量e1-e30，并将其路径系数默认值设为1，引入残余变量的作用是为了保证模型在验证过程能够成立。

首先，对预设模型中各变量代表的含义进行解释：Tie Str 代表关系强度，Ent struct 代表企业位置，Culture 代表文化背景，Same Value 代表文化行动，Social Var 代表社会变量，Pers Inter 代表人际交往，Know Inter 代表知识交往，Trust 代表信任，Symbiosis 代表共生关系，e1-e30代表残余变量。

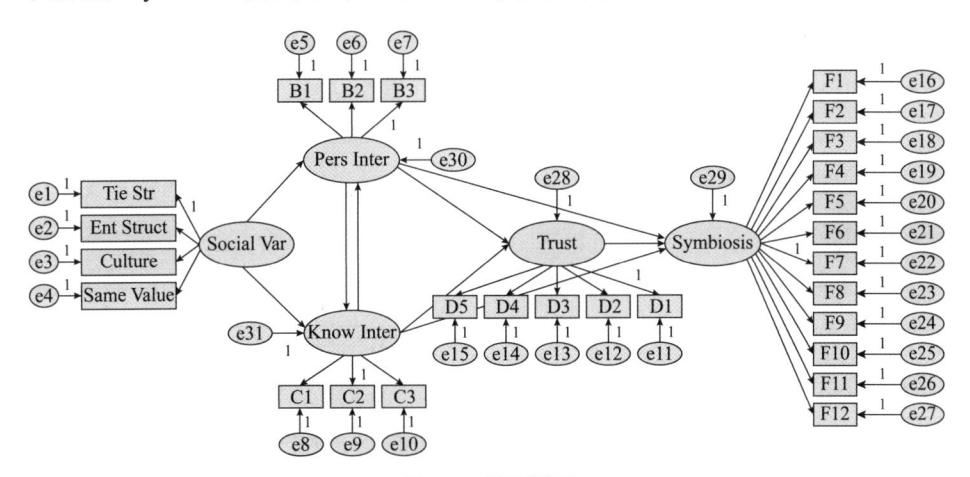

图5-2 预设模型

本研究运用最大似然估计，得到预设模型的标准化路径系数如图5-3所示，其运算结果由 AMOS 25.0提供。预设模型的运行结果显示：只有 Social Var → Know Inter，Know Inter → Trust 路径显著，其余路径均不显著，不显著的路径予以删除。但是，由于本研究想验证 Pers Inter 和 Know Inter 之间的互动效应，且 Pers Inter → Trust，Trust → Symbiosis 路径符合理论假设，因此先予以保留，形成"修正模型1"。

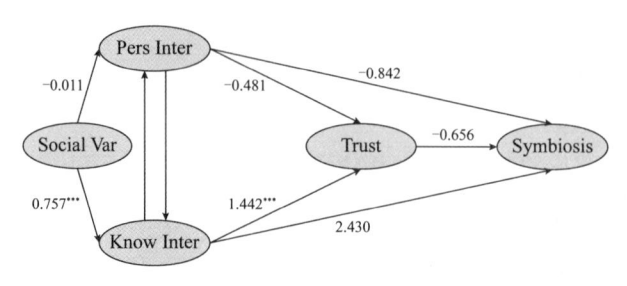

图5-3 预设模型的标准化路径系数

注：***$P<0.001$，**$P<0.01$，*$P<0.05$。

（二）模型修正

模型修正的目的是通过不断地比较模型并确认最终模型的过程。运用最大似然估计对各种可能路径模型进行检验，根据不同的结构方程模型检验结果，比较其拟合优度指数及其他拟合指数和指标的差异，判断并确定最终模型。本研究通过比较 RMSEA、SRMR、GFI、CFI、NFI 等拟合指数来判断模型拟合度，其中，要求 RMSEA≤0.08、SRMR≤0.08、GFI≥0.9、CFI≥0.9、NFI≥0.9。在 AMOS 中，模型修正主要遵循以下思路：

（1）检查各潜变量的决定系数（Cofficient of Determination），其主要用于判断拟合程度，用负相关系数 R^2 来评价，对于 R^2 值低且解释力不显著的潜变量可予以删除。

（2）增加模型的自由估计参数。根据模型修正指数结果，对于超过4（在0.05水平下的 $\Delta\chi^2/\Delta df$ 显著性比率）的路径，在符合理论假设的前提下可以设定未自由估计参数。

（3）减少模型的自由参数，检查路径的显著性。对于不显著的路径，在符合理论依据的前提下可删除。

在预设模型的基础上，按照 AMOS 运行结果，减少路径 Social Var → Pers Inter，Pers Inter → Symbiosis，Know Inter → Symbiosis 的修正模型1，其运算结果如表5-20所示。可发现，模型的拟合优度指标没有明显变化，模型的路径显著性有较明显改善。虽然路径 Pers Inter → Know Inter 仍不显著，但为了验证 Pers Inter 和 Know Inter 之间的互动效应，所以保留此路径。经过多次增加路径和减少路径，比较不同模型的运算结果，最终发现修正模型1是所有模型中的最优模型。因此，本研究将修正模型1定为最终模型。

表5-20　模型比较

	路径变化	χ^2/df	RMSEA	SRMR	CFI	GFI	NFI
预设模型		3.068	0.073	0.033	0.948	0.811	0.925
修正模型1	Social Var → Pers Inter -Inter → Symbiosis Know Inter → Symbiosis	3.081	0.073	0.031	0.948	0.809	0.924

（三）最终模型分析

1. 最终模型的路径图及路径系数

根据AMOS 25.0的运算结果，绘制出"最终模型的标准化路径系数图"，如图5-4所示。

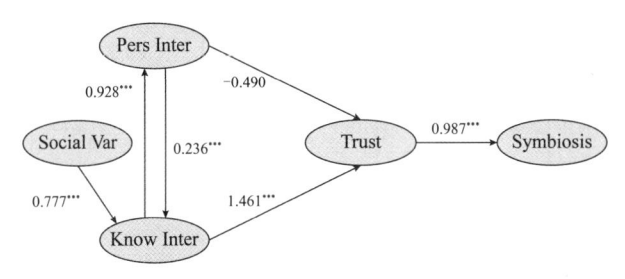

图5-4　最终模型的标准化路径系数

注：***$P<0.001$，**$P<0.01$，*$P<0.05$。

2. 最终模型的评价

本书采用拟合优度指标的方法对最终模型进行评价，与用AMOS 25.0进行验证性因子分析时的检验指标相同，包括χ^2/df、RMSEA、CFI等。如表5-21所示，本研究实证分析结果通过了显著性检验，并且$\chi^2/df=3.090$，对照回归分析拟合统计量的检验标准，该结果说明模型拟合接近于优，无论是拟合优度指数近似均方根（RMSEA=0.073）还是相对拟合度指数（CFI=0.947），都达到了标准，只有拟合优度指数（GFI=0.809）未达到大于0.9的检验标准，但该指标也处于可接受的范围。

3. 最终模型的参数估计值

最终模型的参数估计值见表5-21。

表5-21 最终模型的估计值和拟合度

	标准化估计值	标准误差（S.E.）	T值（C.R.）	显著度（P）
Social Var → Know Inter	0.778	0.095	8.265	***
Know Inter → Trust	1.455	0.212	7.314	***
Pers Inter → Trust	−0.484	0.197	−2.452	0.014
Trust → Symbiosis	0.987	0.045	20.935	***
Know Inter → C3	0.834			
Know Inter → C2	0.824	0.046	20.481	***
Know Inter → C1	0.804	0.047	19.677	***
Trust → D1	0.841	0.041	23.339	***
Trust → D2	0.881			
Trust → D4	0.858	0.038	24.325	***
Symbiosis → F1	0.857	0.053	20.347	***
Symbiosis → F2	0.886	0.052	21.418	***
Symbiosis → F3	0.874	0.052	20.979	***
Symbiosis → F4	0.869	0.054	20.798	***
Symbiosis → F5	0.860	0.052	20.488	***
Symbiosis → F6	0.842	0.050	19.901	***
Symbiosis → F7	0.802			
Symbiosis → F8	0.818	0.051	19.178	***
Symbiosis → F9	0.780	0.053	17.907	***
Symbiosis → 10	0.845	0.055	20.046	***
Symbiosis → F11	0.885	0.052	21.407	***
Symbiosis → F12	0.849	0.051	20.253	***
Trust → D5	0.898	0.039	26.889	***
Pers Inter → B1	0.623	0.053	13.447	***
Pers Inter → B2	0.717	0.050	16.537	***
Pers Inter → B3	0.890			
Trust → D3	0.885	0.039	26.028	***
Social Var → Tie Str	0.923			
Social Var → Ent struct	0.861	0.034	27，097	***

表5-21（续）

	标准化估计值	标准误差（S.E.）	T值（C.R.）	显著度（P）
Social Var → Culture	0.938	0.031	35.037	***
Social Var → Same Value	0.937	0.031	34.975	***
Pers Inter → Know Inter	0.235	0.088	2.508	0.012
Know Inter → Pers Inter	0.927	0.048	20.760	***
拟合指数	χ^2=982.663，p= 0.000，χ^2/df= 3.090			
	RMSEA=0.073，SRMR=0.031，GFI=0.809，CFI=0.947，NFI=0.924			

4. 最终模型的效应分解

最终模型中，各潜变量的标准化效应分解结果可以清楚、直观地显示各潜变量的效应（见表5-22），具体分析见后面的假设检验（见表5-23）。

表5-22 最终模型的各潜变量效应

	社会因素	人际交往	知识交往	信任	共生关系
人际交往					
总效应	0.921	0.278	1.184		
直接效应			0.927		
间接效应	0.921	0.278	0.258		
知识交往					
总效应	0.944	0.300	0.278		
直接效应	0.778	0.235			
间接效应	0.216	0.065	0.278		
信任					
总效应	1.001	−0.182	1.286		
直接效应		−0.484	1.455		
间接效应	1.001	0.302	−0.168		
共生关系					
总效应	0.987	−0.179	1.269	0.987	
直接效应				0.987	
间接效应	0.987	−0.179	1.269		

表5-23 最终模型的标准化路径系数及假设检验结果

假设	路径关系	标准化估计值	T值（C.R.）	假设检验
假设1：网络结构约束论				
H1a	关系强度→人际交往			拒绝
H1b	关系强度→知识交往	0.778	8.265	接受
H1c	企业位置→人际交往			拒绝
H1d	企业位置→知识交往	0.778	8.265	接受
假设2：文化背景约束论				
H2a	文化背景→人际交往			拒绝
H2b	文化背景→知识交往	0.778	8.265	接受
假设3：文化行动约束论				
H3a	文化行动→人际交往			拒绝
H3b	文化行动→知识交往	0.778	8.265	接受
假设4：二元交往论				
H4a	人际交往→信任	−0.484	−2.452	拒绝
H4b	知识交往→信任	1.455	7.314	接受
H4c	知识交往→信任＞人际交往→信任			接受
H4d	知识交往→共生＞人际交往→共生			接受
H4e	人际交往→知识交往	0.235	2.508	接受
H4f	知识交往→人际交往	0.927	20.760	接受
假设5：信任影响论				
H5	信任→共生关系	0.987	20.935	接受

第五节 研究假设检验

由前文可知，对最终模型的分析和假设检验，虽然还存在不显著路径，但网络结构约束论假设、文化背景、文化行动等预假设基本得到验证，充分说明社会治理中的企业共生关系是受网络结构、文化、制度等因素的影响，社会治理主体的协同共生是被社会构建的。

首先，通过对网络结构和文化因素的验证性因子分析，显然关系强度、企业

第五章 企业、政府与社会共生关系的构建

位置、文化背景及文化行动这四个变量的因子载荷和相关系数都非常高，因此本研究将这四个外生变量综合为社会因素变量，上升为社会因素对社会治理主体共生关系构架的理论层面。前文的研究表明，社会因素对人际交往的影响没有得到验证，研究假设 H1a、H1c、H2a 和 H3a 没有得到支持。说明，网络结构和文化因素对人际关系的影响都不显著。而社会因素对知识交往产生正向影响，影响系数为 0.944，说明关系强度、企业位置、文化背景及文化行动对知识交往的正向影响得到验证。这是因为企业的社会影响力，以及企业与政府、社会关系的密切度对三者之间的资源、知识传递、共享有积极影响，长期的共享行为能够使企业的文化和经营理念得到认可，有利于三者的共生共存。此外，在网络结构约束论的影响研究中，社会因素对共生关系的间接影响系数为 0.987，说明社会因素对信任存在正向的间接影响。因此，假设 H1b、H1d、H2b 和 H3b 得到支持。

其次，前文的研究表明，人际交往对信任的影响系数为 −0.182，且不显著，人际交往对信任的正向影响没有得到验证，且人际交往对共生关系的间接影响系数为 −0.179，即人际关系对共生关系的存在正向间接影响没有得到验证，研究假设 H4a 没有得到支持。这与研究不相符合，按照理论研究与现实发现，人际交往的增加会利好互动主体间的感情，必然会增强彼此间的信任，从而有利于共生关系的形成。但是没有通过检验，这可能有以下几方面的原因：一是人际交往与信任之间的关系很难直接量化测量；二是由于本书测量的是横截面数据，而人际交往对信任的影响可能需要一定的"时间差"，即长时间的人际交往会对彼此间的信任关系产生正向显著影响。知识交往对信任的影响系数为 1.286，对共生关系的间接影响系数为 1.269，研究假设 H4b 得到了支持。进一步验证了知识交往对于政府、社会和企业关系的积极作用。

显然，知识交往对信任的影响力高于人际交往对信任的影响力，知识交往对共生关系的间接影响明显高于人际交往对共生关系的影响，研究 H4c 和 H4d 得到了支持。因此，在社会治理主体共生关系的构建过程中，知识交往扮演者重要的作用。人际交往对知识交往的直接影响系数为 0.235，知识交往对人际交往的直接影响系数为 0.927，即人际交往与知识交往之间的互动效应得到验证，假设 H4e 和 H4e 得到了支持。

最后，前文的研究结果表明，信任对共生关系的直接影响系数为 0.987，研究

假设 H5 得到了支持。信任影响其社会治理中企业共生关系的社会构建,"信任影响论假设"得到验证。在社会治理的企业共生关系的构建过程中,不论从社会交换理论、权力地位理论,还是资源依赖理论、符号互动理论视角研究社会治理主体之间亲密、稳定、长期合作关系。信任都是本研究所构建的研究模型中的一个核心变量,同时信任是影响企业与政府、社会形成共生关系的重要变量。可见,信任作为中间变量,对企业深度嵌入社会治理的行为至关重要,对社会治理中的企业共生关系产生重要影响力。

第六章 企业嵌入社会治理的案例研究

第一节 企业嵌入社会治理因素机理分析

传统观念认为,企业是制度的产物,表现为以逐利为导向、被动的制度压力接受者。但随着经济的发展,其在社会中的作用也逐渐凸显,将企业自身承担的社会责任嵌入多重因素影响下的决策和行动之中,并参与到政策制定和社会治理过程中来。在微观上,把参与社会治理、履行社会责任嵌入企业整体发展战略,建立健全企业危机管理制度;在中观上,嵌入社区发展,促进企业与社区共建共享;在宏观上,嵌入公益服务,积极履行社会责任,践行社会主义核心价值观。这对于企业应对社会风险、维护社会稳定、推动企业决策科学化、营造企业良好发展环境、满足人民群众对美好生活的向往具有积极的现实意义。

企业嵌入社会治理、履行社会责任、维护社会稳定是其本质属性和内在要求。企业在社会治理创新、国家治理能力提升和社会治理结构转型中的重要性日渐彰显。但企业参与社会治理的机制不够完善,企业社会治理成果不佳,难以实现企业、社会、政府等多方共赢。因此,促进企业嵌入社会治理,需要挖掘企业社会治理的关键因素和运行机理,并以此设计系统化的治理机制。本部分基于扎根理论发展的质性研究方法,分析影响企业嵌入社会治理的各类因素,搭建企业社会治理框架,形成企业嵌入社会治理的运行机理,为提出企业嵌入社会治理的原则、运行机制与建议奠定基础,促进企业嵌入社会治理体系的完善和治理水平与治理能力的提升。

一、研究方法与数据来源

(一)研究方法

扎根理论方法是一种从观察入手,基于数据,结合实证与互动的质性研究方法。扎根理论首先是要依据主题采用调查、访谈、文献等方式搜集并整理研究资料，然后依次对资料进行系统性地编码分析，将资料分解、检视、比较、概念化和范畴化，通过从现实现象中归纳并提炼出基本理论，从而逐渐创建和完善相应的理论体系。可见，扎根理论的译码，是对资料进行分析整合的过程，其目的不仅在于从资料中摘取议题，或从几个松散的概念中归纳总结出一个描述性的理论性架构，而且研究者可以通过编码整合分析资料揭示一定的因果关系，突破已有研究的偏见和假定，并建立具有解释力的一般性理论。这种舍弃文献演绎模式的扎根分析，其分析过程和研究结果能够更贴切地说明所研究的主题，并且能够被其他研究者所理解、接受和认同。本质而言，扎根理论是通过一套系统性的操作流程对主题资料反复比较和深入剖析，总结提炼出反映社会现象的理论框架，指导社会实践。

扎根理论方法的分析资料可以源于调研访谈等一手资料，也可以来源于期刊文献、政策文件、新闻报道等二手资料。文字话语在反映一个"有结构和规律的整体世界"的同时又可以构造出一个"所描述的世界"，因此，政策文件、期刊文献是搜集扎根理论素材的重要来源。通过对政策文件和研究文献的解读分析也能整理出一个潜在世界的线索。其中，以政策文件作为标准的官方话语体系，蕴含着政府组织对企业嵌入社会治理的认知和主张；期刊文献是一种特定的话语形式，代表着研究学者和企业相关者对企业嵌入社会治理的理解和应用，贯彻在相应的研究和行动中。本书认为企业嵌入社会治理的相关政策文件和相关研究文献作为标准的话语体系，其中蕴藏着企业组织对社会治理的认知、态度和行动。因此，本书从企业社会治理相关的政策和文献中筛选出扎根理论的分析素材，并依照编码步骤分析企业嵌入社会治理的动因，并在此基础上构建出企业嵌入社会治理的运行机理。具体研究过程如图6-1所示。

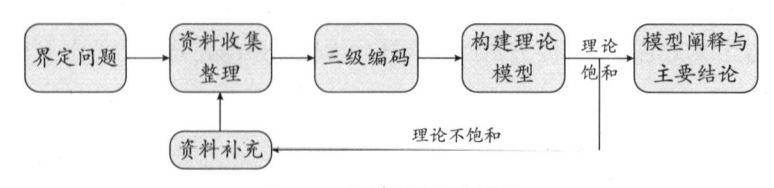

图6-1 扎根理论研究过程

（二）数据搜集

本部分主要采用政策文件与期刊文献等二手资料作为分析素材。首先，通过网络爬虫，选取政府新闻发布网为起点，共获得有关"社会治理""企业社会治理"等政策文件、政府通告相关文章共45篇，共计字数约20万字。其次，搜集企业参与社会治理研究的期刊文献。在中国知网（CNKI）数据库中，以"社会治理"且"企业"为检索关键词，共获得69篇文献，一一查看并剔除后，共采用33篇文献进行分析，共计字数约33万字。

二、企业嵌入社会治理的动因分析

（一）数据编码检验分析过程

本书根据扎根理论方法的分析步骤，依次进行了开放式、主轴式和选择式三轮编码归类工作。第一轮归类要求完成对研究素材的概念化、规范化和范畴化工作，主要针对搜集到的53万字素材采取了初始编码和归类，从而达到形成主范畴的目的。主轴编码阶段主要对其进行信度效度检验，若信度良好则进行选择性编码，若信度较差则需要进行二次细分归类并进一步的搜集素材，最终达到提炼出核心范畴、补充尚未发展完备的范畴目标。整个数据编码与检验过程如图6-2所示。

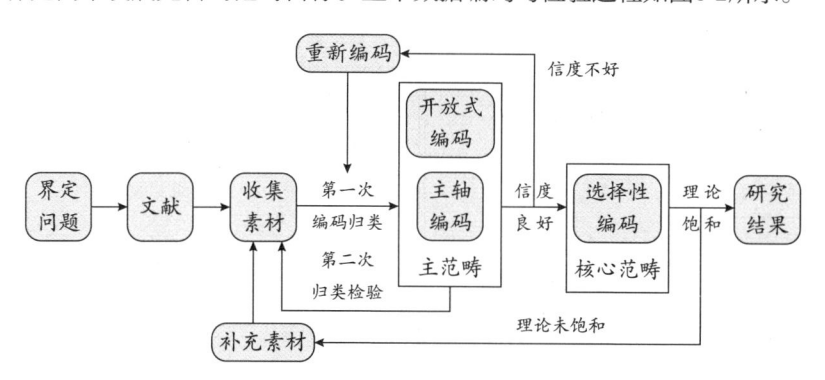

图6-2 数据编码过程示意图

1. 开放式编码

开放式编码是一个将资料依次进行分解、检验和比较，并以概念的形式重新编码，完成概念化和范畴化的过程。首先是将全部资料完全打散后，编码者对资料进行逐字逐句的理解和分解，重新整合资料并赋予其概念，形成概念标签，但尽量使用政策、文献中相关原话进行编码，保证编码的客观性；其次，编码初步完成后,进一步检验和比较概念标签,将相关的标签合并,保障标签的独立性和代表性;最后,根据概念标签的类属进行归类组合,完成范畴化工作。依据以上步骤,企业嵌入社会治理的开放式编码结果如表6-1所示。

表6-1 开放性编码数据结构

概念化	范畴化	生成维度	概念化	范畴化	生成维度
社会治理创新	政策要求	制度环境	保障员工利益	经济社会责任	企业社会责任
社会治理格局			创造就业机会		
社会治理现代化			创造社会资本		
媒体监督	规范要求		保障产品安全	法律伦理责任	
居民呼吁			注意产品质量		
舆论压力			企业诚信		
社会认同	认知要求		提供公共服务	公益慈善责任	
公众期待要求			提供社会关怀		
社会责任评估			增加人民福祉		
领军人物带头示范			助推公益慈善		
社会企业	企业性质	企业性质	物联网	信息技术	力量支撑
国有企业			人工智能		
民营企业			大数据		
企业财务绩效	企业绩效	企业发展	基层党组织	党组织引领	
企业利润			党办公云平台		
企业运营水平			党建融合		
企业规模扩展	企业竞争力		社区平台	社区支撑	
企业资源增加			社区能力		
企业品牌形象	企业形象		社会企业理论	国际力量推动	
企业知名度			社会企业实践		
企业凝聚力			政府重视鼓励		
员工德性	积极员工	企业注意力配置	安全风险突出	社会问题突出	社会需要
员工能力			环境污染严重		
创造并坚持社会价值的使命	企业家精神		信息披露较少		

·第六章 企业嵌入社会治理的案例研究·

表6-1（续）

概念化	范畴化	生成维度	概念化	范畴化	生成维度
不懈追求新的机遇	企业家精神	企业注意力配置	社会转型	社会需求呼唤	社会需要
大胆的变革行动			政府失灵		
社会责任报告编制	企业家认知		市场失灵		
企业披露的信息量			志愿失灵		

在本章中，将搜集到的企业嵌入社会治理相关资料予以分解，贴出120个概念标签；之后，将每一个标签所反映的现象进行摘要，为概念赋予奠定基础；最后，并从120个标签指涉的现象赋予了56个概念，即一级主题词。项目组进一步针对已提炼出的一级主题词进行比较和归纳总结，将具有同一关系或相关关系的主题词聚拢成范畴，提炼出18个范畴，即二级主题词。

2. 主轴编码

主轴编码是一个分析范畴主题词间的关系和联系，并从它们中提炼出主范畴的过程。具体而言，在开放性编码的基础上，进一步梳理和整合所提出的范畴，深入挖掘每一个范畴的概念内涵，并分析它们间的关系和脉络，进一步提炼出主范畴，以此建立起有意义的联系，形成选择性编码故事线的基本框架。

就企业嵌入社会治理的主轴编码而言，按照前述理论的研究方法，分析政策要求、规范要求、经济社会责任等18个范畴主题词的概念内涵和彼此间的联系，归纳出了制度环境、企业社会责任、企业性质、企业发展、力量支撑、企业注意力配置和社会需要7个主范畴，具体如表6-2所示。

表6-2 主轴编码数据结构

维度（主范畴）	对应副维度	维度内涵
制度环境	政策要求	政府出台的有关社会治理格局的政策
	规范要求	企业所处的国家标准、行业准则等要求
	认知要求	社会公众对于企业履行社会责任的期待和要求
企业社会责任	经济社会责任	企业解决社会问题所投入的人力、物力和财力等
	法律伦理责任	企业坚持清洁生产，保护生态环境等
	公益慈善责任	企业积极开展环境宣传活动，提升员工环保意识等

表6-2（续）

维度（主范畴）	对应副维度	维度内涵
企业性质	企业性质	国有企业、社会企业等企业性质
企业发展	企业绩效	企业具备良好的经济效益并且参与社会治理给企业带来更多的经济利益
	企业竞争力	企业规模、市场地位等影响企业参与社会治理，并嵌入社会治理、扩大企业规模、提升企业地位等
	企业形象	企业形象影响企业参与社会治理，并且企业社会治理进一步提升企业形象
力量支撑	信息技术	物联网、人工智能等信息技术的提高，要求并促进企业履行社会责任，参与社会治理
	党组织引领	党组织的带头引领和监督，组织党建活动推动
	社区支撑	社会建设和治理为企业参与社会治理提供平台
	国际力量推动	西欧国家和美国等国政府积极鼓励支持
企业注意力配置	积极员工	具有责任意识、法律意识和协商能力的积极员工
	企业家精神	具有创造并坚持社会价值使命精神的企业家
	企业家认知	企业家重视企业社会责任，并投入精力和实践持续关注其相关的议题并撰写报告披露社会责任行为
社会需要	社会问题突出	环境污染、安全风险和信息披露机制等问题突出
	社会需求呼唤	社会转型过程中政府、市场和支援失灵等

3. 归类检验

由编码小组完成了第一轮的开放式编码和主轴编码工作后，共得到120个标签，并概括提炼出了56个概念化标签和18个一级主题词，接着依据典范模型合并形成了制度环境、企业社会责任等7个主范畴。根据扎根理论的研究要求和过程步骤，接下来需要进行第二轮的归类检验和选择性编码。

第二轮归类工作中，首先需要对开放式编码和主轴编码中归类的概念化标签和主范畴进行信度的检验，检验良好则进行选择性编码分析，否则重新进行第一轮归类编码。即在已有的归类结果的基础上，为保证整个过程的独立性，采用背靠背式的工作方式，组织3人单独再次对企业嵌入社会治理中的56个概念化标签和7个主范畴进行归类、组配、编码，过程互不沟通讨论，形成3份完全独立的归类结果，结束后再共同讨论协商并调整归类，归类的具体情况如表6-3所示。

· 第六章　企业嵌入社会治理的案例研究·

表6-3　第二轮归类的一致性情况汇总表

归类	第二轮独立归类情况汇总		经讨论调整后归类汇总	
	标签数	百分比	标签数	百分比
完全不同	6	10.71%	0	0.00%
两组相同	8	14.29%	13	23.21%
完全相同	42	75%	43	76.79%
总计	56	100%	56	100%

第二轮归类结果表明，归类的一致性很高，有42个标签可以直接进行归类，分类归属完全相同。而对于存在归类分歧的标签，按照"少数服从多数的原则"进行组配。其中，两两分组相同的标签共有8个，只有一组归类不同，则采用两组一致的结果进行归类；而对于归类完全不同的6个标签，则小组成员共同重新查看资料、协商讨论，再进行归属。为了提高归类的准确性和认可度，在充分讨论的基础上，咨询了外部专家，根据多人意见将归属完全不同的6个标签归入相应的类别。经讨论，归类完全不同的6个概念标签中有1个归入了企业社会责任，1个纳入企业发展，2个归入了企业注意力配置，2个归入支撑力量。

经过详细讨论后，最后56个概念化标签中，有10个归于制度环境，10个归于企业社会责任，3个归于企业性质，11个归于支撑力量，8个归于企业发展，7个归于企业注意力配置，7个归于社会需要，归类结果如表6-4所示。

表6-4　第二轮归类检验结果情况

主范畴类别	三组独立归类结果	三组讨论后归类情况
制度环境	10	10
企业社会责任	9	10
企业性质	3	3
支撑力量	9	11
企业发展	7	8
企业注意力配置	5	7
社会需要	7	7
总计	50	56

信度分析是扎根理论分析过程中的一项重要内容，信度分析结果直接反映了编码归类的结果。因此，只有经过严密的信度分析才能保证主范畴归类的正确性和有效性，并可以根据信度结果提高归类的精确性。归类分析的信度计算公式如下：

$$信度 = \frac{n \times \frac{M}{N}}{1+(n-1) \times \frac{M}{N}}$$

式中，n 表示编码者个数；M/N 表示相互同意度，其中，M 表示一致同意数，N 表示主范畴类别中拥有的总条目数。检验信度分析结果如表6-5所示。

表6-5 归类检验信度分析

主范畴类别	总条目数	一致同意数	相互同意度	信度
制度环境	10	7	0.7	0.88
企业社会责任	10	8	0.8	0.92
企业性质	3	2	0.67	0.86
支撑力量	11	8	0.73	0.89
企业发展	8	7	0.86	0.95
企业注意力配置	7	5	0.71	0.88
社会需要	7	5	0.71	0.88

所有研究的信度值均在0.85以上，内容分析结果达到了良好。

4. 选择性编码

选择性编码是在概念化的主范畴中选择核心范畴，并系统地和其他范畴进行联系，然后验证它们间的关系，尤其是对制度环境、企业社会责任等7个维度（主范畴）及相应的次范畴关系的深入比较分析，并围绕核心范畴建立各主范畴之间的典型关系结构，再通过逻辑关系的分析，构建出理论模型。本书以"企业社会治理"为核心范畴，分析各范畴间的逻辑关系，发掘企业参与社会治理的动因理论框架，如图6-3所示。

在做主轴编码时，本书开发了7个主范畴。它们各自的性质和面向以及所呈现的典范模型中涉及的因果条件、脉络等五个方面都系统地表明了主范畴与副范畴之间的关系，为选择性编码奠定了基础。当思忖这些资料表达什么意义时，先试

第六章 企业嵌入社会治理的案例研究

图勾画一个故事线来扼要说明全部现象的核心。因此，基于主轴编码开发的7个主范畴构造的企业嵌入社会治理故事线可以概括为：在社会治理"老问题"与"新问题"相互交织的情况下，企业受到社会需求、企业发展等内外因素驱动的影响，基于企业性质和企业注意力配置，并出于企业绩效、企业竞争力和企业品牌等企业发展需求和社会需求，企业在信息技术、党组织、社区和国际等力量的支持与制度环境的支持保障下，积极承担社会责任，参与社会治理。

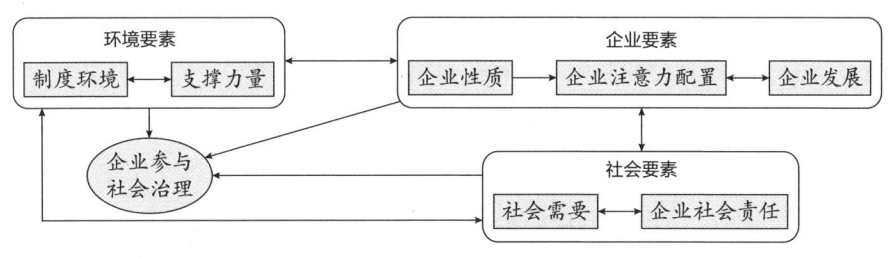

图6-3 主范畴结构关系示意图

在主范畴维度中，发现社会、政府、企业、社区、公民都汇聚于社会治理活动中，聚集了丰富的社会治理资源，形成了社会治理网络。将治理资源能否充分高效利用会直接影响治理效果的好坏和治理效率的高低，这就需要企业遵循政府政策与规范制度的要求，掌握社会问题和需求，并提升企业成员的责任意识、力量精神和法治意识，在信息技术、党组织等力量的支持下发挥整合能力和协同能力将社会需要与企业发展相结合，最大限度地减少治理主体之间的冲突，抑制治理成员的机会主义，以确保治理资源的高效利用。

因此，基于以上分析形成了企业嵌入社会治理的思路，则企业内部的企业性质、企业注意力配置和企业发展构成了企业社会治理的"企业要素"，是企业嵌入社会治理的内驱性因素，而由治理资源集聚下的支撑力量和制度环境构成了企业参与治理的"环境要素"，是促进企业参与社会治理的支持保障性因素。企业应在充分解读社会治理政策基础上，以履行社会责任来满足社会需求和解决社会问题，以企业发展和社会进步为目标来开展各种业务治理活动。"社会发展"和"企业社会责任"因素影响着企业治理活动，因此，将其归入影响企业嵌入社会治理的"社会要素"，是影响企业社会治理的外驱动性因素。

（二）企业嵌入社会治理的动因阐释

1. 企业要素

企业要素是企业社会治理的内驱动因素。企业性质影响企业在社会治理中扮演的角色，公共企业、国有企业、社会组织等作为社会治理主体中的关键成员，有义务和责任参与到社会治理中并积极履行社会责任，以企业运作模式实现公益化社会治理目标，并提供公共产品和服务；具有私有和盈利性质的民营企业在"支撑增长、促进创新、扩大就业、增加税收"等方面具有重要作用，是社会治理主体之一。企业具有社会利益和企业利益双重性质，企业参与社会治理是一件"名利双收"的好事，一方面有助于企业文化的塑造，为企业提升文化软实力和竞争力，达到企业发展的更高层次；另一方面有利于提高企业的形象和知名度，维系企业基本生产秩序，为企业吸引顾客和人才，促进企业长远发展。

2. 环境要素

环境要素是企业参与社会治理的保障性和支持性要素。政府政策、行业规范的要求与公众对企业社会责任的期待肯定，会促进企业参与社会治理。新兴技术的发展、党组织的监督引领、社区的建设治理与国际力量的发展均推动了企业参与社会治理，为企业社会治理提供了动力。新兴技术的发展，为企业嵌入社会治理提供了技术上的支持，简化了企业嵌入社会治理的路径，推动社会发展。基层党组织在民营企业内部被赋予了"监督"和"引领"功能，一方面监督民营企业遵守国家法律规章制度，同时在思想和政治上对民营企业进行引领，领导企业内部组织建设、凝聚人心、加强团结，引导民营企业的社会责任行为，维护各方的合法权益，最终推动企业可持续发展。社区建设和治理过程中的社区规划与开发、基础设施建设、公共服务供给、商品房建设等具有利润空间的活动为企业参与创造了条件和平台，并促使企业优势在社区治理中发挥重要作用。西方社会企业理论和实践的研究推动了我国社会企业的建立与发展，逐渐成为社会治理的主体力量。

3. 社会要素

社会要素是企业嵌入社会治理的外驱动因素。随着我国政治经济的转型，贫困、失业、教育、环保生态环境问题以及社会弱势群体等社会问题突出，需要一个兼具灵活性、发展力与专业化的组织或机构来支撑。社会企业这种不同于政府部门、商业企业和传统非营利组织的社会治理新模式,一定程度上填补了政府失灵、市场失灵、志愿失灵情况下社会治理主体的空缺。同时企业的经济社会、法律伦理、公益慈善等社会责任要求企业做好内外治理,在外部协助公共物品供应、引导文化建设、提高服务共享意识,内部维护员工劳动关系长期稳定、关注员工文化和精神需求,并发挥党组织的枢纽领导义务。

企业嵌入社会治理强调"以解决问题"作为一切活动的出发点和归宿,促使企业在社会治理过程中基于治理需求整合各种资源,其中包括借助政府、社区、群众等相关者的优势,实现社会治理绩效,以此形成有效的企业社会治理的运行机制。但随着社会治理环境网络化、智能化,治理资源和需求依托社会网络集聚起来,这需要在企业社会治理层面设计的基础上,以一套完善的企业社会治理框架和准确的企业社会治理路径明确企业社会治理的内容、利益与风险,通过资源整合集聚和关系协同合作提高治理资源的有效利用率。因而,在企业发展过程中,企业嵌入社会治理必须以解决社会问题和满足社会需求为前提,在相关政策的引导下紧密联系企业的性质、能力和责任,明确企业社会治理内容,不断将企业社会责任融入企业战略、企业发展融入社会治理,促进企业将责任转化为绩效,实现社会效益和经济效益并举。

三、企业嵌入社会治理的机理分析

本书以扎根理论研究得到的企业社会治理动因为基础,结合嵌入性理论的管理思想,深入拓展核心范畴的内涵与性质,并依据核心范畴间的联系搭建出适用于企业社会治理网络的治理框架,提出相应的企业社会治理路径,为企业嵌入社会治理实践提供可行性指导。

具体而言,根据影响企业嵌入社会治理的企业、环境和社会三个核心要素,明确了以"资源—行为—绩效"的企业嵌入社会治理分析逻辑框架,采用了"治理资源—治理策略—治理绩效"的分析路径,探讨治理网络中企业如何进行行为决策实现企业社会治理责任进而转化企业绩效提升的作用,搭建以治理绩效为目标的研究框架。

（一）企业嵌入社会治理框架的推理搭建

企业社会治理网络本质上是一种复杂的社会网络，包括企业、政府、社会组织、公民等治理主体，涉及制度政策、社会需求、治理问题等要素。本章基于扎根理论的译码典范演绎了企业要素、环境要素和社会要素间的"故事线"，企业嵌入社会治理是在政府制度引导和社会组织的支持下，基于社会需求和企业社会责任能力，积极参与社会治理，解决社会问题，实现企业可持续发展和社会和谐的过程。其中，"社会要素"主要是与社会整体结构状况、规划、发展有关，确定了社会治理目标和企业社会责任的主要内容。同样的，"环境要素"主要与企业嵌入社会治理的政策制度、信息技术等相关，明确了企业社会治理的制度保障和支持力量。核心范畴"企业要素"主要是企业嵌入社会治理的内部动因，是企业基于自身现状和发展战略参与社会治理，实现责任转化为企业绩效。因此，从企业嵌入社会治理的影响因素出发，涉及了社会、环境和企业治理三个治理层次，构建了企业嵌入社会治理的研究框架，如图6-4所示。

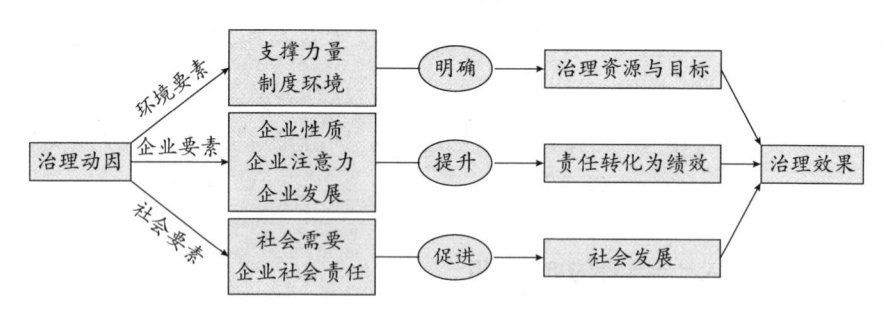

图6-4 企业嵌入社会治理的研究框架

在关系错综复杂的企业社会治理网络中，抓住企业嵌入社会治理的脉络和核心要点就能达到事半功倍的治理效果。在对不同性质的企业进行深度分析时，发现企业社会治理必须执行"一企一策"的观点。所谓的"一企一策"指的是企业履行社会责任不能"一刀切"，必须根据企业的性质和发展情况设计合适的社会责任内容。比如，国有企业、公共企业和社会企业等以促进公共利益、助力社会治理为天职，通过提供公共产品、参与国家项目基础设施建设、保障国家政治、经济及军事安全和公益事业等承担社会责任。私有性质与追逐利益的民营企业整合各种社会资源，通过履行企业内外部的社会责任参与社会治理，对内满足员工的物质需求、精神文化需求并排解他们的心理生理问题，保障员工身心健康；对外承担经济性和伦理性社会责任,为民众提供有效的公共服务并满足他们的合理需求,回应并解决弱势群体、生态环境等社会问题,维系社会公平与稳定,寻求社会治理公益目标与企业私益目标的最大公约数。

在分析中发现国有企业、社会组织、民营企业等不同性质的组织,承担社会责任的内容和履行方式不同,即需要根据企业嵌入社会治理的运行框架设计差异化的企业社会责任策略。同时,无论是企业管理者、学术研究者还是政府都认为亟待梳理和解决企业嵌入社会治理存在的阻碍与问题,主要涉及影响企业发展的风险成本、责任绩效、群众需求和社会发展等方面的阻碍和由于目标冲突导致的效率低下问题。依据扎根理论编码挖掘出的企业、社会、环境协调治理思路所涉及解决这些阻碍和问题的方法和举措,从而设计出企业嵌入社会治理网络运行的治理框架。

推理搭建企业嵌入社会治理运行框架的过程,不仅再次梳理提炼了影响企业嵌入社会治理的因素,使零散的治理因素形成了具有可执行、可借鉴的治理思路和方法,实现理论与实践相结合。同时,推理搭建治理框架的过程也再次回顾了企业嵌入社会治理的原始素材,从理论层面验证了扎根编码分析过程的真实性、严谨性和分析结果的有效性、可靠性,形成了从素材挖掘到框架搭建再到理论验证、实践指导的研究路径。

(二)企业嵌入社会治理的路径分析

在倡导优化社会治理体制、构建服务型政府的今天,社会治理主体的多元化、分散化理念已得到世界各国的普遍认可,企业也已逐渐被视为社会治理的重要主体,而企业社会责任正是企业参与社会治理的基本方式与路径。因而,如何立足社会治理视角,挖掘企业履行社会责任的社会治理路径,已经成为当前一项迫切的理论与实践任务。因此,依据企业嵌入社会治理的动因和框架,提出了企业嵌入社会治理的具体路径(见图6-5)。

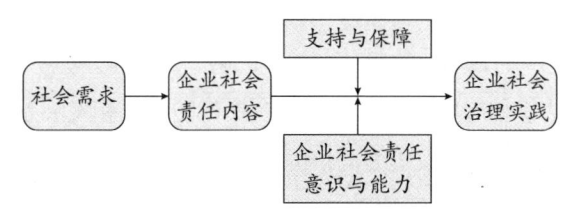

图6-5 企业嵌入社会治理路径

1. 依据社会需求明确企业社会责任内容

企业社会责任的内容是指企业应该承担哪些方面的社会责任，回答"企业社会责任有什么"的问题。依据约翰·埃尔金顿提出的"三重底线"理论："企业行为要满足经济底线、社会底线与环境底线，企业社会责任包含经济责任、社会责任和环境责任"[1]。而企业对社会责任的认知、理解和履行受到社会环境变化和企业发展阶段的影响，企业社会责任内容动态变化。因此根据社会需求明确企业社会责任内容是有效且必要的，从认知理解迈向行动实践，也是有益的。

从根本上来说，基于社会需求的企业社会责任内容贯穿了"以人为本、构建和谐社会"的宗旨，要求企业遵循"三重底线"的治理原则，追求经济、社会和环境的综合价值最大化，实现企业内部和谐、企业与社会和自然之间的和谐。首先，经济底线治理原则强调企业既要协调平衡员工、股东、供应商、消费者等内部利益相关者，也要保障外部经济责任。内部利益方面，对股东、员工等负责，严格守约，保障他们的合法权益。在外部经济关系方面，企业积极纳税，不偷税漏税，并通过生产经营拉动国民经济增长。其次社会底线治理原则是指企业在解决社会问题、促进社会发展方面应承担相应的社会责任，包括公益慈善救助、遵纪守法、维护社会安全等。最后环境底线治理原则是指企业为保护生态环境、绿色生产、维护国家环境安全所承担的责任和义务。在此过程中，企业特别强调环境安全意识，杜绝污染事故的发生，做好节约降耗、资源综合循环利用等。

2. 加强企业社会治理的制度支持与保障

企业并非一个完全独立自主的阶层，而是一个依附于国家并与国家共谋共生的新兴社会阶层，二者是一种共生演化关系。因此，作为一支积极的社会力量，企业应该参与到政府政策制定、执行以及推动制度环境改善的进程中来，成为党和政府的左右手。但在这一过程中并非是一种无序的、无组织状态的自发行为，企业更多地依靠"制度化"和"组织化"的集体行动载体参与到社会制度环境建设中来，需要进一步加强企业参与社会治理的制度支持和保障。

提升企业的法律和市场地位。企业社会责任的产生和发展是经济社会发展到一定阶段的必然要求，它不仅需要简单的道德提倡，同时也需要刚性的制度制约。

---

[1] JEURISSEN R, ELKINGTON J. Cannibals with forks: the triple bottom line of 21st century business[J]. Journal of business ethics, 2000, 23(2): 20-43.

政府应该建立健全企业社会治理的相关法律法规，明确企业社会治理的法定框架，使企业参与社会治理上升到法律制度层面，提升企业的法律和市场地位，并对企业形成制衡，以推动企业积极参与社会治理。具体而言，坚持党的"两个毫不动摇"基本经济制度，在政策和法律层面上确立企业的市场地位，完善企业参与社会治理的相关工作机制，为其更好地发挥和承担各类社会责任提供制度保障；在政策与管理层面，落实市场对要素配置的决定性地位，进一步明确企业参与社会治理角色和地位，承认企业在社会治理中与政府平等的法权，并对其提出新的要求，使其在运行过程中更加规范，推动营造共建共治共享的社会治理格局。

做好宏观调控和政策引导。当前企业参与社会治理、履行社会责任的自律性普遍较差，政府要以政策法规为依据，辅之以必要的激励手段，对企业的履责行为进行引导和监督。政府相关部门要做好企业社会责任标准的制定、认证和复核，对企业的履责行为进行实时监督、充分了解，结合检查和评估，适当表彰和奖励积极履责的企业，惩办各种欺诈、贿赂、贪腐等行为，以刚性硬规范引导企业转变观念，积极主动履行社会责任，参与社会治理。

3. 提升企业履行社会责任的动态能力

企业社会责任成为企业竞争力的重要衡量标准，良好的履责表现及有效的信息披露可以促进企业效率的提高，同时有助于缓解企业运营效率与运营灵活性间的矛盾，帮助企业走出"生产力困境"。这就需要企业树立良好的企业理念，实施企业社会责任战略，提升履行社会责任的能力，实现化责任为绩效的转变。

实施企业社会责任战略。企业社会责任本身就是一个比较复杂的概念，为了避免企业逃避社会责任，必须要将企业社会责任融入企业发展战略中，实施企业社会责任战略管理，加强企业提供公共服务和参与社会治理的能力，确保企业可持续发展。首先企业必须学会利用自身的有限资源，在符合自身特点的基础上承担和履行社会责任，并坚持可持续理念的指引，确保企业社会责任融入战略管理的方向。其次，不断提升企业家对社会治理的认知水平和专业素养，加强企业自身建设，不断健全和完善企业制度和企业文化，通过强化企业内部治理能力建设，推动企业外部参与社会治理能力的提升。同时，把企业社会责任融入企业整个发展周期中，制定阶段性的社会责任战略目标和明确的战略执行计划，保证企业可持续发展，促进企业与社会共同发展。

提升企业履行社会责任的能力。企业社会责任建设最关键的是企业具有较强的履行能力，最主要的就是促进企业成长与发展，提升企业的核心竞争力和自主创新能力。企业要能够及时捕捉市场信息，以市场为导向来培育高水平的人才队伍，不断提升企业信息化管理水平，提升品牌运营的能力，努力培育企业的核心竞争力。另外，不断加强企业的创新能力，通过制度、技术、管理等方面的创新为企业嵌入社会治理注入源源不断的动力，为社会提供健康、经济、环保、先进的产品和服务，满足国家、社会和人民需求。

第二节 企业嵌入乡村振兴的典型案例研究

作为一种重要的质性研究方法，案例研究已经成为社会科学研究中的重要手段。单案例研究就是通过细致而深入地进行案例跟踪调研和演化分析，从实践经验中提炼出解释复杂现象的理论和规律，并且能够批驳或检验已有的理论和规律，其研究结论更加具有现实性。这正是本节选择单案例研究方法对企业嵌入社会治理的机理路径进行研究的原因所在。

针对企业嵌入社会治理的因素开展研究，需要从全局视角剖析企业嵌入社会治理的动因和运行机理，构建企业嵌入社会治理框架并明确企业嵌入社会治理路径，为企业参与社会治理、履行社会责任提供充分的理论指导。这一理论框架是对现有理论的突破，从一般性理论演进到理论普适性应用，还需要通过实践来验证和完善。

一、研究方法

课题组从田野调查中选择了1个典型的企业参与乡村振兴的案例[①]，经验材料

[①] 改革开放以来，伴随我国新型工业化、信息化、城镇化、农业现代化快速发展，乡村社会正在经历极其重大的社会转型过程。2018年中央一号文件《中共中央国务院关于实施乡村振兴战略的意见》中明确提出：乡村振兴，治理有效是基础。社会治理是一种导致公共理想的社会和经济效果的治理模式，乡村振兴的过程与农村社会治理的过程同步，乡村振兴的内容与社会治理的内容一致。

·第六章　企业嵌入社会治理的案例研究·

来自笔者及所在团队于2018年11月在湖南省长沙市近郊区浔龙河村做的田野调查。采用了单案例研究，目的是为了提出事件"条件—结果"逻辑关系，追求理论解释，在操作过程中严格遵守了 Yin 所提出的案例研究的基本原则和步骤，同时为了避免标准化的技术安排对想象力可能造成的伤害，本书积极借鉴了国内学者们在分析本土问题时普遍采用的灵活的案例研究方法。

研究过程中，未来保证课题资料的丰富性和信息的准确性，课题组多人参与实地调研，收集相关信息。随后，课题组邀请了社会学、经济学和政治学等领域的专家针对企业运营、利益相关者权益分配保障机制、企业嵌入关键问题、可能出现的错误倾向等问题进行讨论，以降低单一视角分析企业嵌入乡村振兴过程中，对企业、政府和乡村多元主体关系理解的偏差，避免研究过程和结论中的个人主观偏见。通过课题研讨分析企业嵌入乡村振兴的方式几何、核心为何，因素动力何在、实践意义何为，并进一步思考企业驱动乡村振兴过程中的"社会治理"和"社会生产"。

二、数据收集与整理

案例的真实情况是开展研究的基础，本书力争从多角度、多渠道获得多样化的数据，以此保证数据资料信度和效度。基于研究对象的特征和研究目的，本研究深入浔龙河村进行观察，通过访谈村民、村干部和企业相关负责人搜集资料，同时利用网络资源获取企业管理层的公开汇报材料、村公开资料和有关出版物等资料，多方位多渠道获取案例分析的基础资源。课题组经当地政府部门协调与浔龙河村干部和村民进行了深度访谈，获得了大量一手资料。课题组长期关注浔龙河乡村振兴工作动态，通过收集企业、村庄、基层政府各方面的相关信息和数据，获取更客观的信息，多维度、多角度地分析案例中企业嵌入的过程和主要事件，具体资料获取情况见表6-6。

表6-6　案例分析资料来源

资料类型	资料来源	获取过程及主要资料量
一手资料	当地观察和访谈	2019年工作过程中相关会议和调研的资料整理，12万字
		由主要创始人、负责人（张博文）访谈整理，5万字
		基层村支两委相关人员访谈，2万字

表6-6（续）

资料类型	资料来源	获取过程及主要资料量
二手资料	出版物	公开出版物《中国城市近郊型乡村振兴的"星路"历程》，33万字
		内部资料，5万字
	网站资料	公司相关领导个人发言资料，2万字
		网站、公众号等相关信息，11万字
		外部媒体对其报道的相关信息，5万字

三、企业联村的典型案例

浔龙河村[①]位于长沙县果园镇，在2009年以前，生产方式以小规模的家庭为单位，产业结构单一，主要以水稻的种植和生猪养殖为主，经济发展比较缓慢。2009年统计数据显示，全村总产值700.8万，人均年收入4 500元，低于同期长沙市平均水平，为省级贫困村。

2009年，由本村企业家创办的湖南浔龙河农业投资综合开发有限公司（简称"浔龙河农投"）正式成立，随后浔龙河现代农业项目、浔龙河生态示范点项目启动。2015年，依托该村的区位交通优势、优美生态环境优势、深厚人文底蕴优势，浔龙河农投"牵手"棕榈生态城镇发展股份有限公司打造美丽乡村特色小镇，组建湖南棕榈浔龙河生态城镇发展有限公司。在企业的深度嵌入下，乡村资源得到盘活，民生得到发展，城乡发展瓶颈也得到了破解，农村公共服务供给提升、基础设施不断完善，目前浔龙河村已经发展成为全国乡村振兴的典范。这种企业联村的发展模式与许多地方现存的"公司＋农户"式不同，它特别强调各个利益相关者之间的共创、共营与共享。浔龙河企业联村参与社会治理的主要做法如下：

（1）盘活土地，创造发展机会。土地是农民生存之基，也承载着深深乡情。激活农村土地是农村改革发展的一项基础性工作，事关农业现代化建设和乡村振兴战略实施。浔龙河村积极开展地权制度改革试水，不但推动了农村社区建设，也大大提升了农民不动产的资产增值。

对于承包地，明晰土地产权关系。通过开展村组和农户土地产权调查，将土

---

① 本案例资料来源于课题组访谈获得和浔龙河村提供的相关文献以及各类媒体发布的相关报道资料。

地确权到组集体所有。全组村民大会在民主协商情况下将村民土地经营权收回到组，"确权不确地"，即农民拥有承包经营权，但不特指某块土地，以村民小组为单位开展土地流转，小组获得流转收入按照本组当年可分配人口进行平均分配。

对于宅基地，利用城乡建设用地增减挂钩机制。实施农民宅基地置换城镇住房，通过建新拆旧和土地复垦等措施，保证各类土地面积占补平衡，保证了建设用地总量不增加、耕地不减少、质量不降低。同时，通过腾退出的多余建设用地置换城镇新增建设用地，并将置换土地收益全额用于农民集中安置和公共基础设施建设，实现农民就地就近城镇化。

对于集体建设用地，探索土地上市交易。村集体将根据土地规划确定的经营性建设用地，交由13个村民小组为股东组建村集体资产管理中心委托经营，用于浔龙河生态示范项目公共经营性配套项目建设，土地收益分配按照股东股份比例分红，村组按照本组当年可分配人口进行平均分配。涉及土地征收问题的，村集体对相应权利人按相关标准进行补偿。

（2）企业联村，发展集体经济。村企共建是工业反哺农业最重要的一种体现形式。企业联村活动必须改变传统"救火式""救济式"赞助捐款帮扶形式，结合企业特点，以产业带动、合作开发等形式，实现富村强企、村企互利共赢。在政府的引导支持下，浔龙河的企业联村和土地流转一并开启，完成了村庄"经营"和"再造"。

第一，政府引导企业联村。2006年初，湖南省组织和引导民营企业"一帮一、手牵手，万企帮万村"，推动了企业参与乡村建设的步伐。2007年，湖南省开展"万企联村，共同发展"活动，引导企业"转方式、显作为"，通过产业连村、项目带村、智力扶村等形式，促进了企业与乡村对接，以工促农、以城带乡、共同发展。2009年，在湖南省"万企联村"活动影响下，浔龙河本村企业家柳中辉携带资本和管理团队回乡，浔龙河村迎来了村企共同发展的有利契机。

第二，乡村发展集体经济。浔龙河村位于长沙县南北交会的过渡地带、由城市入乡的结合部，是典型的务工型农业村，村民多为兼职型农民，年轻劳动力务农意愿低，具备成立土地股份合作制的基础。农民把土地直接占有和经营管理权让渡给村集体经营，只享有决策参与权和收益权的新型集体经济实现形式为土地流转、集体资产租赁和集体经营性土地经营等提供了保障，浔龙河商贸有限公司和村集体资产管理公司成立，成为对接企业、市场的发展平台，为村集体经济壮大奠定了基础。

第三，村企共促社会发展。企业联村与土地股份合作同时进行，浔龙河村充分整合企业、村集体合作社、农民资源，以企业资本为依托，通过市场化的运作盘活农村人、山、水、林、田、湖等要素，促进农民就业，带动村民致富，推动乡村振兴。围绕生态农业、田汉文化产业、教育产业等发展全域旅游，以现代农庄、生态宜居新型社区建设项目等打造乡村康养产业，通过农民专业合作示范社、农业创客吧等搭建发展平台。通过村企联合达到了从经济上的互利共生向社会、生态和文化多维一体化共生发展的效果。

（3）村企共生，绘就发展蓝图。资本下乡大力推行农民上楼、土地流转，构造了新的村庄治理结构：村庄日益依附于企业，浔龙河村、企"你中有我，我中有你"，相互嵌入，除了经济与产业层面的互利共生外，社会、生态、文化对维度的一体化共生成效显著。

浔龙河村振兴采用了多主体共建的形式。各级政府为其发展提供了健康宽松的政策环境。通过组织创新，浔龙河村以党建带村建、企建，推进村企"组织共建、党员共管、阵地共用、活动共抓、发展共促、机制共享"，村委会自治组织和企业产业运营与运作核心团队团结协作，推进村民、村集体、企业深度参与开发和建设，使智力、资本、产业引进和商业运营各项工作推进顺利，吸引村外湘籍人士、在长沙市工作的中产者、在外打拼的本村人等三大群体的回归，促进了新时期乡村振兴。

浔龙河村建设成果实现了多元主体共享。通过"资源配置模式创新"，发展集体经济，浔龙河生态艺术小镇项目成功实施。企业联村促成了浔龙河这一全国美丽宜居村庄，当地人居条件得到显著提升，农民充分就地就近就业创业。最重要的是农民收入不断增加，除村集体闲置土地流转费成为农民生活保底性收益外，土地增减挂钩推进村民集中居住增加的收益、试点集体经营性建设用地上市交易分红、土地征收和交易获得的收益等也成为村民收入主要来源。通过浔龙河生态小镇的开发，湖南棕榈浔龙河生态城镇发展有限公司的母公司"棕榈股份"在生态城镇建设端、运营端和内容端的业务构建，凭借其在浔龙河等地建设、运营积累的竞争优势，奠定了棕榈股份在新型城镇化领域的龙头企业地位。

第三节　案例分析与讨论

浔龙河村振兴发展的过程就是政府、企业与乡村基于关系传递的多重嵌入并实现共生的过程。明确企业嵌入乡村振兴过程，需要提炼和分析治理主体、治理客体、治理路径和治理效应等要素，充分揭示各要素间深层次的嵌入规律，为企业嵌入乡村发展提供普适性的理论基础，这正是本节采用要素观分析湖南棕榈浔龙河企业嵌入浔龙河治理机理的原因所在。

治理机理要素的提炼和分析需要注意以下几点：一是概括出影响企业嵌入乡村的核心动因，明确嵌入的动力和阻力；二是选取的要素应该是最为关键的因素，只有这样才能把握嵌入路径过程的本质；三是要素要全面，应该能够涵盖嵌入过程的重要因素，从而避免研究有失偏颇；四是在分别对各要素动态分析的基础上，通过理论模型或分析将这些要素整合在一起，以形成对嵌入过程的整体性认识。基于以上考虑，分别对企业嵌入社会治理的动因、主体、客体、路径和效应5个要素进行深入剖析，提出"动因—路径—效应"的治理过程，将5要素的分析整合在一起，从而揭示基于关系传递下湖南棕榈浔龙河嵌入乡村治理的运行机理。

一、企业嵌入乡村振兴的动因

企业主动、自觉地将社会约束转化为社会支持，以嵌入社会或让社会嵌入企业自身，是一种基于关系传递的理性行为和其他组织过程。这种社会嵌入"不仅是特定主体和企业关键利益相关者的有形互嵌，更是双方在思想情感等无形要素上的深度同化"[1]。事实上，由于企业各种属性和地区差异，企业嵌入乡村振兴这一结果，是政府基于政绩的引导、企业基于绩效和责任驱动的单向嵌入后果，也是基于农民、乡村基于经济理性与资本沟通的双向选择结果。即企业资本下乡参与乡村振兴涉及企业、政府、乡村等多元主体。具体表现如下：

---

[1] 李怀斌.经济组织的社会嵌入与社会形塑：企业社会嵌入及其对企业范式形成的自组织机制[J].中国工业经济，2008（7）：16-25.

（一）政策激励机制为企业嵌入乡村提供引力

利益能够激励人的行为，马克思和洛克均做出过相关论述。党的十八大以来，中央通过推进农村土地制度、产权制度等方面改革的措施，为激发农村集体经济活力创造了良好的外部环境。近两年，国家持续出台的一系列强农、惠农、富农政策产生了明显的激励效应，乡村振兴战略给中国乡村带来了革命性与历史性的变化。企业参与乡村振兴的成功案例体现了企业、政府和农民不同主体利益的平衡与契合。本书案例中，浔龙河严格按照国家战略规划的要求推进乡村发展，发展新型农村集体经济，利用村庄优越的地理位置、便利的交通和丰富的资源打造城郊融合型乡村。具体通过"土地增减挂钩、异地置换"制度推动土地集中流转、环境集中治理、村民集中居住，并在集体建设用地上发展现代农业、休闲旅游产业，带动了农民增收、农业增效和农村发展，为乡村振兴提供了典型经验。

（二）乡村功能拓展为企业嵌入乡村注入动力

随着工业化和城镇化推进，乡村地域系统从传统单一农业功能向一二三产业多功能融合转变，从重视农村社会稳定向强调农村多功能发展转变。乡村功能是乡村地区具有的作用与功效，拥有城市功能不可替代的独特作用[1]。乡村必须从原有的生产单元向生态空间、文化传承、新消费载体等方面转变，向生产、生活、生态功能拓展，这为企业"下乡"提供了更多的空间和选择的领域。浔龙河村在这一阶段以建设"城镇化的乡村、乡村式的城镇"为目标，这一目标的实现依赖于企业参与。企业嵌入村庄发展是通过对乡村土地、劳动力和资本等供给侧要素资源进行创新性的整合配置实现的，其结果是诸多乡村功能的拓展，具有城镇化、乡村型、旅游核心竞争力的组织形式的田园综合体形成。

（三）企业家社会责任为企业联村提供活力

企业家的社会责任动机影响企业行为[2]。一批具有浓厚乡土情结的企业家致富思源，作为社会发展的薪阶层，他们自己带着资本和团队回乡投资建厂，吸引企

---

[1] 安悦，周国华，贺艳华，等．基于"三生"视角的乡村功能分区及调控：以长株潭地区为例[J]．地理研究，2018，37（4）：695-703．

[2] 周振，涂圣伟，张义博．工商资本参与乡村振兴的趋势、障碍与对策：基于8省14县的调研[J]．宏观经济管理，2019（3）：58-65．

·第六章 企业嵌入社会治理的案例研究·

业家朋友支持乡村创新创业。"火车跑得快，全靠车头带"，这批"能人""新乡贤"成为乡村发展的带头人，将先进理念、技术等带入农业农村，既带来了企业发展机遇，又促进了农村发展，也践行了企业家的社会责任。在本书案例中，企业并未摆脱作为具有经济性、营利性和独立性的经济组织的本质，企业发挥自主性同时，嵌入性使企业担负起了社会治理的社会属性。企业家柳中辉作为"在外的本村人"带企业回乡，并担任村党支部第一书记，打破乡村封闭的系统，促进乡村建设和治理范式变革，形成了与村支两委管理者的结合，使企业在乡村建设中以复合关系治理为核心构建利益联结纽带。

二、企业嵌入乡村振兴的实施路径

在复杂的文化、关系和结构变化的农村场域中，以熟人关系和礼治人情为乡村逻辑，存在关系、礼俗等众多因素阻碍企业嵌入乡村振兴，但如何克服障碍并协调组合各动力因素，找到企业嵌入乡村的路径是实现乡村与企业互惠共赢的关键。在企业履行社会责任、嵌入乡村振兴过程中，依据基于关系传递实现主体企业、政府和乡村关系联结的"传递—再传递—关系整合"过程，提炼出企业嵌入社会治理的路径，为企业嵌入社会治理的多层次管理提供了实践指导。

（一）作为嵌入主体的"政企村"的多重互嵌

在浔龙河企业联村的振兴发展过程中，企业与政府、乡村间的关系传递现象普遍存在且在企业进村过程中起着至关重要的作用，贯穿于企业进村到逐渐融入再到互惠共生发展的全过程。企业与乡村联合发展的历程可以看作是企业、政府和乡村间基于关系传递的社会资本积累，构建共生网络协同合作发展的过程。在这过程中，政府提供政策支持引导企业承担社会责任，嵌入乡村治理，并挖掘乡村多种功能和价值；乡村通过功能的拓展为企业参与乡村建设提供了空间和机会。湖南棕榈浔龙河生态城镇发展有限公司的角色作用不尽相同，在这些关系传递中，有些是以企业作为中间方，进一步推进政府与乡村的联系；有些是以乡村作为中间方，促进企业与乡村建立合作关系。然而，在企业、政府、乡村间的关系传递过程中，湖南棕榈浔龙河生态城镇发展有限公司无论是作为中间方还是合作方，都获得了更为广泛的社会联结和发展资源。

在企业、政府和乡村关系传递的过程中，企业家和村支两委充当媒介，在企业与政府、企业与乡村和政府与乡村间搭起了桥梁，促进三者间关系的传递与搭建。在企业与政府和乡村间，是以企业家为中间方，使企业社会责任与政府政策和乡村功能建立联系。在政府与乡村之间，是以村支两委作为中间方，使政府政策和乡村功能建立联系。这与合作共生发展理念相契合，体现了基于关系传递的企业、政府与乡村的多重嵌入。

"经济行为嵌入社会关系"是社会嵌入性的本质命题[①]。企业履行社会责任，参与浔龙河乡村振兴的多重嵌入是针对治理主体企业、政府和乡村的多重性而言的。多重主体间的嵌入并非独立存在，而是通过改善嵌入的客体社会关系与经济关系的关系质量而相互影响和相互促进的。具体来说，其中企业作为一个主体的嵌入使企业与政府、乡村间的关系治理得以改善提升，从而推进另外两个主体的嵌入，如图6-6所示。

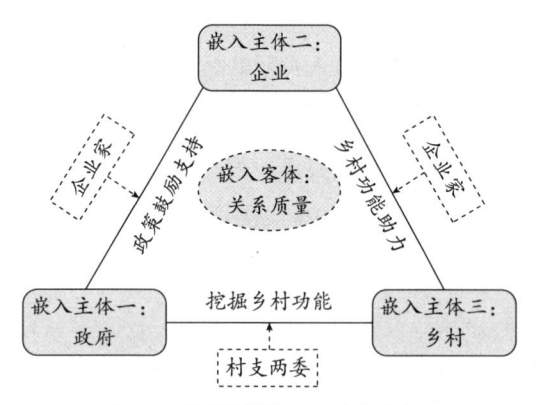

图6-6 关系传递作用下的多重嵌入

在浔龙河乡村振兴发展的过程中，企业、政府先后进场。企业的进入不仅体现了关系的传递，也传递了品牌、信誉、利益，使村民对企业的认可度提升，双方的关系质量得以提升，村民愿意为企业提供土地、人员等支持。但在企业嵌入过程中欠缺制度的引导和支持，政府政策的嵌入成为必然。政府政策的支持，更是传递了制度、资源、责任，推动企业积极履行社会责任，嵌入乡村治理发展，政村企关联也就自然建立起来。因此，在政策、土地、人员等资源支持下，基于关系传递会形成治理主体企业、政府与乡村的多重嵌入联结，并通过对关系治理

---

① 郑方, 彭正银. 基于关系传递的结构嵌入演化与技术创新优势：一个探索性案例研究[J]. 科学学与科学技术管理, 2017, 38 (1)：120-133.

的提升而相互促进。

（二）作为嵌入客体的社会和经济关系互构

通过以上多重嵌入研究发现，在企业家、村支两委的搭桥牵线下，主体联结、资源需求和任务导向共同推动湖南棕榈浔龙河企业在政府、乡村和村民等多个不同层面的主体之间进行关系传递，提升主体间的关系质量，促进主体间社会关系与经济关系的互构。其中，主体联结是指企业、政府和村民等因自然人主体的联结推动主体间的关系传递，如企业进入浔龙河有一部分是由企业家的人际关系带动关系传递，包括与亲戚、合作者等人的非经济关系与经济关系。自然人主体人际关系带动下的关系传递，成为浔龙河发展企业层面社会关系网络构建的微观基础。资源需求是基于企业对土地、人才、政策等各种企业成长性资源的需求而进行并促进主体间关系的传递，如2010年，村民仔细听取和考量《双河村土地调查报告》，通过土地集中流转、产业集中发展和村民集中居住改善了生活环境并提升了生活质量，进而村民自愿把土地流转，租赁给企业。而任务导向是以特定任务的完成为目的而形成关系并推动关系传递，常常会为完成互补的任务而形成新的关系联结，如村民将土地租赁给湖南棕榈浔龙河村后，由企业开放建设，企业、村民等按照具体的协议比例共享项目经营收益。

可见，不同的驱动因素推动关系传递的起点不同，具有差异性。主体联结以情感导向的社会关系为起点，具有偶发性，而资源需求和任务导向以利益导向的经济关系为起点，具有目的性。社会与经济关系紧密相关、相互融合，主体联结、资源需求和任务导向也相互促进。社会关系是企业、政府和村民在各个活动领域、各种关系的总和，体现了人或组织相互作用的本质。经济关系嵌入社会关系，是社会关系的核心部分和利益体现。企业的社会、经济关系是部分互嵌共生的关系，既存在因社会关系导致经济关系的出现，也存在于经济关系中形成社会关系的情况[①]。正如斯密几百年前所阐述的，内生于经济行为的经济关系本身就是社会关系和社会结构产生的基础。在调查访谈中公司高管谈道："作为乡村企业，会通过为村民提供服务、改善生活，逐渐融入乡村。乡村也会给企业提供土地、人员等支持，

[①] 郑方，彭正银.基于关系传递的结构嵌入演化与技术创新优势：一个探索性案例研究[J]. 科学学与科学技术管理，2017，38（1）：120-133.

政府会提供政策引导企业进入乡村,参与乡村治理。"

以上分析正是对主体联结、资源需求、任务导向3种驱动因素基于关系传递形成社会关系与经济关系互构的形象阐释。

(三)嵌入主客体间的联结路径

自2009年浔龙河农投正式成立,并启动浔龙河村的现代农业项目和生态示范点项目以来,企业嵌入乡村振兴、企业联村发展大致经历了三个阶段。第一阶段是关系建立、企业进村阶段,企业家作为关系传递的中间方,在企业与政府、乡村间形成新的关系嵌入,获得政府的支持引导和村委的认同宣传。第二阶段是关系传递、企业融村阶段,企业家、村委成为中间人,在企业与政府、乡村、村民之间搭建桥梁,推动关系再传递,带来新的关系联结。同时,关系具有延续性和传递性,先前关系传递建立的村民亦可以作为中间方进行关系的再传递。正如浔龙河村生态艺术小镇项目大约经历了四五个层层递进的关系传递,才逐渐构建起初步的项目建设框架。第三阶段是关系整合联结、企村共生阶段,企业发展融入乡村,形成了"你中有我,我中有你"的命运共同体,延伸了企业与社会利益相关者的边界。例如,在教育产业方面,通过关系传递与湖南棕榈浔龙河村企业建立联结的北京师范大学附属学校,为湖南棕榈浔龙河村带来研学教育、培训教育等方面的客户,从而通过关系再传递将这些关系嵌入整合到湖南棕榈浔龙河村企业的社会关系相关者范围,并在此后的关系联结和关系传递中发挥桥梁作用。

因此,湖南棕榈浔龙河村企业嵌入乡村振兴的路径是指在偶发性的主体联结和目的性的资源需求、任务导向的关系传递驱动因素下,企业、政府、村民等主体由关系传递到关系再传递,再到关系整合的联结过程(见图6-7)。

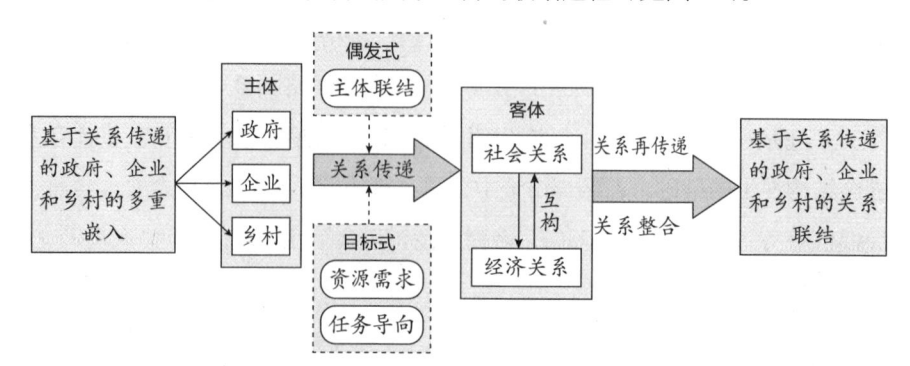

图6-7 基于关系传递的企业、政府和乡村的联结路径

从基于关系传递的企业、政府和乡村多重嵌入联结的具体路径来看，湖南棕榈浔龙河生态城镇有限公司参与乡村发展既有偶发式嵌入，也有目的式嵌入。具体而言，在企业进入乡村阶段，企业与乡村的关系主要是通过企业家联结形成的，是情感导向下的偶发式嵌入；在企业融入乡村和企村共生阶段，企业与政府、乡村的联结共生主要是通过资源需求和任务导向下的目的式嵌入。

三、企业嵌入乡村振兴的互惠共生效果

从关系传递到关系整合，企业社会关系边界不断延伸，企业关系网络形态逐渐形成并不断扩大。结合本案例，企业在参与乡村振兴的过程中，通过项目合作等方式将村民、政府关联组合起来，主动将资本、技术、渠道等要素与土地、劳动力、政策等要素融合，将企业、村民与经济合作和效益有效关联起来，明确企业与村民间关系的强弱边界，并以村委和企业家为媒介，促进政府、企业、村民等互惠共生，形成"你中有我，我中有你"的交融状态，实现"政企民"共建、发展成果共享。

（一）企业再造

乡村振兴是未来中国的基本国策与战略，是未来几十年的市场风口所在，企业参与其中对自身来讲，就是一种把实现自己价值与国家未来红利深度捆绑、共同发展的低风险行为。企业嵌入乡村振兴，承担城乡融合发展平台营造商的角色，实现"城市要素下乡、乡村产品进城"，带来企业发展机遇，实现了企业的再造或重生。在湖南浔龙河农业投资综合开发有限公司参与乡村建设的过程中，将企业社会治理行为融入企业、乡村发展战略，形成"教育、生态、文化、旅游和康养"协同发展的产业布局，打造旅游品牌以及开展多元合作的方式进而促进乡村经济发展，促进企业发展转型，提高企业自身的知名度和影响力。

企业社会责任和自我效能实现，是驱动工商资本嵌入乡村的重要原因。在企业嵌入乡村建设的过程中反映了自主性，企业积极主动参与乡村建设，需要发挥企业的能动性，促进企业责任转化为企业绩效，达成自我的成熟管理。乡村振兴活动多与农业结合，不仅抵抗风险的能力更低，且投资周期偏长，短期内很难获取收益，需要企业具有较高的社会责任和乡村发展参与意识，愿意与村民共享发展收益，要求企业具有更高的技术实力、市场整合资源能力等。在本书案例中，企业并未摆脱作为具有经济性、营利性和独立性的经济组织的本质，在发挥自主性的同时，企业家柳中辉作为"在外的本村人"带企业回乡，担任村党支部第一书记，打破乡村封闭的政治系统，促进乡村建设和治理范式变革，形成了与村支两委管理者的结合，构建了以复合关系治理为核心的利益联结纽带。

（二）授村以渔

在企业与乡村、农民间建立利益联结机制，是拓展乡村功能、促进乡村发展、增加农民收入、增强农民获得感、实现生活富裕的重要手段[①]。陈艳和刘志凌认为社会资本与农民的利益紧密联系起来，是实现社会资本成功投资乡村振兴的关键[②]。扎根于农村的集体经济激活了资本与土地、劳动力等生产要素，授予乡村发展的方法和方式，使村民内部形成了更加紧密的利益关联，推动农民走上共同富裕的道路。

在本书案例浔龙河村，农民把土地直接占有和经营管理权以入股的方式流转让渡给村集体经营，并由村集体资产管理公司与湖南浔龙河农业投资综合开发有限公司对接合作，建立"土地流转费＋分红"的利益联结机制，实现企业与村民互惠共生。在乡村情境，发展集体经济不仅优化了农村的资源要素结构和产业布局，持续为农民的富裕和乡村振兴提供资金，更在乡村导入了更加先进的建设管理理念和规章制度，促进了乡村的生态文明建设和文化传承。

（三）社会和谐

建设和谐社会是世界各国人民的共同愿望，是人类社会发展的必然要求，也是中国当前的既定国策。企业和谐是社会和谐的基础，企业社会责任是社会和谐的重要基础和有力保障，是中国构建和谐社会的重要诉求。建设和谐社会是一个复杂而又长期的系统工程，需要企业积极履行社会责任，促进企业与社会的和谐统一、兼顾法律法规硬规范和伦理道德软规范、平衡企业股东与其他利益相关者的权益、保护生态环境和自然资源等，实现社会和谐。

[①] 周振，涂圣伟，张义博.工商资本参与乡村振兴的趋势、障碍与对策：基于8省14县的调研[J].宏观经济管理，2019（3）：58-65.

[②] 陈艳，刘志凌.社会资本参与乡村振兴战略的培育路径探索：江苏杉荷园农业科技发展有限公司案例[J].江苏农业科学，2018，46（21）：341-344.

在本案例中，企业不但调整了农村产业结构，促进农业、工业和服务业的融合发展，最关键的还在于它把千家万户的小生产和分散经营统一纳入大市场。企业发展带动乡村振兴，解决农村"三留守"问题和"谁来种地"的问题，不断吸引外出务工人员回乡就业，构建城乡联结一体化发展的经济社会发展模式，实现乡村社会和谐。

四、企业嵌入乡村振兴的机理

企业嵌入乡村振兴是一个"你中有我，我中有你"的过程，既表现为企业可以通过某种策略和机制寻求发展资源和拓展生存空间，也体现为资源主体可以通过某些资源的配置或项目的实施对合作组织发展策略和生存空间进行干预。本案例中，在政府政策激励引导、乡村功能拓展动力和企业家社会责任的共同驱动下，基于村委和企业家进行关系传递实现政府、企业和乡村的多重嵌入，形成社会关系和经济关系互构，推动湖南棕榈浔龙河公司嵌入乡村发展，实现互惠共生。

在对动因、主体、客体、路径和效应5个企业嵌入社会治理要素分析的基础上，总结了基于关系传递的企业嵌入社会治理机理的理论模型，如图6-8所示。

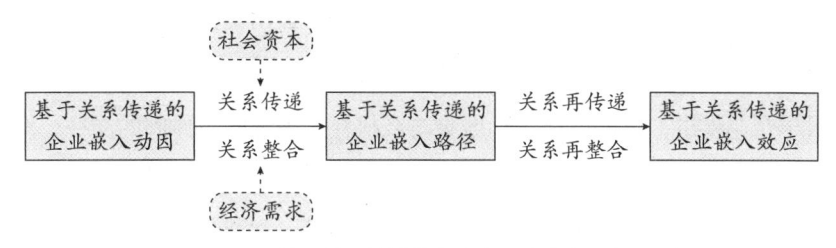

图6-8 基于关系传递的企业嵌入社会治理机理

企业嵌入乡村振兴过程中必须要考虑五大要素。一是嵌入动因。不同类型的主体在不同的经济环境下的动机不同，合作意愿程度也不同，需要充分挖掘嵌入的关键动因，包括企业内部的关键因素和外部方面的社会因素，促进关系传递。二是关联主体。主体是经济活动中拥有决策权的参与者，企业、农民、基层政府、村社集体组织均为乡村振兴的参与者，企业主动嵌入乡村振兴，必须要发挥主体作用。三是嵌入客体。嵌入的实质是关系嵌入，关系质量是企业与其他主体间关联的基础，在企业嵌入治理过程中需要在动因的驱动下，促进社会关系与经济关系互构，提升关系治理。四是嵌入路径。企业发展是一个连续不断的动态演化过程，在从关系传递到关系整合的过程中，以双边关系为特征的关系嵌入加总在一起，构成了以大量交叉复杂关系结合为特征的社会关系网络，需要企业明确关系传递的路径，促进关系联结。五是合作效用。合作效用是全体参与人所选定方案的得益，即乡村振兴过程中多主体关联过程中利益共享与分配机制。此外，还需要注意的是合作媒介。合作媒介是确定并促进参与人达成经济交易的工具。乡村振兴过程中多主体组合成不同的社会关系，关联双方往往根据关系的重要程度来区分不同关系，勾画出关系之间的边界。进而根据关系边界，结合特定的媒介确定经济合作方案和得益，以形成规则制度维系社会关系和经济合作。

基于以上分析发现，通过对湖南浔龙河棕榈生态城镇发展有限公司嵌入乡村振兴分析与讨论，企业嵌入乡村振兴治理的运行机理是企业在驱动力的作用下，明确企业是社会治理责任和外部的支持保障，促进企业与政府和乡村关系的传递整合，实现村企联合发展。本节中企业嵌入乡村振兴的机理进一步验证了第一节中构建的机理，表明基于关系传递的企业嵌入社会治理机理具有普遍性。

五、企业嵌入的实施与维持

通过关系传递和关系整合，企业所处的社会关系边界不断延伸，企业与其他社会治理主体的关系联结成为可能。关系传递会加大企业与政府和社会合作的机会，对于企业来讲，应该更加主动地参与乡村社会治理的主体间的交往，增加现任，驻中国以互惠互信互利为基础进行合作，达到持续的价值共享和价值创造。关系治理是企业关系网络中的对于特定关系的建立、管理与控制行为。企业嵌入的实施与维持必须依赖于一定的机制，在本案例中有所涉及（见图6-9），但详细的论述见第七章和第八章。

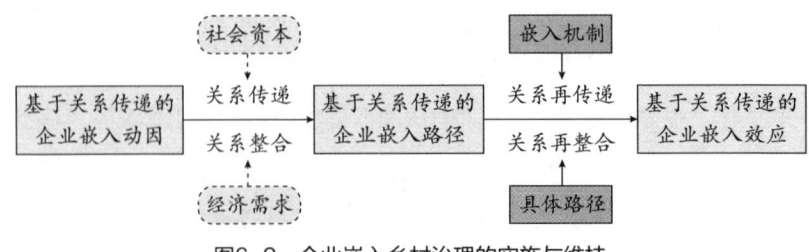

图6-9 企业嵌入乡村治理的实施与维持

第四节　企业嵌入乡村振兴的实践思考

乡村振兴是中国一段时间内的基本国策和战略，也是市场的"风口"所在，企业参与其中，是以国家政策为导向的战略选择，能够实现将自身发展与国家未来红利的深度捆绑[①]。企业嵌入乡村振兴至少具有以下益处：一是带来企业发展机遇。企业嵌入乡村振兴，担当城乡一体化发展平台的营造者，促进"城市要素下乡，农村产品进城"，为企业和乡村带来了发展机遇。二是带来农村发展资本。工商资本下乡直接带来了资本，抬高了土地流转的租金，带来了就业岗位，使农村和农民获得了发展机遇。三是推进乡村治理模式的创新。企业联村，推动了企业市场运作、政府推动监督、基层民主自治的新农村治理模式，体现了多中心治理理论的思路。

通过对企业进入乡村的历史脉络分析和湖南省长沙县浔龙河村发展的成功经验进行剖析发现：首先，企业进入乡村是一个涉及企业、政府和乡村的多个主体过程。其中，企业是"发起人"和"产业投资人"，需要对各种资源要素进行有机整合，必须关注紧密的利益联结机制；政府还需从推进乡村振兴战略、营造良好投资环境、完善农村社会服务体系诸多方面做好保障；乡村需要加强推进农村功能拓展、调动村民的积极性等多方面的工作。其次，要充分利用当代乡村社会关系格局的多样性。既要重视经济利益联结也要注重传统差序格局，在复杂的"差序场"中建立关联营造，是企业嵌入乡村振兴的实现路径。最后，以上研究也启发了企业进入乡村振兴的几点思考，主要有以下几个方面。

一、经验性启示

（一）企业参与乡村建设具有双重逻辑

企业参与乡村振兴体现了自主性与嵌入性共存的双重逻辑。自主性主要表现在企业具有主动意愿参与乡村建设，能够在乡村振兴中发挥能动性，达成自我的成熟管理。嵌入性可以描述为企业在与村组织、村民和政府的互动过程中，呈现

[①] 王丰，孔帅，邹东涛.社会资本在乡村振兴战略中的作用：基于城乡融合发展机制视角[J].公共财政研究，2019（3）：76-85.

出的相互影响、相互依赖的复杂性和多样性。自主性发展和嵌入性要素间的张力决定了乡村发展的上限。在企业的管理理念、资本、技术等要素与农村的劳动力、土地融合过程中,企业、乡村、政府形成互惠共生体。企业嵌入乡村建设,优化了农村资源要素结构,加速了乡村社会治理的现代化,同时也实现了企业的转型、再造甚至重生。

(二)关联营造是企业嵌入乡村的核心

关联营造是在多元主体合作关系下,共同创造美好家园。企业嵌入乡村建设的过程中,涉及政府、企业与村民,其中政府提供政策支持和服务,乡村将资源出让给企业,企业负责项目的建设运营,并通过交易、效用和媒介将乡村、企业和政府三个主体关联组合,形成"你中有我,我中有你"的关联状态,共享项目经营收益。新型农业经营主体的运作基础在于乡土社会的资源和乡土逻辑,采用关联营造的方式增强主体间的相关联系与相互作用,主动地营造出和谐关联形态,消除自身的"外来性",实现"政企民"共建、发展成果共享。

(三)利益联结是企业嵌入乡村的关键

建立企业与农民的利益联系机制,是促进农民增收、提高农民生活质量,增进农民群众的获得感、安全感、幸福感的重要手段,也是工商资本下乡成功嵌入乡村振兴的关键[①]。在本书案例中,湖南浔龙河农业投资综合开发有限公司创新了与村民的利益联结机制,采用"土地出让金+集体分红"的模式,实现了企业、村民、村集体互利共生,避免了企业"脱嵌"或者村庄"公司化"等现象。

(四)集体经济是村企合作的正确选择

发展集体经济时不我待,它是引导农民共同富裕,增强基层造血功能,促进城乡一体化发展,推进乡村振兴战略的有效措施。实践已经证明,村集体经济构成了乡村社会稳定的强有力支撑。我国村域集体经济资源是村社农民共同创造、代际传承下来的,凝聚着几代农民的贡献,只能由村组集体管理和经营。那么,集政治和经济于一身的村集体组织能够发挥"平台"作用,村民将土地等资源流转给集体,以地入股村集体经济获得收益,村集体再以土地入股企业,通过股份

---

① 陈艳,刘志凌.社会资本参与乡村振兴战略的培育路径探索:江苏杉荷园农业科技发展有限公司案例[J].江苏农业科学,2018,46(21):341-344.

合作获得分红,整个过程村集体发挥了中介作用,联结了村民与企业,实现农村基础生产要素市场化开发。

二、风险性的问题

(一)企业低度社会化

由于企业逐利的性质极易导致其只考虑经济得失而不顾社会后果的低度社会化。资本下乡动机不纯"非农化""非粮化"[1],造成"大户吃小户""农民无产化"[2]和农民生活成本的提高[3]。企业能动嵌入乡村振兴,体现了企业的社会责任担当,以及企业家的战略意识。在企业联村过程中,存在企业家、企业、乡村公私权力边界模糊的问题,在市场不确定的情况下,企业很可能越权,将运营风险转嫁到乡村,损害乡村和农民利益,特别是损害了农民参与公共生活表达利益诉求的村民自治制度的有效性。因此,企业嵌入乡村也需要进行内外部的制度设计,建立激励-约束机制和企业风险化解机制,防止农民自治权被虚置。

(二)村庄完全公司化

村庄公司化(或称"公司型村庄")使村庄全部按照"公司化"的逻辑来组织和运作,给农村与土地、国家的关系造成了巨大负面影响。由于以国家强制力为保障、国家赋予的及村庄内生的公共权力和公共权威的弱化构成了当今乡村治理的主要困境,因此,要完成乡村治理任务,不得不依赖私人性权威,这个企业公司化提供了"土壤"。企业联村后,往往通过"农民上楼"来"迁村腾地",将耕地"整村流转","涉农"惠民项目注入企业,公司—资本替代村庄—农民成为基层治理的社会基础,村两委沦为企业的二级机构,村民选举在公司—资本面前也"停摆"。解决这一问题必须要确立一种公共利益优先的公共化过程,将农民的土地等资源的利益分配与民主议事过程相结合,通过制度化的公共讨论维护村庄公共利益,避免公司村庄化所带来的危害。

---

[1] 周飞舟,王绍琛.农民上楼与资本下乡:城镇化的社会学研究[J].中国社会科学,2015(1):66-83,203.
[2] 贺雪峰.农村集体产权制度改革与乌坎事件的教训[J].行政论坛,2017,24(3):12-17.
[3] 周飞舟.回归乡土与现实:乡镇企业研究路径的反思[J].社会,2013,33(3):39-50.

（三）公共利益私人化

企业与乡村的关联营造主要借助制度化、直接性的共同利益营造，则在企业嵌入乡村振兴的过程中，应避免公共利益私人化。为了促进乡村振兴，经济精英担任村干部的"能人治村"现象蔚然成风，其结果包括两种情况：若是"能人"品格高尚、能力超群，那么村子和谐，各项工作走在前列；若是"能人"动机不纯、公私不分，村集体利益受损，干群矛盾突出，这两种结果归根结底是由于治理过程的非规范性导致的，能人治村不能仅寄托于人本身，更要依赖于建立一个好制度，以制度选人、用人、约束人。真正落实村民委员会组织法，引导"能人治村""能人带村"与基层组织、民主法制建设结合起来，确保经济能人、返乡能人的权力在运行阳光透明，防止出现公权力和公共利益直接或是变相地私人化问题。

三、针对性建议

企业嵌入乡村振兴是一个"你中有我，我中有你"的过程，既表现为企业和乡村主体间通过某种机制拓展生存空间，也体现为企业、乡村和政府通过资源配置对乡村振兴主体发展策略和生存空间进行干预。企业嵌入乡村，不仅给乡村机构及发展和社会治理提供了契机，推动企业嵌入乡村振兴需从政府、乡村和企业三个层面入手，构建主体联结机制，重点做好以下三个方面的工作：

（一）政府与企业合力培育自主型农民

农民是乡村振兴的主力军和直接受益者，关系乡村振兴成败。企业与乡土社会对接补偿原因之一是熟人社会中道德经济与市场经济存在鸿沟，企业以市场经济形式联村，农民权力被虚置，因而"消极参与"和"主体性"缺失。在企业嵌入农村建设的过程中，政府应该做好引导和监督，企业应该主动按照村民自治制度的设计，保障村民行使民主自治权以及企业嵌入乡村建设的知情权和参与权。同时，积极培育农民主体性意识，破除"等、靠、要"的依附观念，使市场经济中的自由竞争、独立自主的公民意识在思想观念中树立起来。

（二）政府、企业、乡村合力加强制度创新

制度创新是乡村振兴的保障，乡村振兴则是制度创新的过程与结果。企业嵌入乡村振兴也必须依赖于制度创新。政府要健全经营主体之间的利益联结机制，

因地制宜、分类施策加快推进农村集体产权制度改革，增强集体经济实力和村集体组织的凝聚力和向心力，要从基础设施建设、政策法规、人才技术上提供政策支持，激励引导工商资本下乡、市民下乡。同时还要重视发挥企业在要素整合资源配置以及不同生产经营环节的组织优势，推动乡村振兴不同主体的纵向融合，重视发挥农民通过合作社、家庭农场联盟等形式主动提高组织化程度的横向融合。把在自上而下和自下而上实践中取得成效的经验措施制度化，使之成为行之有效的长期机制，以巩固实践成果，推动实践深入，使企业带动农村和农户走向现代化轨道。

（三）加强乡村建设多元主体之间的关联营造

构建和谐有序的乡村共同体，使政府、企业和乡村在公共领域、私人领域和日常生活领域有机地联系起来。建立多元主体之间的关联，不能仅仅依赖于以契约精神为基础的商业秩序（张康之教授称之为"创制秩序"），还要通过积极主动的关系营造，与乡土社会中的资源和观念相贯通[1]。这一过程中既不能单纯依靠企业采用经济逻辑推进，也不能仅靠乡村和村民的熟人社会行动逻辑，而要依靠政府、乡村、企业之间的良性互动[2]。政府需要转变治理理念，以企业为主导者、政府为引导者、乡村为协调者重新进行角色身份定位。村小组和村委会应提升乡村自治能力，发挥乡村内部协调资源配置的作用，并把握政府政策拓展乡村功能。企业必须遵循道德秩序，营造一种在实践理性之上的新型利益关系，既要借助乡土社会人情关系和运用工业社会契约关系加强与乡村的关联营造，以此整合并充分利用乡村资源，通过村委人员或熟人打破陌生僵局，逐渐扩大人际圈层，通过与村民以土地流转和劳动等契约合作方式，构建熟人圈子，积极参与乡村振兴。

---

[1] 陈靖.新型农业经营主体如何"嵌入"乡土社会：关联营造的视角[J].西北农林科技大学学报（社会科学版），2018，18（5）：18-24.

[2] 刘祖云，张诚.重构乡村共同体：乡村振兴的现实路径[J].甘肃社会科学，2018（4）：42-48.

第七章 社会治理结构中企业嵌入的机制研究

随着我国社会结构由"总体性社会"演变为"多元化社会",社会治理模式从"总体支配-管控式"向"多元协同-合作式"转变,社会治理结构由"单中心"治理结构走向"多主体联结整合"的网络治理结构。在多元治理网络中,企业、政府、公民等性质、结构、功能各异的治理主体优势互补、合作共生,为实现一定的治理目标,在资源与利益相互依赖的基础上综合运用各种途径、方式和手段,应对、解决各种复杂、多变的公共和社会问题。而如今社会治理涉及面广,事务繁多,主体的差异性、利益的碎片化、目标的分散化等引起的矛盾和冲突在社会治理过程中不断暴露,逃税漏税、腐败等社会治理问题突出。为解决这些社会治理问题,必须建立行之有效的以社会治理为主体所遵循的原则,保障社会有效运转。

在社会治理网络中,企业作为社会治理中的关键一员,构建企业嵌入社会治理机制是提升企业治理能力和治理效果的必要手段,促使其更好地为中国特色社会主义社会服务,实现企业、社会、政府等多方共赢。本章将首先设计企业嵌入社会治理的具体原则,并根据原则构建切实可行的企业社会治理机制,保障企业更好地履行社会责任、参与社会治理、解决社会问题,以期为中国社会发展提供一些思路。

第一节 企业嵌入社会治理的十项原则

设计原则是一种实质要素或条件,有助于说明制度在维持社会治理主体遵守治理规则中的成果原因。但设计原则带有相当的推测性,在断定其必要性之前,需要进一步开展理论和实证的研究。但制度是那些使其得以运作的人的意志体系,说明长期存续的制度的必要和充分条件是不可能的,且根本不存在一套能够满足不同类型个人意愿的前提逻辑,并且具有这样前提的制度也难以运行。因此确定一组必要的设计原则及其核心内容,激励治理主体能够自愿遵守社会治理中设计的操作原则,监督评价各自对原则的遵守情况,并把社会治理原则一代一代地维持下去。

原则是在充分预估各种可能发生的意外后,针对问题提出明确的解决措施并做好预防准备,内容既是明确的又是可理解的,并被大家所认同并遵守。在原则本身就模糊不清和执行者不理解的情况下,即使有良好动机的引导,人们也很难遵守原则,即避免原则内容的模糊性和保障原则实施的灵活性是制定原则的基本准则。因此,我们需要制定简单明确的企业嵌入社会治理原则,涉及有效的合作治理行动以及制定、实施、裁决治理行为等方面的内容,包括:以人为本、权责平等、标本兼治和价值正义四大原则。

一、以人为本原则

社会治理的对象是社会个体中的每个人,每个人也是社会治理的主体。在共建共享共治的社会合作治理体系中,必须树立"以人为本"的合作治理理念,并将其作为社会治理的重要原则,在促进公众参与治理的同时,坚持平等协商,保证人民参与社会治理的权力,保障社会治理的公平性和民主性。

合作作为社会治理的核心机制和运行原则[①],合作成功的首要条件,是必须广泛地容纳所有受该问题影响或关心该问题的利益相关方。高高在上的规则只会导致更多的暗箱操作,侵蚀制度的信用。因此,社会合作治理要紧紧依靠人民群众,发扬民主,贯彻以人为本的原则,实现依法治理、科学治理、人性化治理和平等的协同合作治理,保障利益相关方治理的合法性,并实现好、维护好、发展好人民群众的根本利益。社会治理过程要明确基本规则和程序的透明度,避免幕后私下交易,使利益相关方确信过程是公平、公正、公开的,增强他们对制度的信任并积极参与社会治理。

多元合作治理的实现既依赖于各治理主体间的协商合作,也有赖于民主平等的治理途径和方式。协商民主是我国社会主义民主政治的特有形式和独特优势,

---

① 张康之.从官僚制组织到合作制组织的转变[J].中共福建省委党校学报,2017(3):4-11.

也是合作社会治理主体之间实现有效合作治理运行必须遵循的基本原则。由于社会合作治理各主体先天禀赋以及拥有的资源和能力具有差异性，在社会治理行动中发挥的功能和作用具有互补性，这种差异性和互补性使得"多元合作"成为社会治理效益最大化的最好形式。实现多元合作治理需要主体间身份的平等、运行的协商和决策的民主，要求协同合作治理过程体现协商民主精神。

二、权责平等原则

平等是多元主体有效协同合作参与社会治理的关键，权责平等明晰是多元合作治理的前置条件[1]，权责配置是社会合作治理中的重要内容。在"党委领导、政府负责、民主协商、社会协同、公众参与"的共建共治共享社会治理格局中，社会治理权责不断下移，各治理主体在履行社会责任的同时，享有相应的权力，权责对等。但随着信息技术的快速进步与发展，自媒体和大数据在社会治理过程中起着主导作用，引起了各主体的经济职责和社会职责失衡，形成了社会治理主客体界限模糊、过度无序的治理参与等问题，致使社会治理的权责范围与治理绩效呈反比之势。因此，遵循权责平等原则还需要根据治理需求和治理主体的特性对症下药、量体裁衣，并加强主体间跨区域、跨层次治理。

原则必须是行之有效的，即不能有效执行甚至根本无法执行的原则就不是原则。也就是说，要使原则引导企业、政府和社会合作参与治理，解决社会治理问题，制定时必须考虑到各主体的特性，采用"一企一策"。如果采用"一刀切"，各主体遵循同一治理原则，国有企业、民营企业等主体的治理内容统一为促进公共利益、协力社会治理等，则主体无法遵循并执行已制定的规则，那么该原则则无法获得各主体的认同和服从并执行，难以有效解决社会治理问题。诺贝尔经济学奖得主诺斯曾提出："现代制度的主要特征是无须付出昂贵的代价，任何人都可以做正确的事和依法行事。"因此，制定社会治理原则时必须基于实际情况，避免治理原则与治理信息不对称，以防治理主体为设法规避、调整或减轻原则的约束限制而做出的失责行为。因此，原则的制定应该基于治理问题的特性、规模与治理主体的类型、能力对症下药、量体裁衣。

---

[1] 薛泽林，胡洁人. 权责与绩效脱钩：社会治理精细化机制重构：以赋权改革推进多层次社会治理[J]. 华东理工大学学报（社会科学版），2017（1）：100-107，116.

为解决社会治理问题，需要实现原则的决策层级与问题性质相称。一方面，对于企业的内部治理和基层治理，在不违背社会价值的前提下，充分尊重其自治和创造性，保证治理主体掌握自己制度的权力不受政府权威的挑战，给予规则合法性最低限度的认可。另一方面，对于跨层级、跨区域问题，建立一个制度性的框架鼓励和促进主体间自愿合作来解决跨辖区问题，积极发起、组织、协调各主体的各自工作，争取实现区域层面上的互动与合作，进一步增强治理的能力与水平。

三、标本兼治原则

当下，我国社会治理在一定程度上存在"依法行政尚未常态化、依法裁判不强"等一系列问题，致使治理过程出现选择化、碎片化等非法治化现象[1]，逃税、漏税等避责行为层出不穷。因此，需要规范和完善相关的法律法规使企业在法律的约束下履行社会责任，避免违规利己行为。法律制度的规范与完善从正面促进了国家经济价值与社会价值的共创，推动了我国企业社会责任制度建设。社会治理法律硬规范坚持公平合理，着力保障和实现社会治理中的权利公平、规则公平、分配公平和社会保障公平，维护和实现社会公平正义，继而成为促进企业履行社会责任，参与社会治理的重要法律依据和环境动因。

在我国企业的各种社会责任中，经济责任、环保责任可以依法律规定实施强制执行，但公益、慈善责任的履行则更多地依赖企业经营者道德水平的高低。因此，道德、诚信等软约束机制在刚性条款不能发挥作用、不能进行强制约束的领域发挥至关重要的作用，对制度约束具有补充作用。即法律制度只有同文化、习俗、道德规范等软规范约束相结合，才能确保企业社会责任的全面实施，对企业社会责任的缺失、治理发挥标本兼治的功效。

践行法治的同时，德治的力量同样显著。古今中外，虽然社会制度和时代各异，德彰者皆为民众拥戴，甚至可以达到无为而治。德治之要义，在于率先垂范，以身作则，以德服人；在于弘扬正气，抑恶扬善；在于礼尚公序良俗，效法先贤勇士，激发人们内心深处向善向上的力量。德治是中华传统文化的重要智慧，在我国现行多部法律法规中也得到确认和支持。

---

[1] 秦媛媛，刘同君.论政府法治论视角下的社会治理方法与路径[J].江苏大学学报（社会科学版），2020，22（6）：102-111.

但是，从我们研究的案例来看，即使在信誉等美德都很重要、人们都认同遵守协同准则的情形中，美德和共同准则本身不足以生产出长期稳定的协同合作治理行为。不然的话，政府、企业就不会在建立治理、期望树立正确的自我利益和监督制裁上耗费资源。在所有长期治理存续的案例中，对利益观理念和监督问责上都有积极的资源投入。

这种情况下导致我们去考虑价值正义。

四、价值正义原则

黑格尔的价值正义是指在"法理—道德—伦理"逻辑架构下，规范社会治理行为，抑恶扬善，实现社会和谐。即败德报复，对"损人利己"的行为进行司法制裁、道德谴责、组织文化排斥等，促使主体进行预期行为的评估进而调整治理策略和履责行为，同时通过制度激励、履责绩效等方式支持"互利合作"行为，善德善报，弘扬社会治理的正能量。

形成价值共识，能够为公众参与社会合作治理提供强大的推动力量，并保证参与的长久持续。利益是治理主体遵守规则的关键诱因，自我利益是激励企业嵌入社会治理的关键因素。正确理解自我利益是指个体兼顾经济利益与社会利益、自我利益与他人利益、长期利益和短期利益，是社会治理体系建立的基础。如果社会个体不理解或者放弃"正确理解的自我利益"，整个社会将会面临长远的挑战，自我利益也难以实现。所以企业个体需要正确理解自我利益，将自我利益与他人利益、社会利益相结合，实现整体利益最大化。

期望是行为主体对行动的期待和希望，社会治理期望是治理主体根据个体所承担的治理角色及所履行的社会责任而提出的希望，建立"遵守的预期"是强化社会治理的一个重要心理基础。在所有社会系统中，互动的基础都是通过社会规范来确保期望的确定性[1]。因此，政府应建立"以行动者为中心的功能主义"的治理制度，指出企业遵循治理制度的社会期望，明确政府、公民对企业履行社会责任的期望内容与目标，实现制度预期效应和个人利益。此外，在公民与政府、企业间搭建桥梁，建立公民社会组织以解决社会治理问题并维护遵守规则的社会期望。企业应了解社会需求和社会问题，并以公众期待的方式承担社会期望，提高

---

[1] 祁春轶. 国家治理中法律对期望结构的分辨和选择[J]. 法学，2015（12）：49-60.

企业社会责任活动的满意度，获得社会认同。在浔龙河村发展过程中，成立了浔龙河商贸有限公司和村集体资产管理公司，成为对接企业、市场的发展平台，保障村民的决策参与权和收益权。

为了保证治理主体积极履行社会责任，保障社会治理的持续性，对于失责避责行为必须要问责并实施监督制裁。问责是指问责主体对其管辖范围内各级组织和成员承担职责和义务的履行情况实施并要求其承担否定性后果的一种责任追究制度[1]，即问责是对不作为、错误作为等进行的处罚。针对社会治理过程中的机会主义行为，政府应在预防的基础上建立问责机制，通过行政、经济和政党等问责方式评价治理主体在治理目标、权力、资源等方面的配置情况，确保规则制定者和执行者能够认真负责。但惩罚不是目的，而是促使更多的人按规则行事，因此需要惩罚和约束渐进，并适时地给予鼓励，遵循"恶有恶报、善有善报"的理念。

第二节　企业嵌入社会治理的五大机制

在多元合作的社会治理网络中，企业嵌入社会治理是基于四项社会治理原则，围绕"竞争与合作、责任与绩效、共享与互补、多元与共治"等核心治理要素展开进行的。但要实现各要素间相互融合，开拓网络化合作式治理的新局面，保障企业社会治理活动顺利进行，关键在于形成配套、合理、系统的企业社会治理运行机制[2]。

企业嵌入社会治理的机制属于全程机制，是企业与政府、公众等其他社会治理主体之间相互联系、相互作用的关系以及他们之间协调合作治理运行的过程。因而本书认为企业嵌入社会治理的机制主要包括治理主体、治理决策、治理手段、治理目标及治理反馈等内容，涉及责任内容、治理决策和治理过程中主体间的沟通协商与运行保障以及治理后的监督评估5个方面。

---

[1] 张文秀，郑石桥. 国家治理、问责机制和国家审计 [J]. 审计与经济研究，2012，27（6）：25-32.

[2] 褚添有. 社会治理机制：概念界说及其框架构想 [J]. 广西师范大学学报（哲学社会科学版），2017，53（2）：42-45.

一、企业嵌入社会治理的责任分担机制

在"党委领导、政府负责、社会协同、公众参与"的多元合作治理模式中，党委、政府、企业和非营利组织等各类主体共同参与社会各项事务的发展、管理和治理，以实现多元协同合作治理，提高社会治理效率[①]。就企业而言，基于以人为本、价值正义等治理原则，通过积极找寻社会治理的利益汇合点，使企业与其他治理主体的关系由博弈转向协同合作，积极承担社会责任，推动其价值取向实现从利己主义到谋求公共利益最大化的转变，实现良性互动，优势互补[②]。

（一）强化合作理念

理念是一切行动的先导。在社会治理的实践过程中，思想观念往往具有先导性的作用，指导实践。在多元社会治理网络中，建设企业嵌入社会治理的机制首先必须要从思想观念入手，这不仅是设计企业嵌入社会治理机制的前提，也是保障机制顺利实施并保证企业认同、遵循机制的先决条件。

合作理念是指多元主体合作发展，共建共治共享。企业嵌入社会治理，必须强化合作理念，树立顾全大局和统筹协同的理念。具体而言，坚持大局观是企业参与社会治理的前提和基础，只有以国家这个大局为重，才能够有效开展沟通合作，正确处理好企业与社会、集体和个人的关系，兼顾责任治理与绩效提升、经济效益和社会效益，解决社会治理问题，提高企业社会治理的能力与水平；统筹协调是企业嵌入社会治理的重要方法，也是企业与政府等主体合作治理的基本遵循，需要企业正确理解自我利益，立足于社会治理全局协调好与其他治理主体间的关系和利益诉求，并在此基础上认真研究参与社会治理的总体思路、责任内容、主攻方向、制度保障、治理步骤等，保证企业社会治理的顺畅进行。

（二）有限责任机制

社会治理合作强调社会治理的责任共担，既有属级的明确划分，也包含各主体的协调统一。因此，应基于"权责平等"的原则设计各治理主体责任，合理分

---

① 常敏.社会治理中的多元组织协同机制研究：基于杭州的实证分析[J].浙江学刊，2009（3）：220-224.

② 郑敬斌，万坤利.新时代社会治理共同体建构的四维向度[J].四川大学学报（哲学社会科学版），2020（6）：146-152.

担的有限责任机制,明确企业、政府、公民等各社会治理主体的治理内容,也必须明确社会治理中各主体的权力、责任与利益,避免"越界"和"缺位"等行为。

在社会治理中,要明确各主体的主要职责范围,形成"党委领导、政府负责、社会协同"的多元治理格局,有效促成各主体之间的良性互动。党委领导是指党委掌控社会治理的总体方向和格局,在治理过程中总揽社会治理的全局、协调各主体协同合作参与社会治理。政府负责是指政府在宏中微三个着力点上做好自己的工作,宏观上做好整体规划和制度设计,中观上完善平等协商、运行保障等重要机制,微观上根据国情、社情变化,着力解决好一些重要的社会问题。企业积极履行经济、社会和环境责任,对股东、员工、消费者、供应商等负责,保障他们的合法权益。企业、政府等治理主体各司其职、沟通协商,实现跨主体间的协同合作治理,将责任社会化,从而提高全社会的责任意识和社会的自治能力。

二、企业嵌入社会治理的科学决策机制

管理的起点是决策,管理就是做决策,管理的过程就是决策的过程。社会治理的实际运行是一系列公共决策的结果,社会治理各种职能的执行与发挥都离不开决策。企业需要根据经济和社会发展的要求而不断地(或及时地)就事关社会发展的重大问题做出一系列重要决定。此时的治理决策是否科学合理则会对社会发展产生至关重要的影响,科学合理的决策会促进社会发展,反之,则会阻碍社会的发展。因此建立社会治理科学决策机制成为构建企业社会治理机制中的重要一环,需要做到合法、民主、公平的责任决策。

(一)合法决策

法律是治国之重器,法治运行是国家治理体系和社会治理能力现代化的必然要求和重要特征。建立和完善依法决策机制,依据党纪党规、国家的法律法规、组织单位的规章制度以及法定的议事规则,讨论分析问题,做出合法决策,是建设法治国家、法治政府和法治社会的客观需要和必然要求。

法治思维是社会治理的核心,法治原则是各主体协同合作参与社会治理的法律保障。在社会治理现代化进程中,只有坚持法治原则才能更好地引导企业规范自身的社会行为。因此,企业必须遵循法治原则,进一步强化法治意识,严格按照法律规定的内容和程序决策,杜绝拍脑袋决策等随意决策行为的发生,将权力关进法治的笼子里，坚持合法决策。具体而言，决策的内容、过程、执行与结果均应符合企业决策的权限，既不越权也不越位。同时，要明确决策的责任主体，对决策失误的行为，根据相应的法规制度进行惩罚，杜绝决策者以"交学费"的心态进行决策。对于不符合实际、违反规定的决策及时制止，甚至追究相关人员的责任。以决策过程、内容和结果的合法化保证合法决策。

（二）民主决策

民主决策就是广泛接纳政府、组织、个人等各利益相关者意见，建立科学合理的民主决策程序，充分发扬民主。民主决策的过程是贯彻民主集中制的具体体现，促进了"公众参与、专家论证、集体讨论决定"决策机制的顺利进行和决策过程的民主性，保障了决策结果的真理性、科学性与可操作性，促进利益相关者均能接受和遵循决策。

决策涉及各方利益，会对相关的所有组织和个人的利益产生影响。因此，政府和企业在进行社会决策时，首先要注意协调社会关系，坚持"以人为本"的原则，充分听取来自社会各个阶级、阶层或群体的利益诉求与意见，与社会充分对话、协商，避免决策权力过度集中于某一个人或某一个群体（团体）手中，防止长官意志、一言堂、独断专行等现象的出现；其次要充分收集各种信息，包括正反两面的信息，确保信息准确，防止信息失真，在此基础上还要开展社会风险评估，预测备选方案可能的结果，然后再择优；最后在基于公平的基础上做出有利于维护人民群众根本利益的决策。

（三）公平决策

公平是社会的一种基本价值观念与准则，是利益分化和利益协调的必然要求[1]，是社会治理理念的核心[2]。公平的本质内涵是维护每个人的合法权益，即在一定社会范围内，通过社会角色的合理分配，使所有人得其所得。公平决策是指个体在决策过程中遵循公平原则，处理事情有理有据，不偏袒任何一方，公平决策必须坚持"以人为本与权责平等"的原则，平衡利益相关者的社会关系，保障每

---

[1] 高健，秦龙.社会公平：中国特色社会治理的核心诉求[J].理论与改革，2014（1）：68-71.
[2] 曹永军，崔赞梅.公平正义语境下的社会治理体制创新[J].河北大学学报（哲学社会科学版），2015，40（2）：112-115.

一个成员间的权利与义务、付出与索取、地位和作用彼此对等。企业在实施社会决策时，必须以实现经济、社会利益最大化作为决策的出发点和落脚点，在此基础上遵循公平公正的原则做出决策，但与此同时要注意对社会弱势群体的利益予以特别关照。

（四）责任决策

决策失误是长期存在且具有普遍性的一个顽疾，给社会治理造成了较大的负面影响。决策的民主化、公平化必须通过责任决策制度来保证，要以法治明确决策者的法律责任和义务，使其对决策行为负责，即决策者承担风险和责任。

首先，确立决策与负责相统一的理念。决策者在行使权力进行决策时，要树立强烈的责任意识，遵循权责平等原则，实现治理的责任与权力相统一。其次，明确治理决策主体。每个人既是社会治理的主体，也是治理决策的主体，必须遵循"以人为本"原则实现人人决策，并以法律制度形式规范决策职责和流程，避免"跨权越位"等行为。最后，建立决策失误惩处制度。针对造成重大损失的决策，通过责任追究制度惩罚对应的责任人，并根据不同类型的决策失误或失误的影响程度，分别进行不同的惩罚。

三、企业嵌入社会治理的平等协商机制

地位平等是政府、企业等多元主体合作治理的关键。没有平等的关系就无所谓协同和合作。当前情况下，需要平等协商机制用于企业社会治理职责的确立和企业治理社会公共事务的过程。主要包括：首先是明确社会治理职责，依据各社会治理主体的角色定位，匹配与之相应的责任与权力，实现权责平等。其次，整合社会治理效益，统筹协调各社会治理主体的利益，公正合理分配治理成果。再次，主体间沟通互动、传递信息，针对特定社会领域的具体事务，各主体相互交换资源和信息，协同合作参与社会治理。最终，调控化解社会治理矛盾，明确各主体在协同合作治理下的治理目标、职责与运行规则等，建立动态调控机制。

（一）厘清治理权责

目前，我国初步形成了以政府为主导、企业为主体、社会各方参与的多方合作社会治理格局，在责任分担机制中基本厘清了各主体角色，但各主体间仍存在着越位、错位和缺位的问题，治理责任和治理的权力不匹配，导致各主体间自身

作用发挥受限，合作治理机制难以顺利搭建。必须明确各主体的权责范围、规范其行为方式，理顺各主体间的关系，形成政府、企业和社会三者之间相互独立、彼此支撑的合作关系，实现协调治理行动、合作治理。

权力与责任是矛盾统一的两个方面，权力是责任的保障，责任约束着权力。在社会治理过程中，为了避免各个参与主体在这个过程中出现无序性，就有必要梳理各个主体的权利和责任，遵循"权责平等"的原则，构建明确的权责分工。其中，政府主要负责社会治理的顶层设计，构建社会治理体系，完善社会治理制度，并转变治理思路，从社会治理的管理者变为协调者和服务者，推进整个社会治理的协调性，保障各类社会主体有序参与社会治理，实现长期可持续的发展目标。而对于以盈利为目的的企业而言，企业由被管制者、被驯服者转变为治理的主体，从被动应付治理责任变为主动参与社会治理，积极履行经济责任、社会责任和环境责任，实现责任转绩效和经济效益与社会效益兼顾的双重目标。社会治理问题涉及关系全社会所有人的生存与发展，社会治理需要公众参与和全民行动。

在共建共治共享的多元社会治理格局中，企业、政府、社会等治理主体各司其职，实现权力和责任分明，既有利于治理主体积极承担并履行社会责任，促进各主体平等协商、友好合作，也便于对治理的效果进行监督评估。

（二）整合治理利益

恩格斯认为，每一个社会的经济关系首先是作为利益表现出来。利益是社会治理成员关注的中心与焦点，是企业参与社会治理的动力。价值正义原则要求合理分配利益，协同整合社会治理中各主体间的利益，构建利益分配机制。

合作治理利益的整合需要建立公正合理的分配、约束、诉求、补偿和引导机制。一是建立公正的利益分配机制。通过"价值正义"的制度原则实现治理主体治理利益的合理分配，实现社会公正。二是建立有力的利益约束机制。运用法律和道德两种规则规范来约束治理主体过度获利的行为，强化社会道德理念和制定相应的法律法规，从道德软层面和政策法律硬层面促进治理主体与社会的共同发展。三是建立畅通的利益诉求机制。建立和完善各主体利益表达的渠道，并通过媒体、公众号、邮箱等形式引导治理主体表达利益诉求，并采取相应措施保证治理主体利益分配的公平性。四是建立合理的利益补偿机制。社会治理不可避免地会触及部分社会成员的利益，需要通过政策扶持和资源倾斜给予一定的补偿。五是建立有效的利益引导机制。遵循价值正义原则，在正确理解自我利益的基础上引导人们正确理解个人利益与群体利益、长期利益与短期利益，形成价值共识。从整体、长期、需求视角正确看待个体利益差异的合理性，避免在治理利益分配中产生矛盾和冲突，保障治理成果公正合理分配。

（三）沟通互信机制

企业履行社会责任的行为很重要，向利益相关者宣传、沟通和报告企业的社会责任活动同样重要。首先，沟通互信促进多主体共建共治共享的社会治理格局形成。沟通互信可以减少企业嵌入社会治理的运营成本，提高内部运营与合作治理的效率，实现企业社会责任转化为企业绩效，进而促进企业积极履行社会责任。在第六章的浔龙河村案例中，企业在项目执行过程中一直与浔龙河村委会自治组织、政府等利益相关者之间有良好沟通并建立信任，推动企村融合、企强村富的共生发展。如果企业与员工、合作方等利益相关方缺乏沟通，多元主体的合力无法形成，则难以满足社会治理多元化的需求。其次，沟通互信促进企业社会资本的积累。沟通互信是向利益相关者传达信息的重要途径。比如企业以发布社会责任报告的方式定期进行自愿性信息披露，向社会和利益相关者传递企业真实信息，赢得认可和支持，提升企业品牌资产，积累社会资本。最后，沟通互信使合作治理具有一定弹性。沟通互信使多元主体同心合力共同面对合作治理过程中的风险与挑战，形成社会治理共同体，化挑战为机遇，实现互惠共生。

构建企业社会治理信息沟通互信机制，应从"内外兼顾，双管齐下"的方式进行规范。对内，在企业内部建立完善的管理信息系统和公正的信用奖惩制度。完善的管理信息系统以信息为媒介实现企业资源的协调和保障内部行动的一致性，提高企业内部的运营效率。公正的信用奖惩制度能增加强化企业内部守信行为，减少强化失信行为，从规范企业内部行为扩散到企业整体行为，实现"点"到"面"质的飞跃。对外，建设与政府、社会组织、公众等外部利益相关者沟通渠道，与他们建立信任关系。比如企业建立专门的对接部门负责与政府、社会组织等治理主体的沟通；通过官网、官博、微信公众号等平台向社会公布企业积极履行社会责任的信息，并设置反馈通道（如QQ、邮箱等）对项目进行改进。对外机制的建立避免了不同主体间出现信息不对称，促进治理主体在治理行动上的协调与配合，实现各主体在承担社会责任的同时积累了社会资本。

（四）动态调控机制

矛盾是普遍存在的，任何一个社会的运行过程都必然会伴随着社会问题、社会矛盾与冲突的产生，尤其是当今社会治理多元化时代，利益矛盾冲突集中凸显。因此，如何有效解决社会问题，防范和化解社会矛盾与冲突，维护社会秩序和社会稳定，便成为社会治理的重要内容之一。市场经济在运行过程中会出现问题，需要政府调控，同样，社会在运行过程中也会出现问题，需要以政府为核心的社会治理者动态调控。由此建立的社会治理动态调控机制也就成为社会治理机制构建中的重要一环。

社会治理动态调控机制是指及时、准确、快速、全面地回应社会需求，并调控治理主体解决社会问题和社会矛盾的过程，主要包括社会矛盾调解机制、公民权益保障机制和社会信任机制三个方面。一是社会矛盾调解机制，遵循"以人为本"原则调节各治理主体间的矛盾纠纷。首先对于已经出现的矛盾，在充分分析矛盾特征的基础上，采取针对性措施化解矛盾。而对于潜在的矛盾，需要通过足够的嗅觉进行滚动排查，并采取预防性措施解决可能发生的矛盾。二是公民权益保障机制。人民是国家的主体，建设和完善保障公民权益的机制尤为重要，它是公民实现自身价值的坚强后盾，是实现社会稳定和国家发展的基本前提。三是社会信任机制。信任关系是企业、政府、社会组织等主体合作治理的关键，促使社会力量的整合，实现社会的发展和国家的兴旺。信任关系的搭建需要政府的监管，严惩失信行为，在社会治理网络中营造信任的环境。

四、企业嵌入社会治理的运行保障机制

企业并非一个完全独立自主的阶层，而是一个依附于国家并与国家共谋共生的新兴社会阶层[1][2]，二者是一种共生演化关系。企业参与社会治理，离不开政府的

---

[1] 黄冬娅.企业家如何影响地方政策过程：基于国家中心的案例分析和类型建构[J].社会学研究，2013，28（5）：172-196，245.

[2] 何轩，马骏.执政党对私营企业的统合策略及其效应分析：基于中国私营企业调查数据的实证研究[J].社会，2016，36（5）：175-196.

制度支持和保障。政府应建立健全法律法规、加强政策引导、合理配置资源和构建信息互动共享等运行保障机制，为企业履行社会责任提供制度支持，提高企业的社会治理能力。

（一）法律基础保障

企业社会责任的产生和发展是经济社会发展到一定阶段的必然要求，它不仅是简单的道德呼吁，同时也需要刚性的制度制约。法律法规是推进企业社会责任建设的重要法律依据，法律保障是防止人为干扰的硬性保障，必须运用宪法和法律为社会治理的有效协同提供强有力的保障，确保法治运行的原则，防止情感、利益和权力因素对法治的破坏。

政府应该建立健全企业嵌入社会治理的相关法律法规，明确企业履行社会责任、参与社会治理的法定框架，从制度与法律层面和政策与管理层面上明晰企业在社会治理中定位和职责。具体而言，首先，政府要从制度与法律层面明确企业治理主体的地位，完善企业社会责任制度，在规则层面引导、推动和保障企业履行社会责任；在政策与管理层面，根据企业的特点和性质明确企业在社会治理中承担的角色和相应的权责关系，促进企业嵌入社会治理。

（二）政府政策引导

目前，企业社会治理的自律性普遍较差，政府要以政策法规为依据，辅之以必要的经济手段，对企业的履责行为进行引导和监督。政府相关部门要主导企业社会责任标准的制定、认证和复核，对企业的履责行为进行实时监督、充分了解，结合检查和评估情况，适当表彰和奖励积极履责的企业，惩办各种欺诈、贿赂、贪腐等行为，以刚性要求约束企业行为，引导企业观念转变，积极履行社会责任，主动参与社会治理。

政府政策引导主要通过减少干预、制度激励和教育来推动企业参与社会治理。一是减少政府组织不必要的行政干预。对于企业能自行解决的政府就不用插手，而对于一些成本高、利润低、企业难以自行承担的社会治理项目，可以通过资金支持和政策扶持吸引企业积极参与。二是通过政策引导企业积极参与。政府可以采取减税、免税和一定比例的资金补贴引导社会力量参与到社会治理项目中来，且采取一定的激励措施加大项目的吸引力，牵引多元主体合作共治。三是教育引导。政府可以打造一个宣传教育平台，在平台上展示各行各业履责的优秀案例，培育企业和公众等社会力量的社会责任意识，同时促进多元治理主体多赢理念的传播，实现各社会治理主体间共建共治共享。

（三）资源配置保障

除了法律规范和政策制度的保障，资源的合理配置同样也是强有力的社会治理所不可或缺的。资源是有限且稀缺的，合理资源配置就是对资源的有效整合利用以实现其效益最大化的过程。目前，单位制惯性的存在使我国社会治理资源尚处于块状割裂的状态，导致社会治理中存在整合资源成本高、治理系统不协调以及资源利用错位等问题。因此，需要充分发挥政府在治理系统中的调控作用，建立制度化的资源配置机制，促进优化治理资源的配置。

一方面，根据社会治理需求，政府要充分利用自身的整体资源调配优势，发挥自身的主导作用，将资源合理地投入企业、社会的治理参与过程中，保证资源在各个社会治理参与中实现效用最大化；另一方面，市场在资源整合和配置中起着决定性作用，要充分利用市场竞争机制合理配置资源。同时，政府要坚持以人为本的原则，充分发挥治理主体的主观能动性。在资源合理配置的过程中，治理主体始终起着主导性作用，资源合理配置的过程，也就是治理主体发挥自身主观能动性的过程。

（四）信息互动共享

信息是治理决策的基础，是治理行动中最基本的元素。信息的互动与共享是社会治理主体间沟通互信、分工合作、独立融合与资源配置的保障。因此，在治理主体间建立促进信息流通的信息共享机制是促进多元主体协同合作治理的关键，且在企业、政府和社会间搭建有效的信息沟通桥梁是多元合作治理实践成功的重要手段。在多元社会治理网络中，通过信息沟通桥梁各主体进行了治理信息的交换与反馈，避免了信息的不对称和失真，从而提高了治理绩效。

公共事务信息共享是促进企业与政府、第三方组织与社会治理主体达成一致意见的条件，是保障各社会治理主体知情权与话语权的前提。因此，需要在企业、政府、社会间搭建进行社会公共事务协商处理的信息流通机制，进行治理沟通和讨论。具体而言，一是建立沟通平台，保证社会治理主体间的信息和资源共享。

通过信息沟通平台，企业可以快速而全面地获得社会治理的最新动态，以便及时调整嵌入社会治理的方式和内容，抑或是从中获取推进企业发展的资源和机遇，在解决社会问题、满足社会需求、促进社会和谐的同时实现企业自身的发展；二是以党组织或党员为中介，开展对政策的培训、宣传、引导与反馈活动。培训主要对政府最新政策进行解读，帮助企业和其他社会主体深入了解政府政策；同时，党组织也可以在企业、社会与政府间传达信息，反馈企业与社会的治理情况和治理需求以及存在的治理问题等。

五、企业嵌入社会治理的监督评估机制

多元社会治理格局吸纳了政府、企业、社会、公民等社会主体，涉及社会民生、社会需求等各种治理内容，然而企业与政府、社会、公众等主体之间的理性、利益、责任内容和治理策略都不尽相同，而且常常是相互矛盾冲突的[①]。因此，企业社会治理必须遵守"以人为本、权责平等和价值正义"的原则，建立强有效的监督约束机制和绩效考评机制，通过抑恶扬善，保障社会治理实践中的主体和组织都有序高效运转，制约无序现象和破坏行为。

（一）内外监督体系

监督是社会治理实践的最后一环，是协同合作治理中必不可少的一个环节，保证多元主体能够主动遵守合作治理原则以及社会治理机制的顺畅运转。监督评估机制中，监督包括内部监督和外部监督。外部监督即企业接受来自政府、社会公众、媒体的监督，各主体的监督方式与渠道不同，政府主要包括法律法规、政策制度等硬约束规范，公众则主要采用微博、公众号等反馈的方式评价社会治理效果，媒体主要通过报道、新闻、网络等形式宣传善治、德治等行为并曝光不良失责行为，形成了对整个社会合作治理网络行为的总体性监督。内部监督层面，一方面来自企业监督队伍的监督，在一定程度上提高公民的知情权，通过信息披露、社会责任报告等多种形式及时接受和反馈监督意见，增加企业社会治理信息的透明度和可信度。另一方面以人为本与权责平等的社会治理原则赋予了合作治理网络中各成员间相互监督约束的权力，保障各主体以公共利益最大化为治理目

---

① 胡象明，唐波勇.整体性治理：公共管理的新范式[J].华中师范大学学报（人文社会科学版），2010，49（1）：11-15.

标，实现社会效益和经济效益和谐统一。

（二）协同评估体系

评估就是运用科学的标准、方法和程序对治理效果进行客观评价并给予意见反馈，从而进一步推进、监督和激励社会治理行为。构建评估指标不仅能直观、清晰、准确地定位出企业社会治理过程中所出现的各类问题，而且可以较为直观地判断出企业社会治理的作用力度，进而衡量企业履行社会责任的程度。

当前，企业监督评估机制需要建立一套科学有效的绩效评估体系，包括评价原则、评价方法、评价指标、评价及时方法、评价实施及评价结构运用等基本要素，真实反映出社会治理的绩效水平。具体而言，在扎实的理论基础与广泛调研的科学研究基础上，建立一套涉及内外部评估的科学全面的社会治理评价指标体系。首先，在企业建立企业社会治理评估的制度、策略和指标，企业自身对履行的社会责任情况和治理效果进行汇报与评价，提出优缺点和改进意见。同时，针对社会治理活动中宏观的、难以量化的治理内容和目标，可以通过明确的描述性语言和代表性成果反映治理绩效。其次，建立外部评估制度，在大型的社会治理项目运行中设立第三方独立的评估机制，保证社会治理考评的公正性，增加考评结果的客观性和科学性。

第八章 企业嵌入社会治理行动指南

企业参与社会治理促使企业进行创新,促进其盈利方式和增长方式的转变。通过提高生产效率、改变生产方式、拓展创新领域推动企业改善经营环境和发展循环经济,有利于企业自身良好形象的树立,形成竞争优势,进而实现可持续发展。企业履行社会责任嵌入社会治理,一方面依赖于科学合理有效的治理机制,另一方面需要企业自身积极主动探索通过社会治理实现其价值的具体路径。因而,立足于社会治理的原则与机制,挖掘企业履行社会责任的治理路径,已经成为当前一项迫切的理论与实践任务[①]。

第一节 投 入

"投入"是指企业战略性投入社会治理。在这一阶段,企业运用企业的社会责任与可持续发展方面的战略定位能力设置企业战略目标,而且战略目标设定选择的公共服务领域和方向方面与企业主营业务相关联。所以"投入效用"最大化则需要合理设置企业嵌入社会治理战略目标并且关联企业主营业务优势,具体做法如下。

一、设立企业战略目标

企业社会责任与企业战略目标的有效融合能成为企业发展的加速器,实现相对视角上的高速发展[②]。企业发展,战略先行。企业首先要深入理解普遍所关注的

---

① 李文祥.企业社会责任的社会治理功能研究[J].社会科学战线,2015(1):209-214.

② 许正良,刘娜.基于持续发展的企业社会责任与企业战略目标管理融合研究[J].中国工业经济,2008(9):129-140.

社会问题，探究其本质，将其以一定的方式进行分类，分类类型要与企业所处的行业特征与生产的产品类型相关联，在此基础上站在相对视角设立企业战略目标。企业战略目标设置的合理，可以赢得更高的社会认可度，帮助企业抢占市场先机。战略目标设置过程要重点考虑两个方面，即利益相关方和目标的实质性。

企业有义务正确、公平和公正地对待利益相关方，避免或者最低限度地伤害利益相关方，并在此基础上提出实质性议题，确定企业战略目标。企业战略目标的设立要与嵌入社会治理的领域相契合，要尽可能地引导利益相关方参与，企业应该站在企业的利益相关方视角进行换位思考，综合平衡各个利益相关的利益要求。一般企业的主要利益相关方有经济与社会价值链中已合作的组织、企业股东、经济与社会价值链中潜在利益相关方、供应链上的企业、当地政府、社区、相关媒体、消费者。

目标的实质性即设置目标时要从达到什么目的与程度进行考虑，即应该考虑到以下两个方面：一是对投入方向和投入程度进行重要性占比分析。每个行业中的企业可以通过不同的方式进入到社会治理进程中，设置战略目标时，要对投入方向和投入程度进行权衡，在利益相关者对本行业与本企业的社会价值创造期待充分调查的基础上，与企业经营重要性结合来选择具体项目的投入方向与投入程度；二是制定战略目标时不仅要局限于所做的"量"，更应该强调所能达到的"质"。即制定企业战略目标时，在明确企业要投身解决的社会问题的基础上，不仅要包括"企业如何成为社会治理共同的一部分"，而且应该详细阐述"受益人能从这一过程中收获的实质性收益"。企业要站在受益人立场、以社会问题改善的"质变"视角预设目标，才能对内外部参与社会治理进程的落实更具有指导意义，在与利益相关方沟通上更有说服力与号召力。例如大连宜家家居在寻找合适的社会实践方式时更注重帮扶对象的长期收益，帮助他们重拾生活的信心。大连宜家家居选择工人村小学为帮扶对象，经过实地考察，孩子们设计出最合适的布置结构，置办最合适的书架，打造多姿多彩的图书走廊。这种独特的"造血"式社会责任实践不仅帮助孩子们获得物质资源，而且在项目完成后依然持续性地发挥作用（详情见附录案例1）。

二、关联企业主营业务

在主营业务领域中，企业具有成熟的运作模式和足够的经验，对市场需求有充分的了解和研究，遇到问题时能够迅速解决，所以企业需要将投入领域与主营业务相关联，充分发挥主营业务的优势。企业将自己的关注点与主营业务的利益相关者的关注点进行比对，在发现共同关注点的基础上寻找财务效益、社会效益、环境效益正相关的细分领域，利用各自的优势，围绕这个实质领域的社会与经济未来发展需要开展业务和产品模式创新、提升企业的公众形象，找出适合企业嵌入社会治理的方式。观察一些成功将企业社会责任嵌入社会治理中的企业，其实践的目标指向都是明确的，而且与企业的主营活动紧密相连。比如，北京字节跳动科技有限公司在2020年新冠肺炎疫情暴发后，扶贫部门依托自身平台快速整合资源，集中于直播业务，通过帮助贫困地区搭建优质直播平台来生产与传播优质产业内容，缓解贫困地区农产品滞销困境。字节跳动将扶贫与自身的主营业务紧紧相扣，实现了社会价值链与经济价值链的相互促进（详情见附录案例2）。

第二节　协　　同

不同的组织和不同的个人在整个社会治理环节中的权利和责任都不相同，企业作为一个拥有社会属性和社会影响的多元主体，不可能去承担全部的社会责任，而是在共享目标价值的前提下，通过政企合作、企社合作等形式共同参与社会治理，形成"多元协同—合作式"的社会治理模式。比如，企业和社会组织之间的合作，双方从严格意义上来说不是隶属关系，而是协同合作关系，双方有各自的组织文化，有各自的一套标准评价各自的绩效，甚至连平常之间交流都可能没有那么流畅，这就需要提出新要求保障多元主体协同合作。企业在合作过程中需要做到以下四点：

一、明确协同治理机制

企业与协同合作方是否能对项目进行有效的过程管理取决于协同治理机制。协同治理机制应该明确合作不同治理主体之间相互联系和作用的关系及其功能，在项目实施过程中发展和形成新的一系列的规则体系,保障多元主体协同合作。首先,企业初期要与协同合作方预先商议,明确合作治理机制,具体内容应该包含合作双方的协作方式,定义合作双方的角色定位,将合作双方交界的模糊工作给具体化。例如合作双方提供各类资源的时间和方式,相应部分双方参与执行的对接落实工作,做到事事有人做,保障项目的顺利进行。其次,要与协同合作方建立沟通渠道,增加双方之间的信任和对彼此的了解。这样一来,企业与协同合作方之间可以随时知道对方的项目进展情况,可以更好地协调工作,有助于合作治理的有效运作。最后,要建立专门的决策机制并且将社会责任理念嵌入决策机制。决策机制的建立可以保障项目推进过程中快速应对外部环境变化,对双方合作过程中可能存在的机会风险进行预判,并且提前设计好相应的解决方案和处理办法,增强双方合作的弹性和动态适应力。比如,中国房地产行业绿色供应链行动之初就有较好的合作设计表现,2016年阿拉善SEE公益机构、万科等协同合作方共同提出了"房地产行业绿色供应链行动纲领",具体列出了之后四年的行动步伐以及各参与方在项目中的角色与职责分工,为行动纲领后续实施提供了保障(详情见附录案例3)。

二、构建合作信任关系

协同合作项目的持续时间一般较长,构建合作方的信任关系在具有时间跨度的交易中是很重要的,可以减少沟通成本和提高项目推进效率。企业与合作方的信任关系一般表现为双方都积极、主动、正面地促进项目的实施,形成责任共担和利益共享的合作方式,提高协同效率。企业可以在对外公布信息平台上发表自愿的、积极主动的信息推广,积极与合作方交流、推进项目的实施,出现问题要本着真诚、互信、公心态度来解决,有什么事情放到桌面上来讨论,就事论事,共同去面对和解决前进上的阻力。例如,在苏宁与上海真爱梦想公益基金会合作的"梦想大篷车—苏宁号"项目中,双方在各自的对外发布信息的平台(比如玛瑞斯官网、真爱梦想微信)都积极主动发布了乐于合作的、取得良好社会效果的信息,组织参与到合作的活动中并表现出对彼此的认可与赞誉(详情见附录案例4)。

三、吸收治理合作方能力

企业在社会治理过程中有意识地吸收合作方的专长，提升自己的能力，这对企业来说是很重要的学习过程。合作治理是一次非常好的强化企业实力的机会，企业要善于梳理和再运用于实践。一方面，企业就可以考虑自己非专长领域引入该领域的专家和专门的培训机构，弥补企业在非专长领域的知识盲区，同时企业自身要同步吸收；另一方面，在项目中总结、积累合作与运营经验，未来更容易在类似社会价值共创项目管理与发展中得心应手，而这种企业组织自身实力的提升也是企业所期待的。反之，如果企业与项目合作方仅仅开展形式上的合作，没有及时"吸收"来加固合作联盟与提高自身在该领域的能力。当风险来临时，企业可能没有足够的能力进行应对。比如，伊利集团在原奶事业部的基础上成立了伊利"奶牛学校"，在注重协同合作的基础上，邀请国外专家进行授课，与国际公司开展培训班等，并且在这一过程中积极吸收"智能"。伊利在引入国际专家与院校资源，自身也提升了对牧场系统化、现代化管理的认知（详情见附录案例5）。

四、定期发布社会责任报告

企业对于项目的自愿性信息披露作为合法化策略可以影响内部与外部利益相关方对企业的期望，不仅如此，企业向社会与环境的自愿性信息披露对提升企业声誉有积极影响，可以纠正社会对企业的一些误解，改变企业的公众形象，产生良性效应。现如今我国尚未出台统一的社会责任报告编报标准，所以企业需要明确社会责任信息披露的标准与流程，进行定期的自愿性信息披露。自愿性信息披露行为是没有、被动，还是积极主动，可以表明企业对社会公众释放的相关的"社会改良"信号的强弱，直接影响着公众的看法。比如，中智集团2013年10月在上海启动"爱心妈咪小屋"项目，旨在呵护孕期妈妈。从项目成立初期到至今，整个的落成速度和质量均有陆续的披露和报道，各个阶段均有相关的信息披露，可以看到整个项目在持续运行，展现了项目的活力及其企业对参与社会治理的意愿表达（详情见附录案例6）。

第三节 牵　　引

合作治理不仅体现在企业与协同合作方共同参与价值分享，也体现在项目本身就是一个平台，牵引着社会公众和内外部利益相关者共同参与。社会公众和内外部利益相关者的参与有助于积累企业战略资源，提高企业的市场竞争优势。牵引的主要利益相关者有企业员工、业务合作方和受益者，下面就详细介绍牵引社会公众和主要利益相关者的具体做法：

一、动员社会性参与

在企业与协同合作方的合作项目落地过程中，可以吸引公众参与，这样一来，在增强项目影响力的基础上带动更多的人一块做好事，为社会做贡献。在具体的项目策划上，需要设置公众参与的渠道与方式，要考虑如何带动更多的人一起参与社会治理，既要释放强的"联结"信号，表达邀请的意愿，又要搭建、设计可供参与的渠道方式，增强社会公众的"可参与性"。而许多企业的社会责任与公益活动是企业一张公关宣传的"名片"，但名片上只写一句"我做了对社会有贡献的事情"，却没有告知如何一同参与社会治理，应该怎样去联系参与进来等问题。宜信在这方面就做得很好，宜信上线了宜农贷网站，有意向的出借人可以在网站上看到详细的农户信息，爱心助农人士也可以自主选择帮助的借款人，整个出借支付流程在线完成。网站的上线让社会公众参与逐渐变得系统化，扩展了扶贫的关注面，扩大了整个项目的社会影响力（详情见附录案例7）。

二、鼓励内部员工参与

员工参与社会治理可以丰富员工的文化生活，有利于企业将社会责任融入企业文化之中，转化为企业的价值观念和经营理念，能有效促进社会福利水平的提高和实现企业的可持续发展。企业需要在项目中设置员工参与环节，例如可以选取职工代表参与企业决策和针对全体职工开展交流会等方式，提高员工参与到项目的积极性，增强员工的社会责任感，实现员工和企业的共同成长，致力于创造一个更加美好的世界。在员工参与企业项目过程中，员工投入的资源形式是多样化的，可以是金钱、社会实践、技能、经验、知识等，而与此相对应的收益形式也是多样化的，员工可以收获货币收入、自身经验和能力的成长、强烈的社会责任感、社会认同、自豪感与成就感等。已经有很多公司在这方面做得很好，比如丝宝集团从2007年开始推动员工参与"手牵手"爱心助学活动，让员工以公司志愿者的身份主导项目的设计、组织和实施，提升项目的执行力和创新性。在"手牵手"活动中，员工投入其资源是在公司里培养的专业技能与实践，获得了有利于员工成长的视野与体验、成就感与忠诚感，并赢得了相应社会上的认可（详情见附录案例8）。

三、带动业务合作方参与

企业在多元主体协同合作中带动业务合作方共同参与，可以减少运营成本，改善生产经营环境。企业应当选择适当的时机，把"平台"构建好，策划好各个流程，以恰当合理的方式吸引主营业务中有共同价值理念的合作方。这样一来，业务合作方参与进来所花费的时间、精力等成本以及决策的复杂性相对来说比较低。企业的业务合作方主要包括了在组织内部从事基础价值活动的生产、营销、运输和售后服务等部门，还有在组织外部的供应商、合作伙伴与代理商等。比如由伊利集团和中国西部人才开发基金会推出的"伊利方舟"项目。该项目根据各地区的实际情况用最丰富生动的形式为当地安全教育工作者和孩子带去最实用的儿童安全知识普及和儿童技能培训，且在后续的项目开展中积极号召产业链伙伴、中国红十字基金会等社会力量参与，一同为儿童的成长贡献自己的力量（详情见附录案例9）。

四、激励受益人参与

受益人的参与对于多元主体协同合作是十分重要的，一方面，受益人作为项目的直接获益者，对项目的改进可以提出具有建设性的建议，另一方面，公众认为受益人的意见比企业直接提供的信息更公正、更值得信赖，受益人参与是对项目很好的宣传。企业需要在项目管理过程中，主动聆听收益群体的建议，为收益群体搭建舞台，根据他们的建议不断将项目流程优化，更有甚者，可以成为项目的代言人，与企业共同释放一种积极的信号，用事实说话，扩展项目的影响力，为企业在资源竞争中获取优势奠定基础。比方说耳熟能详的"蚂蚁森林",该项目是由阿拉善 SEE 基金会与蚂蚁金服共同推出,在该项目中,每一位用户本身就是生态环境保护的受益人,节能减排这个大议题化成了参与者生活中的每一次低碳出行活动,每个参与者用心在蚂蚁森林种下的树都会在阿拉善地区种下一颗真实的梭梭树,同时不断加强参与者的环保意识。"蚂蚁森林"项目利用网络游戏的方式将环保意识植入于每个人的心中,获得了参与者的一致认可,让捐助人也成为受益方,将参与者与阿拉善地区的人们紧密联系在一起(详情见附录案例10)。

第四节 发 展

项目的发展过程即企业从嵌入社会治理开始至社会效益与经济效益的并举。在这个漫长的过程中,企业应思考采取怎样的具体措施在实现自身利益的前提下推动社会发展,主要包括以下2点:

一、发展关联价值链

价值链是指企业中互不相同但又相互关联的生产经营活动创造价值的动态过程。在"投入"阶段,就已经提出项目要与企业主营业务相关联,即在初期,虽然并不是每个企业的社会价值链都能有与主营业务价值链整合在一起的机会,但应该能看到社会活动价值链与经济活动价值链之间应该有关联设计,并在实践中通过创新不断完善,最终实现社会价值与经济价值之间的良性循环。创新是企业实现可持续发展的不竭动力,有助于突破企业自身局限,创造更多适应市场需要的新体制、新举措,能迅速反映市场环境变化,在复杂的市场环境中形成自己独特的市场竞争力。

创新既是机遇,也是挑战。企业需要用创新性方法来满足社会需求,用企业组织模式提高"解决方案"产出和"消费者剩余"分配效能,积极拥抱社会资源与组织动能构建的多元生态演化,促进关联价值链融通,实现可持续发展。比如,百步亭集团创新性地将居民生活需求和对社区的责任整合到企业战略中,并以"解决社区问题"为方向开展企业活动。其通过运营模式的创新引起了新的社会价值投资方式。百步亭颠覆了传统社区管理模式,对企业和协调层、运营组织层、活动执行层进行变革。百步亭社区由党委总览全局，企业提供组织能力、资金等隐性资源，充分挖掘社区组织和居民的自治力量以深入构建多方共同参与的和谐社区。不同层面的主体在参与中提升了社区服务意愿和能力，实现了持续共赢（详情见附录案例11）。

二、建立保障机制

企业要通过有效的控制过程来保障企业成功嵌入社会治理。在项目实施前，要保障企业的经济活动与社会活动的关联设计是在可持续性三重底线（即经济底线、环境底线、社会底线）的管理思维基础上，与企业主营业务价值链紧密相连，具体方向上要与主营业务已经形成和期待建立的优势相结合。实施过程中，要将与利益相关者结合，融入运作管理与产品开发之中，分别从内外部改善绩效沟通方式，让可持续发展具有可操作性。内部沟通应标明沟通方式，比如企业内部信息公示和季度总结报告等，与员工对项目进行积极沟通并建立信息反馈机制以激励员工，在内部营造一种良好氛围。而在外部沟通中，要向外界释放积极信号，增强项目社会影响。在对实施结果进行评估时，不能局限于单一财务界面进行评估，在经济与社会、经济与环境的界面看待企业竞争力的提高，合理客观的评价企业参与社会治理过程中出现的优缺点，并进行改进。将事前控制、事中控制、事后控制相互结合，保障企业有效地参与社会治理。就如褚大建教授访谈中所提及的，做到有效参与社会治理的企业有两大优点，分别是企业可持续发展、企业可持续发展的管理流程。即企业成功嵌入社会治理后，可以提高企业的动态适应能力和市场竞争力，优化组织结构和流程，实现经济效益和社会效益并举。

第五节 扬 弃

扬弃就是事务在发展过程中克服改造消极因素，保存其积极内容，吸收和利用新事物的合理成分，从而达到升华。"扬弃"主要包括了两方面的内容，首先是企业对项目的总结和评估，其次是将项目中的资源转化为企业资本带来企业实力提升。企业需要进行项目的社会价值核算，公正评估所有参与方的收益以及项目资源的转化，增强企业的持续竞争力。

一、核算社会价值

企业需要将项目的目标人群和社区实现情况具体化来核算社会价值，这些社会价值不仅仅存在于当期，也会随着时间创造持续性的收益。企业可以用生态福利绩效（福利的价值量和生态资源消耗的实物量的比值）核算社会价值，发布令人信服的社会影响力报告，创造有信服力的"社会改良"信号。之后通过利益相关方反馈通道与利益相关方进行积极地沟通，邀请项目的利益相关方来检查企业参与社会治理所创造的绩效。比如，可口可乐与政府等合作在中国探索"呵护江湖"之路，推进了20多个水资源保护项目，呼吁公众不浪费每一滴水。可口可乐自发起"水资源保护"项目起，始终会核算"水回馈"（生态资源补偿与生态资源消耗比值），并在官网公示，像外界释放一种积极的市场信号（详情见附录案例12）。

二、公正评估各参与方的收益

虽然很多企业在信息公示平台公布了企业及协同合作方对社会做出的贡献，但却未提到各个协同合作方在社会治理行动中所获得的收益是否公平，而各参与方获益的公平有利于形成长期的合作伙伴关系，有利于吸引更多的志同道合的朋友参与进来，不存在只谈共同参与社会治理，而回避参与社会治理项目的最终收益问题。所以企业需要公正评估各参与方公正收益，考察合作治理的合理性和有效性，有利于吸引更多的伙伴参与到后续的社会治理中来。例如百步亭在推进社区治理变革过程中贯彻"以人为本、以德为魂、以文为美、以和为贵"的经营理念，始终考虑和估算社区组织、政府等参与方的收益。具体表现为：物业公司运营成本减少，获得经济效益的同时形成了品牌知名度、良好的政企关系等隐性资源；百步亭集团将5%的物业费用于社区运营管理，政府节省了开支；满足了居民的多元化需求，居民生活更加便捷。而这些对于企业与参与方形成长久的合作是十分重要的（详情见附录案例11）。

三、积累企业资本

企业在项目完成后的资源转化才对于企业实现可持续发展尤为重要。即企业要注意提高自己的资源转化能力，要将项目积累的资源转化为企业的活资本。在资源转换过程中，企业不断改进并超越自身，主要包括三种资源的转换。一是项目工作过程中的经验和成果。人力资本积累一方面作为要素投入用于生产活动，另一方面它具有正的外部性，可以提高生产效率，降低产品的成本，提高产品质量和性能[①]。尤其是隐性知识，企业可以将经验和成果整理为一份具体的材料供企业员工学习，改善员工培训体系，在企业学习和成长的过程中实现组织经验内化，积累企业的知识资本，提高企业人力资本积累。二是项目中的社会资源。主要包括与当地政府有关部门、消费者、供应商、合作企业等有关的社会资源，将存在于社会治理结构中的政府、消费者等主体资源转化为企业的社会资本，促进信息和知识等资源的流动，为企业后续参与社会治理继续服务，提高企业后续的相对竞争优势。三是项目品牌资产。品牌资产对于整个营销战略是十分重要的。企业可以在后续类似的迭代项目中继续沿用共创项目本身宣传时使用的子品牌，很容易让公众接收到"循环"信号，将其关注力资源转化为企业的品牌资本，提升企业的信誉度。

---

① 黄文正.人力资本积累：比较优势与竞争优势的统一[J].江西社会科学，2011，31（1）：90-93.

附录 CSR 行动案例

行动案例1　用爱牵手你我他：大连宜家家居社区责任之行

截至2015年，宜家在中国市场销售额增长超过18%，可比市场销售额增长10%，达到创纪录的105亿元人民币。其在快速发展的同时，也将企业社会责任理念深深嵌入中国的每一个宜家家居的运营过程中，以高度的社会责任感和感恩的心态回馈社会。近年来，随着中国经济增速放缓，各种社会问题渐次暴露，老龄化问题、儿童问题、安全问题等，尤其是留守、流动儿童问题。"十三五"规划的民生发展中已经将"关爱留守儿童和妇女"列为重要任务。宜家集团在2015年将可持续发展的重点聚焦在社区问题，尤其是弱势儿童。大连宜家家居2015年开展了"工人村小学图书走廊"社区责任实践活动。大连宜家家居的这一社区责任实践活动将非政府组织（NGO）、公司员工、供应商、社区居民多个利益相关者群体凝聚在一起，用"眼观四方"的洞察力和"1+1>2"的团队合作力量寻找合作伙伴，用自身的设计力量"设身处地"地为工人村小学设计出最合适的书架配置方案，用自身的营销力量与供应商"雪中送炭"地及时解决书架面临的缺货问题，用充满激情的员工力量"热火朝天"地将书架全部安装到位。通过切实的行动让工人村小学的师生和家长们感受宜家责任的力量和爱。

注：来源于中国案例共享中心案例库。

行动案例2　字节跳动扶贫：企业社会责任与共享价值创造

2020年初，新冠肺炎疫情暴发，字节跳动很多线下的扶贫项目都无法执行，尤其是文旅扶贫，由于景区的关闭以及地区疫情管控等原因，几近陷入停滞。而对于很多贫困地区，疫情造成的影响更为严重，大量农产品滞销。字节跳动决定做两件事，一是帮助分发农产品对接信息；二是做直播帮助农民卖货。2月19日，字节跳动旗下的今日头条、西瓜视频、抖音平台联合农业农村部管理干部学院、北京市扶贫支援办、中国社会扶贫网联合发起"齐心战疫，八方助农"活动，以帮助解决疫情中多地农产品滞销的问题。在农产品信息对接方面，字节跳动设立"战疫助农"话题专区并上线重点农产品聚合页，旨在汇聚供需信息，提高供需匹配效率。全国各地政府、农业企业、农民合作社与采购商等均可通过今日头条、西瓜视频发布和获取农产品信息，用户可以通过搜索关键词来购买贫困地区的农产品。而在匹配供需信息的同时，字节跳动的扶贫直播活动也变得越来越繁忙。在疫情期间，由于管控等原因，网络直播的价值凸显，字节跳动在战疫助农活动中专门推出"县长来直播"系列活动，邀请优质农产品原产地的县（市）长通过直播带货，帮助农产品打开销路。为保证效果，字节跳动会提前进行直播培训，帮助政府、企业快速掌握直播技巧，提供策划、脚本、内容、资源与技术等支持。与拍摄短视频与创作图文不同，直播需要主播与用户实时在线交流与互动，在销售商品的过程中还需要把握节奏、气氛并及时挂上链接等，对主播要求较高。因此，当县（市）长出镜参与直播时，平台也会邀请有直播经验的优秀创作者同时参与，与县（市）长连麦互动，这种互补的设计既能保证直播以持续的热度与节奏进行，也能让县（市）长快速适应直播情景、进入角色，带动更多用户关注和下单。而且由于各地的地域文化与产品特色不同，项目团队还会在直播时根据需要设置一些情景来呈现更好的效果，创新直播模式。如在安徽专场中，项目组邀请6位县长进行直播，并加入现场制作美食、多场景连线展示农产品种植环境、加工环节等，让网友们直观感受到当地农产品特点。

注：来源于中国案例共享中心案例库。

行动案例3　中国房地产行业绿色供应链行动

"中国房地产行业绿色供应链行动"作为一个行业联盟的协同合作，在一开始就有较好的协同设计表现。先是2016年4月，阿拉善SEE公益机构、中城联盟、万科、朗诗等共同提出"房地产行业绿色供应链行动纲领"，具体列出了2016年到

2020年的行动步伐,同时推出第一批绿色采购清单和实施方案,自愿加入的房企签署行动纲领,承诺参与绿色供应链。万科和朗诗承诺使用首轮清单的全部绿色采购标准,其他企业承诺实施清单中至少2个采购标准,并加入绿色供应链的研究工作。阿拉善SEE生态协会作为第三方公益组织,其角色更合适牵头制定绿色供应链行动方案;而万科与朗诗作为房地产龙头企业,依据其特长、优势,接受委托来制定绿色供应链行动规划,共同制定相应的绿色采购标准。两家龙头企业的采购团队对房地产企业100多项采购品类进行了全面梳理,并对供应链的延展度、采购管理的覆盖面以及由此对供应商造成的影响进行了评估,同时还邀请政府环保机构和有公信力的独立第三方机构提供数据方面的信息,最终确定首批重点产品种类(钢材、水泥、铝合金型材、地板、人造板及其制品),制定和完善了各种类的绿色采购行动方案。2017年计划继续推进绿色采购标准体系建设,同时设立地产绿色供应商信息库,在中城联盟评标体系中互用。在这个行业联盟项目中,互相协同的角色安排得当、明确,独具特色,为行动纲领后续实施提供了保障。

注:万科的"中国房地产行业绿色供度链行动"案例获得了第一届"价值共创"中国企业社会责任卓越案例评选优秀奖。案例信息来自相关新闻报道与评选申报材料。

行动案例4 苏宁与真爱梦想的"梦想大篷车—苏宁号"

"梦想大篷车—苏宁号"项目是苏宁与上海真爱梦想公益基金会在2015年共同发起的公益项目。"梦想大篷车—苏宁号"是一辆承载素养教育的移动多媒体教室,它兼具小型图书馆、移动阅览室、流动电影院等功能,为孩子带去多元化成长的机会;通过移动的传播方式,为参与的师生带去更多的素养教育理念,用科技和创新的理念、课程以及方法帮助偏远地区的孩子获得有价值的成长。自2016年4月17日启动,项目历时160多天,到达6省区18站,行驶12 000千米,共7 100名师生在大篷车中体验了梦想课程,参观人数达到25 000余人。今年活动共有85位爱心志愿者,累计开展了30多天的素质、创新课程,完成梦想课程125节,其中3D打印课程55节,摄影课程30节,给沿途的孩子们带来了欢乐。苏宁与其合作方上海真爱梦想公益基金会在各自的主要信息平台(比如苏宁官网、真爱梦想官方微信）都主动发布了双方积极合作、取得良好社会效果的信息，组织领导参与到合作的活动中并表现出对彼此的认可与赞誉。

2015以来，国家大力提倡"一带一路"发展政策，旨在借用古代丝绸之路的历史符号，高举和平发展的旗帜，与周边国家共同打造政治互信、经济融合、文化包容的利益共同体、命运共同体和责任共同体。苏宁极具远见地启动了新型教育公益项目，致力于解决国内教育资源不均衡的现状，努力推动教育平等化，为丝绸之路沿线贫困地区孩子提供接触广阔世界的可能。

注：案例内容来自申报披露材料与相关新闻。

行动案例5　伊利"奶牛学校"中的"智能"吸收

2010年之前，国内各奶源基地的养殖模式多以奶站和小区为主，从业人员养殖技能少，远远没有达到精细化管理要求，奶牛单产低，奶农收益低，牛奶质量波动大，这个局面给伊利集团的原奶供应与产品质量带来了隐患。然而，伊利是无法独自解决这个行业的生态性问题的，尤其在养奶牛的知识储备与养殖方式教学上，都不是伊利的专长。

自2010年"奶牛学校"成立伊始，伊利就特别注重多方合作，吸收"智能"。"奶牛学校"多次邀请国外专家对奶农进行专业培训，与国际公司合作开办牧场高级培训班，邀请明尼苏达大学、诺丁汉大学、宾夕法尼亚大学的专家进行现场理论培训和牧场实践指导。

多年来，伊利"奶牛学校"依据技术薄弱地区农户的实际需求设置课程，帮农户改进错误的养殖方法，如改进饲料配比等，大大提高了牛奶的质量和产量。给农户带去新理念、新知识的同时，也给企业自身带来了新"智能"。举办培训前，伊利奶源基地负责人、技术人员与社会牧场主进行沟通，了解其具体需求，确保培训实用性；同时伊利组织相关员工及负责人全程参与培训，既积累知识、提高业务水平，也可以随时和农户交流，保证培训质量。培训结束后，奶源基地负责人、技术人员开展后续跟踪，协助培训成果在社会牧场的落实工作。在系统地引进国际、国内先进的牧场管理经验，迅速提高养殖业主养殖技术水平的同时，企业自身也对奶牛养殖的技术知识与社会牧场的标准化操作规范指导进行了系统化整理。

注：该案例信息根据《"价值共创"中国企业社会责任卓越案例（2016年集萃）》整理。

行动案例6　中智的"爱心妈咪小屋"

中智于2013年10月宣布启动上海女职工橙丝带关爱行动"爱心妈咪小屋"项目，宣告其计划在未来3~5年时间里逐步在上海市建设1 000个"爱心妈咪小屋"，关怀、呵护孕期妈妈。检索后续几年的新闻，整个落成速度与质量均有陆续的披露报道，比如，2014年7月底建成513个，2015年5月达到800个，2016年8月建成1 378个，计划到2018年再建立1 000家。各阶段都有相关的信息披露，可以看到整个项目在持续进行，展现了项目的活力及其背后企业对社会价值共创的意愿表达。

注：第一届"价值共创"中国企业社会责任卓越案例评选优秀奖。

行动案例7　宜信的"宜农贷"

2009年9月，宜信的宜农贷网站（www.yinongdai.com）正式上线了，有意向的出借人可以在网站上看到农户照片、贷款需求和创业故事，然后爱心助农人士可以自主选择其愿意帮助的借款人，整个出借支付流程在线可以完成。网站上实时披露爱心助农人士总数、资助农户数、资助金额总数，持续、透明地更新项目资讯。网络平台的建立让社会性的价值共创参与得以更系统性地生成。农村妇女接受贷款后，不仅扩大了生产，还改善了整个家庭的生活，他们在项目实施期间的故事成为项目传播的素材。企业就此开展主题宣传活动，并配合调研，测量小额信贷的影响，吸引更多人关注扶贫，扩大了整个项目的社会影响力。

注：第一届"价值共创"中国企业社会责任卓越案例评选卓越奖。

行动案例8　丝宝集团：以员工志愿者主导企业慈善行动的公益路径

丝宝集团于1989年来武汉发展，开创了包括卫生用品、房地产、日用化工等多元化的产业发展格局。集团打造出系列国内知名品牌：包括洗护系列的舒蕾（1996）、洁婷（1997）、美涛（1998）、风影（2000）、顺爽（2001）及药品力美松（2009）。在打造品牌的过程中自创终端营销模式，被誉为中国式营销的典范。集团从创建伊始，一直秉持"演绎生活之美"的价值理念，并丰富为"四美"文化。无论是企业产品品牌的打造还是企业对社会责任的履行，均是行为与"美"的价值理念的完美融合。丝宝集团围绕教育领域开展的慈善活动，可分为三个方面：第一，捐建丝宝小学。1995年开始，丝宝集团先后在全国17个市县包括湖北省内的仙桃市、襄阳市和武汉市等地捐建丝宝小学和丝宝中学，到2010年底，丝宝捐建的丝宝小学和丝宝中学加起来共有24所。第二，捐建慈善"阳光班"。2004年，丝宝集团积极响应省慈善总会的号召，通过省慈善总会在武汉市汉阳一中捐建了一个慈善"阳光班"。第三，开展"手牵手"爱心助学活动。2006年，梁先生在集团内部发起"手牵手"爱心助学活动，秉持慈善"阳光班"助困助优的指导理念，帮助国家教育资助体系之外的贫困高中生继续完成学业。2007年开始，梁先生推动员工参与到该助学项目中，让员工以公司志愿者的身份主导项目的设计、组织和实施，实现对贫困高中生"从高中到大学毕业的成长呵护"。

注：来源于中国案例共享中心案例库。

行动案例9　伊利集团的"伊利方舟"

2012年11月，国际儿童日前夕，由伊利集团和中国西部人才开发基金会发起，并联手全国主流媒体等，共同推出了关注儿童成长安全的公益项目——伊利方舟。伊利方舟以"先有安全，再有梦想"为行动理念，倡导"最好的保护，是教会孩子自我保护"，重点关注两个领域，一是日常生活安全意识和应对能力提升，二是特定自然灾害的识险、避险及自身防护能力提升。根据各地区的实际情况用最丰富生动的形式为当地安全教育工作者和孩子带去最实用的儿童安全知识普及和儿童安全技能培训。伊利方舟相继开展了安全运动会、安全剪纸、安全音乐课、安全粉笔课、安全涂鸦等丰富生动的形式，为当地的教育工作者和孩子带去近60余场最实用的专项安全培训，包括防地震、防火、防溺水、防拐、防性侵、防暴、防踩踏、防疫情、留守儿童心理教育、交通安全、日常安全、户外安全、电梯安全等近20个领域的主题培训，已让20万余名儿童直接受益。在伊利集团的强大品牌号召力下，伊利产业链伙伴、中国红十字基金会、儿童安全教育相关的NGO组织、公众明星、志愿者等等，纷纷加入伊利方舟公益项目，让伊利方舟逐渐成为一个越来越强大的儿童安全公益行动平台，汇聚全社会的力量，一起共同保护儿童安全成长。伊利甘为先驱，带领乳制品行业百花齐放；严格制定产品质量标准，打造过硬的产品品质；加大投入打造"绿色产业链"；数十年如一日地投入公益事业；践行了"平衡发展，责任为先"的企业理念。以潘刚为首的企业领导团队不仅心系社会、环境、公益，还为利益相关者做了很多切实可行的努力。

注：来源于中国案例共享中心案例库。

行动案例10　阿拉善SEE基金会与蚂蚁金服的"蚂蚁森林"

据称，阿拉善SEE生态协会及之后成立的阿拉善SEE基金会是缘起于创立者——企业家刘晓光在2003年走访时在阿拉善腾格里沙漠腹地的许愿："人类在创造财富的同时也在毁灭自身，能不能把中国的企业家们聚到一起治沙？"正是因为这份"初心"，2016年，蚂蚁金服计划在旗下支付宝平台全面上线一种全新的互联网产品——个人碳账户"蚂蚁森林"时，选择与阿拉善SEE基金会建立社会价值共创的合作关系。

一开始，蚂蚁金服期望给每个用户设立个人碳账户的时候，中国统一的碳市场尚未建成，全球范围内碳账户的发展也一直存在行业热、民众冷的尴尬情况。于是，蚂蚁金服考虑推出一个能推动人们绿色低碳行动的平台，不是在用户头像旁边标一个碳账户数据那么简单，而是将其打造成一个"虚拟树木养成游戏"。

2016年8月，个人碳账户首期产品"蚂蚁森林"上线，用游戏化参与方式真实计算和记录了每个同意接入"蚂蚁森林"的用户的低碳行为（目前"蚂蚁森林"记录的低碳行为包括网购火车票、网络购票、地铁出行、生活缴费、预约挂号、ETC缴费、步行、线下支付和电子发票，同时正在接入包括共享单车、绿色包裹、电动汽车充电桩等低碳活动），并通过目标激励等方式不断强化参与者的环保意识。其实，每一位用户本身就是生态环境保护的受益人，当每天的低碳行为可量化、可参与、可记录、可积累之后，普通人了解到自己的碳足迹，推动环保理念深入人心，节能减排这个大议题化成了一次次"低碳行动——收取累积绿色能量"的小参与。"蚂蚁森林"每个参与者用心在线上种下的树，牧民都会相应地在阿拉善地区适合种植梭梭树的地块，种下一棵真实的梭梭树，阿拉善SEE基金会的伙伴也会从宣传动员、项目申报、种植跟进、验收等环节与牧民一起，用心呵护梭梭苗的生长。

经常看到类似这样的参与者故事：为了种树的目标，人们的上班出行方式变成了地铁＋自行车，陪怀孕的妻子每天散步，等等。人们的各类低碳行为，相应地在"蚂蚁森林"里产生了不同数量的绿色能量，并积攒下来，宝宝出生时，种成了一棵梭梭树，作为"蚂蚁森林"用户能亲眼看到梭梭林。而当地农户大叔通过"蚂蚁森林"，一下子与全中国天南海北的人都产生了联系，自家的草场原来是一片"光光滩"，种梭梭树之后，草场的环境也变好了，梭梭树长成之后还可以嫁接肉苁蓉，卖了赚钱，一家人生活得到改善。2017年2月，联合国开发计划署发布全球碳市场报告，指出："蚂蚁森林"以数字金融为主的技术创新，在全球碳市场有独一无二的实践意义，世界输出了中国样本，用行动共筑全球命运共同体，展现了中国领导力。

注：该案例根据相关网络报道整理，比如新浪科技。

行动案例11　百步亭集团：共创价值如何修炼社区综合服务商

2003年，百步亭集团正式成立，以"营造方便舒适的生活环境"为目标，集团围绕创新性的"社区地产"战略，相继成立从事市政配套工程的百建公司、资产经营管理公司、酒店、医院等社区配套服务的子公司。2005年，集团开始从单一的"社区地产"走向"一主多元"产业发展的探索之路。

为了从战略层面指导员工行为和吸引居民参与和配合，安居工程公司针对百步亭社区建设制定了"4321"指导思想，即满足四个需要：企业发展的需要、提高居民生活质量的需要、社会稳定的需要、国家的需要；达到三个回报：回报企业、回报社会、回报国家；形成两个促进：促进物质文明与精神文明的互动；实现一个目标：让人民群众安居乐业。在此指导思想的基础上从领导层、协调层、运营组织层和活动执行层构建社区管理体系，以"问题为导向"不断改进，实现了企业、社区、政府三类组织的成长和资源整合，保障了各方力量参与社区建设。在此过程中，百步亭集团会综合考虑各方利益，让政府没有花一分钱，社区工作经费由物业支持，每年固定将5%的物业费作为社区运营管理费用，政府财政没向社区党委和管委会划拨行政事业经费；居民的获益更是直接可见，便民生活服务直接由市场提供；等等。截至2014年底，百步亭集团已经是拥有20多家全资和合资下属企业。其中，房地产主业一直是集团的工作重心，围绕"社区地产"战略持续进行着全方位布局和深耕细作。到2014年底百步亭社区地产滚动建设面积达到并超过3平方千米，开发类型也从经济适用房和商铺扩展到商品房、廉租房以及城市大型商业综合体项目。百步亭集团与政府和社区在"问题驱动"下艰难摸索出一条可持续的共创价值体系，形成了独具百步亭品牌特色的社区综合服务商模式。

注：来源于中国案例共享中心案例库。

行动案例12 可口可乐与"水资源保护"

2017年6月5日，时值"世界环境日"，可口可乐中国公司与商务部中国国际经济技术交流中心、联合国开发计划署和世界自然基金会举办了以"呵护江湖"为主题的水资源保护战略合作十周年纪念活动。

水资源保护是人类可持续发展的重点议题之一，也是可口可乐可持续发展战略中的核心环节。2007年起，可口可乐中国公司便开始与国际组织、中国政府及其他"江湖盟友"，共同探索在中国的"呵护江湖"之路。十年来，推动了近20个因地制宜、各具特色的水资源保护项目，包括水源地保护计划、可持续农业示范、水土流失防治、雨洪利用、湿地保护和恢复、中水回用和农家乐人工湿地等综合项目。这些项目的辐射范围延伸到长江、黄河、海河、珠江、松花江等中国重点流域。每个具体的项目都经过实地考察、调研分析，根据项目所在地的自身特色而专门制定。最核心的秘籍就是"黄金三角"机制，即通过政府部门、社会机构和企业联动的合作模式，调动各方优势进行高效协作。在合作伙伴的共同努力下，可口可乐中国公司在2014年向大自然和中国社区累计回馈171亿升水，提前六年（原计划是2020年）实现了100%水回馈的目标。截至2016年年底，可口可乐中国公司累计向大自然和社区回馈约252亿升水，等同于全年饮料生产用水量的157%。2017年，可口可乐与合作伙伴又共同发起了"空瓶倡议"，呼吁公众节约每一滴水，从喝完自己打开的每一瓶饮料做起，用实际行动"喝"护江湖。

注：第一届"价值共创"中国企业社会责任卓越案例评选践行奖，案例根据官方网站披露的信息与相关新闻报道整理。